경제병리학:
경제를 보는 새로운 시각

경제 병리학

:경제를 보는 새로운 시각

최용식 지음

도서출판 새빛
SAEVIT

프롤로그

'경제병리학; 경제를 보는 새로운 시각'을 집필하며

2023년 연초에 발간한 『경제파국으로 치닫는 금융위기』라는 책은 내게 큰 변화를 안겨주었다. 우선, 유튜브가 얼마나 큰 영향을 끼치는지를 새삼스럽게 깨우쳐 주었다. 그 책을 발간한 뒤 삼프로TV, 8.15머니톡TV, 달란트투자TV, 김작가TV, 머니인사이드TV, 웅달책방TV, 김미경TV 등등에 출연했는데, 그 조회수가 내 기대를 크게 넘어섰다. 그중에서 삼프로TV, 김작가TV, 김미경TV 등에 출연한 동영상 중 몇몇은 꿈의 조회수라는 100만을 비교적 단기간에 넘었고, 머니인사이드의 한 동영상은 300만까지 넘어서기도 했다. 댓글도 많이 달렸고 대부분 긍정적이었다. '좋아요'를 누른 숫자 역시 내 생각보다는 훨씬 많았다. 위 책을 직접 읽은 독자 중에서는 직접 전화를 걸어 열성적인 반응을 보인 분도 있었다. 그래서 내 책의 독자에게 무엇인가 보답해야겠다는 마음을 갖게 되었다. 경제학자인 내가 할 수 있는 일은 '경제병리학'을 새롭게 출간하는 일이라고 여기게 되었다.

『경제파국으로 치닫는 금융위기』라는 책에서 경제위기 및 경제파국과 같은 병리적 현상이 일어나는 일반적인 경제원리를 어느 정도는 충실하게 기술했지만, 경제병리학에서 가장 중요한 부분에 속하는 임상사례를 거의 다루지 못했다는 것이 가장 큰 아쉬움으로 남았었다.

이 책, 『경제병리학: 경제를 보는 새로운 시각』의 전반부에서는 경제병리학을 탄생시킨 배경과 경제병리학의 일반적인 경제원리는 무엇인지 등의 주제를 다루고 있다. 이 주제는 『경제파국으로 치닫는 금융위기』라는 책에서 이미 기술했던 내용이고, 일부는 그 내용을 거의 그대로 이 책에 옮겨 실었으므로 중복이라는 느낌을 지울 수 없지만, 독자가 그렇게 요구하고 있으니 어쩔 수 없다는 것이 내 판단이다. 무엇보다, 『경제파국으로 치닫는 금융위기』라는 책을 아직 읽지 못한 독자를 위해서는 위 내용이 경제병리학을 이해하고, 나아가 경제병리학을 실생활에 활용하는 데 필수적이라고 여겨졌다.

『경제파국으로 치닫는 금융위기』라는 책이 발간된 이후 '경제병리학'에 대한 관심이 부쩍 높아진 것은, 2023년에 세계경제에 불어닥칠 금융위기를 경제병리학으로 진단했다고 밝혔기 때문일 것이다. 심지어 14년 전인 2009년에 새빛 출판사에서 발간했던 『세상을 바라보는 새로운 시각: 경제병리학』이라는 책에 대한 주문이 제법 있었을 정도로 그 관심은 컸다. 그래서 이 책을 다시 읽어봐야 할 필요가 있겠다는 생각이 들었다. 비교적 오래전에 출간한 책이므로, 그 사이에 내가 추가적으로 연구했던 이론과 배치되거나 보완할 내용이 있을 것이고, 혹시라도 현재의 경제상황과 어울리지 않는 내용이 포함되었을 수도 있겠다는 판단을 했다.

실제로 위의 책을 자세히 읽어본 뒤의 내 판단은 위 책이 '경제병리학'이라고 불리기에는 너무 많이 부족하다는 부끄러운 생각이 들었다. 2008년의 글로벌 금융위기가 터진 직후에 그 문제를 다룬 그저 그런 시사적인 책에 불과하다는 생각을 지울 수 없었다. 그래서 2017년에 인천대학교 출판부에서 출간했던 『예측이 가능한 경제학』의 여러 이론 중의 한 부분인 '경제병리학'과 2021년 2월에 박사학위 논문으로 제출했던 "A Study on Economic Pathology of Financial Crisis Based on Clinical Cases", 그리고 이 논문을 일반인도 비교적 쉽게 이해할 수 있도록 약간의 수정을 거쳐 2021년 영국에서 전자책으로 출간했던 『Economic Pathology: A Research into its General Principle and Clinical Cases』 등에 실린 추가적인 연구를 보완하는 것이 좋겠다는 판단을 하였다. 그리고 『경제파국으로 치닫는 금융위기』라는 책이 출간된 뒤, 유튜브 채널과 대학 강의 등에서 추가로 밝혔던 일부 내용을 포함시킬 필요도 있겠다는 생각이 들었다. 그래야 경제병리학이라고 부를 수 있겠다 싶었다.

지금 발간하는 이 책, 『경제병리학: 경제를 보는 새로운 시각』이 2024년에 직면한 우리나라 경제는 물론이고 세계경제가 당면한 금융위기와 장차 벌어질지도 모를 또 다른 경제위기를 극복하는 데에 기여하기를 간절한 마음으로 기대해 마지않는다. 경제병리학의 대표적인 임상사례들을 비교적 광범위하게 그리고 깊게 다뤘으므로, 그 극복에 도움을 줄 수 있을 것이라고 믿는다. 사람을 대상으로 한 병리학에서는 임상사례가 질병을 치료하는 데에 필수적이듯이 말이다. 무엇보다, 국민 개개인은 물론이고 투자자나 기업 그리고 국가경제가 경제위기나 경제파국과 같은 경제질병에 큰 피해를 받지 않을 길을 찾는 데 이 책이 조금이나마 기여하기를 기대해 마지않는다.

2024년 새해를 맞이하며

최용식 드림

차례

3장 임상사례 1 세계대공황

4장 임상사례 2 초장기 경기침체

5장 임상사례 3 외환위기

6장 임상사례 4 2008년 금융위기

7장 임상사례 5 초인플레이션

1

경제병리학이
경제학에서 필요한 이유

경제학과 경제병리학

경제는 유기체적 존재로서 안정적으로 순환하고 성장하며, 이 순환과 성장에는 자연법칙이 지배한다는 게 경제학의 출발점이다. 이것은 신고전파, 마르크스 학파, 케인즈 학파, 제도학파, 역사학파 등 모든 학파의 공통점이다. 최근에 대두한 행동주의 경제학이나 복잡계 경제학 등도 예외가 아니다. 그중에서 신고전파는 생산과 소비와 분배가 순환하는 구조를 중심으로 일반균형 이론을 구축했다. 생물체가 영양을 섭취하고, 섭취한 영양을 각 기관에 전달하며, 각 기관은 그 영양을 바탕으로 기능하고 활동하는 것과 비슷한 구조이다. 마르크스 학파와 역사학파는 경제체의 역사적 발전법칙을 구축했다는 점이 유기체적 접근의 특징을 보여준다. 이것은 곤충이 알에서 깨어나 애벌레로 성장하고 변태하여 성충이 되는 과정과 비슷하다. 케인즈 학파나 오스트리아 학파는 일반균형을 부정하고 부분균형을 내세우지만 신고전파의 순환적 이론체계를 거의 그대로 수용했다. 제도학파는 생물체의 기관이 하는 역할을 경제학에 도입했다. 행동주의 경제학은 심리학을 바탕으로 하며, 복잡계 경제학은 생물학의 복잡계 이론을 원용했다. 이처럼 모든 학파의 경제학은 전체적으로든 부분적으로든 생리학과 비슷한 이론구조를 갖췄다.

역사적으로 경제학은 그 탄생과 발전이 자연과학에 직접적인 영향을 받기도 했다. 경제학이 학문으로 자리를 잡아가던 18세기 후반과 발전의 기틀을 다졌던 19세기 초는 자연과학이 한창 각광을 받던 때라서 자연과학의 유기체적 접근방법이 자연스레 경제학에 도입되었다. 이런 접근방법은 경제학의 이론체계 구축에 지대한 공헌을 했다. 모든 경제학파의 이론체계가 유기체적으로 구축됐다는 점이 이 사실을 증명한다. 지금도 마찬가지로서 경제학의 발전은 자연과학적 방법과 밀접한 관련을 맺고 있다.

그런데 희한하게도 경제학에는 병리학이 없다. 물론 자연과학 중에서도 물리학이나 천체과학에는 병리학 분야가 없지만, 물리현상이나 천체현상에서는 병리적 현상이 좀처럼 발견되지 않기 때문일 따름이다. 반면에, 생물을 대상으로 하는 학문에는 생리학과 함께 병리학이 크게 발전해 있다. 특히 농작물과 가축 등 생물을 대상으로 삼는 생물학에서는 더욱 그렇다. 우리 인간을 대상으로 하는 의학은 더 말할 나위가 없다. 오히려 생리학보다는 병리학이 훨씬 더 넓고 깊게 발전해 있다. 생리학은 하나의 과목이지만 병리학은 외과, 내과, 정신과, 치과, 안과, 이비인후과, 피부비뇨기과 등등 여러 분야로 나뉘어 있다. 그만큼 병리학은 중요하게 여겨진다. 인체에 간헐적으로 나타나는 병리현상은 종종 생명을 위협하기 때문이다. 사람에게 생명처럼 중요한 게 어디 있겠는가. 목숨을 잃으면 모든 것이 의미를 잃는다.

경제학에서도 병리학은 이미 발전해 있었어야 마땅하다. 생명주기로 보면, 경제체에서 벌어지는 병리적 현상은 생물체에서보다 훨씬 더 자주 나타나지 않은가 말이다. 하지만 주류경제학에는 병리학의 흔적조차 없다. 물론 경제위기 혹은 경제파국에 대한 개별적인 연구는 그동안 다양하게 이뤄져온 것이 사실이다. 왕조나 정부의 붕괴 위기를 불렀던 재정파탄[1], 이것이 화폐증발을 부름으로써 빚었던 물가 폭등, 수요 감소와 공급 감소가 악순환을 일으켰던 경제공황, 경제공황과 함께 혹은 그 직전에 벌어지곤 했던 금융위기, 외환보유고 고갈이 불렀던 외환위기, 일본경제가 겪고 있는 초장기 경기부진 등이 어찌 경제학계의 관심을

1 재정파탄의 사례 중에서 괄목할 만한 것으로는 오스만 제국의 근대사를 들 수 있다. 오스만 제국으로부터 자치권을 부여받았던 튀니지와 이집트는 유럽에서 차관을 들여와 근대화를 추진했는데, 이것이 재정위기를 초래했고, 결국은 유럽 열강의 지배에 들어가는 결과를 빚고 말았다. 종주국인 오스만은 튀니지와 이집트보다 좀 늦었으나 곧 마찬가지 신세로 전락해 결국은 제국이 무너졌다. 이것 역시 경제병리학 임상사례 중 하나지만, 경제외적 변수가 그 근원이므로 이 책에서는 제외했다.

끌지 않았겠는가?!

위와 같은 파국적인 위기에 관해서는 경제학계의 사례연구가 헤아리기 어려울 정도로 많다. 1990년대 이후에는 경제위기의 경보체계에 대한 연구까지 한동안 활발하게 이뤄졌다. 어찌하면 경제위기를 미리 포착하여 예방할 수 있는가에 대한 이 연구는 구체적인 대안까지 제시했다. 예를 들어 환율 급변, 외채, 경상수지 적자, 주식가격 급등과 거품 발생, 주택가격 급등과 거품 발생, 국가 신용등급 추락, 교역조건 악화, 통화량 급증, 예금 인출, 금융시장 불안과 이에 따른 이자율 급등 등을 경제위기의 경보지표로 제시했다. 하지만 이 연구는 여전히 과학적인 뒷받침을 받지 못한 가운데 대증적 수준에 머물러 있다. 위의 경제지표들이 왜 그리고 어떻게 경제위기의 경보지표로 작동하는지에 대한 이론적 기반은 허약하다. 위기를 경보하는 지표들이 이미 제시됐음에도 경제위기가 여러 차례 발생함으로써 그 한계를 명확히 드러냈다.

각종 경보지표가 위와 같이 개발됐다면, 그 지표가 어느 수준에 이르렀을 때 경제위기가 발생하는가에 대한 일정한 기준이 주어져야 그 유용성이 증명될 수 있다. 그러나 경보지표가 아주 심각하다고 여겨지는 수준에 이르지 않았음에도 경제위기를 겪었던 나라가 있는 반면에, 상대적으로 훨씬 심각해진 다음에야 경제위기를 겪었던 나라도 있고, 아예 경제위기가 나타나지 않은 나라도 없지 않다. 대표적인 사례를 하나 살펴보자. 외환위기의 경우, 가장 중요한 경보지표 중 하나인 외채의 대GDP 비율은 나라에 따라 들쭉날쭉했다. "알바니아는 그 비율이 16.6%에 불과한 1990년에 외환위기를 겪은 반면, 에콰도르는 106.1%에 이른 2000년에야 외환위기를 겪는 등 그 비율은 서로 달랐다.[2]" 다른 지표 역시 크게 다르지 않다. 무엇보다, 2008년에 발생한 미국 금융위기는 위와 같은 경보지표의 실용성에 의문을 제기했다. 경보지표가 이미 개발되었다면, 경제학계는 미국의 금융위기를 과학적으로 미리 포착하여 경고했었어야 했지만 그런 일을 일어나지 않았다.

간단히 말해, 경제위기나 경제파국 등 경제질병의 진단과 예측은 병리학적 관점에서 접근할 필요가 있다. 현실에서는 튼튼하고 건강한 사람이나 심지어 의사까지도 가끔 병에 걸린다. 이런 사실을 받아들이지 않으면, 경제질병에 대한 적절한 진단과 처방은 사실상 불가능하며 경제학적 이해 역시 거의 불가능하다. 물론 체력이 약하고 면역력이 약한 사람이 질병에 취약한 것은 틀림없지만, 체력이 얼마나 허약하고 면역력은 얼마나 취약한가 등의 지표로는 질병의 예고 혹은 진단은 물론이고 적절한 처방도 어렵다. 경제질병도 마찬가지이다.

---

2 『이번엔 다르다』 126쪽, 케네스 로고프와 카르멘 라인하트, 다른세상, 2010년

경제질병은 병균의 침투와 같은 외부 충격에 의해서 경제의 생리적 기능이 붕괴됐을 경우에 일어나는 것이 보통이다(이 문제는 바로 뒤에 다시 거론한다). 따라서 병리학적 관점에 입각하여 접근해야 비로소 경제질병의 원인과 전개과정을 해명해낼 수 있고, 장차 나타날 결과를 가늠할 수 있다. 그래야 경제위기 혹은 경제질병에 대한 정확한 진단과 적합한 처방이 가능하며, 미리 예방할 수도 있다. 그러므로 위에서 언급한 경제위기나 경제파국에 대한 경제학계의 연구는 대증적인 수준에 불과할 뿐 병리학적 접근이라고 보기는 어렵다.

생물학에서는 생리학과 함께 병리학이 발전해 있다면, 생물학의 이론체계와 흡사한 경제학도 생리학적 접근과 함께 병리학적 접근을 함께 추구할 필요가 있다. 아니, 그렇게 해야 한다. 병리학적 접근방법을 도입하면 경제학은 경제현상을 지금보다 훨씬 더 정확하게 읽어낼 수 있을 것이며, 여러 경제문제에 대해 효과적인 대응책이나 해결책 역시 지금보다 훨씬 더 쉽게 찾아낼 수 있을 것이다.

케인즈 경제학과 마르크스 경제학은 병리적 관점에서 경제현상에 접근한 것이 사실이다. 하지만 경제공황이라는 특수한 경제질병에만 관심을 기울였을 뿐이다. 경제병리학이라고 불리기 위해서는 여러 병리적 현상을 대부분 포괄할 수 있어야 하는데, 그런 흔적은 찾아보기 어렵다. 더욱이 케인즈 경제학이나 마르크스 경제학은 그 이론적 유효성을 이미 잃었다. 우선, 케인즈 경제학은 경제공황과 경기변동에 대한 탁월한 처방으로 한때 각광을 받았지만, 1970년대에 벌어진 세계적인 스태그플레이션에 의해 그 실효성을 본격적으로 의심받았다. 마르크스 경제학도 마찬가지로서 병리적 관점에서 경제현상에 접근한 것은 사실이지만, 자본주의 몰락이라는 특수한 병리적 현상에 한정시켰을 뿐이다. 이것은 '인간은 언젠가는 죽는다.'라는 케인즈의 말과 다름없으므로 병리학적 접근이라 부르기는 어렵다. 무엇보다 공황 이론이나 제국주의 이론 혹은 종속 이론의 과학적 기초인 노동가치론이나 '수익률 하락의 법칙' 등은 역사에 의해 이미 오래전에 부정됨으로써 그리고 현실에서 소련이 무너지고 중국이 경제적으로 변신함으로써 그 이론적 유효성은 이미 사라진 지 오래이다.

생명주기의 관점에서 보면 경제의 병리적 현상은 인체의 병리적 현상보다 더 자주 발생할 뿐 아니라 방치하면 훨씬 더 위험해진다. 경제의 유기체적 기능이 인체의 유기체적 기능에 비해 뒤떨어지므로 더욱 그렇다. 인체는 질병을 감지할 능력이 상대적으로 더 뛰어나지만, 경제체에는 이런 기능이 거의 없거나 불충분하다. 예를 들어, 인체가 질병에 걸리면 두통이나 위통 등 다양한 통증이 나타나지만, 경제체는 이런 통증을 거의 느끼지 못한다. 인체는 체온과 혈압이 지나치게 오르면 병에 걸렸다고 진단하지만, 경제에는 건강을 판단할 기초 지표마저 아직 취약하다. 경제병리학적 관점에서는 물가상승률과 국제수지가 경제의 건강을 판단하는 기초 지표의 역할을 하지만, 어느 수준까지는 위험하지 않고 어느 수준을 넘어서면 위험한지 등에 대한 기준이 아직 정립되지 못했다. 예를 들어, 인체는 체온이 39도 이상으로 오르면 위험하다고 진단하지만, 국제수지나 물가상승률은 어느 수준에 이르러야 위험한지에 대한 판단기준이 아직 마련되지 못했다.

더욱이 인체에는 면역체계가 제법 잘 갖춰져 있어서 웬만한 병균이나 질병을 스스로 퇴치하지만, 경제체에는 면역체계가 없는 것이나 마찬가지이다. 또한 인체는 자기회복력을 갖췄지만, 경제체의 자동조절장치나 충격흡수력은 인체와 비교할 바가 아니다. 그래서 경제라는 유기체는 경제질병에 훨씬 쉽게 노출되곤 한다. 더욱이 경제라는 유기체는 경제질병에 걸렸다는 사실을 스스로 인식하지 못하고, 심각한 상황에 이른 뒤에도 흔히 간과된다. 경제학에 병리학을 도입할 필요성을 더 이상 강조할 필요는 없을 것이다. 더욱이 병리학은 다년간의 피나는 임상수련을 필요로 한다. 이 사실은 경제학에도 병리학을 시급히 도입할 필요성을 하나 더 제기한다. 경제학의 존립목적은 학문발전에만 있는 것이 아니라, 경제전문가의 양성과 정책능력의 향상에도 있으므로 병리학의 도입은 빠를수록 좋다.

경제학에 병리학을 도입하지 않으면, 경제질병 또는 경제재앙을 정확하게 진단하거나 적절하게 치료하는 일은 앞으로도 쉽지 않을 것이다. 경제질병이나 경제재앙이 일어나는 원인을 찾아내야 최적의 치료방법을 찾을 수 있는데, 현 경제학계에서는 이런 노력을 좀처럼 찾아보기 어렵기 때문이다. 또한 경제질병이나 경제재앙이 전개되는 양상과 그 운동원리를 알아야 더 이상 발전하는 것을 효과적으로 차단할 수 있는데, 이런 노력도 미흡하다. 무엇보다, 경제질병과 경제재앙이 벌어질 징후를 사전에 진단해내는 일이 급선무인데, 최소한의 이론적 관심조차 충분히 기울여지지 않는 것이 경제학계의 현실이다.

물론 이론적 뒷받침은 없지만 역사적 경험의 누적이 경제파국을 예방하는 데에 큰 역할을 해왔던 것은 사실이다. 세계대전 이후에 GATT와 IMF 등으로 대표되는 국제협력체제가 구축되어 국제교역을 크게 증가시킴으로써 전쟁수요의 격감에 따른 경제공황의 발생을 예방한 것이나, 1980년대 이후에 개방화와 규제완화와 민영화가 강화되었던 추세는 그런 대표적인 사례이다. 또한 금융시스템이 붕괴위기에 처했을 경우에 공적자금의 투입이라는 정책수단을 개발한 것도 의미 있는 진전이다. 설령 이런 진전들이 이뤄졌더라도 경제학에 병리학을 도입하는 일은 시급하고 중요하다. 위의 대응들은 대증적 처치에 불과하다. 대증요법보다는 그 근원을 찾아 치료하는 것이 훨씬 바람직한 결과를 낳으며, 근원적 처방은 경제학에 병리학이 도입되어 연구 성과가 축적되고 임상 경험이 충분하게 쌓여야 가능한 일이다.

현실 경제에서는 비정상적인 경기변동이나 환율급변 그리고 물가 불안 등과 같은 비교적 가벼운 증상의 병리적 현상이 나타나는가 하면, 경제공황이나 물가폭등이나 재정파탄처럼 경제체제를 무너뜨릴 정도로 치명적인 것도 종종 나타난다. 금융위기와 외환위기가 동시에 진행하는 환란과 같은 경제재앙이 나타나는 경우도 드물지 않으며, 우리나라는 1998년에 이 경제질병을 심각하게 겪은 바 있다. 무엇보다, 일찍이 1930년대에 세계경제를 강타했던 대공황은 전형적인 경제질병의 하나로서 과거에 볼 수 없었던 심대한 경제적 타격과 고통을 인류에게 10여 년 동안이나 안겨줬다. 그럼에도 불구하고 경제병리학이 아직까지 성립조차 하지 못했다는 것은 이상한 일이 아닐 수 없다.

물론 경제사에서 타격이 가장 컸던, 그리고 경제질병의 종합병동이라 할 만한 세계대공황에 대해서는 여러 경제학자가 다양한 분석을 내놓았다. 대표적으로 찰스 페인스틴과 피터 테민과 지아니 토니올로 등 세 학자가 함께 쓴 『대공황 전후의 세계경제』는 대공황에 대한 여러 학문적 업적을 집대성한 것으로서 경제사 교과서로 활용될 정도이다. 찰스 킨들버거가 쓴 『대공황의 세계』와 『광기, 패닉, 붕괴』 등도 이 분야의 탁월한 저서이며, 언론인 프레데릭 알렌이 대공황 당시에 쓴 『1929, 미국 대공황』도 유명하다. 그밖에도 수많은 책이 출판되었고, 경제공황에 관한 논문은 그 수를 헤아리기 어려울 정도로 많다. 위에서 언급한 『대공황 전후의 세계경제』의 말미에 실린 '연구자를 위한 독서 길잡이'와 『세계대공황』에 실린 '참고문헌'은 경제학자가 관심을 기울일 만한 저작을 거의 모두 망라하여 비교적 잘 정리해두었다.

위와 같은 학문적 성과는 경제학의 역사에서 가장 탁월한 저작 중 하나로 평가받는 케인즈의 『일반이론』과 함께 경제공황이 반복되지 않도록 하는 데 크게 이바지한 것이 사실이다. 참고로 케인즈 이론에 입각한 경제정책은 처방약이지 영양제나 보약은 아니다. 현실에서는 다음에 살펴볼 것처럼 경제공황과 비슷한 경제위기는 지금도 여전히 간헐적으로 반복되고 있으며, 그로 인한 사람들의 경제적 고통은 여간 크지 않다. 또한 정책적 처방이 실패했다고 볼 수밖에 없는 사례 역시 제법 많이 발견된다. 그 결정적인 이유는 병리학적 접근이 불충분했기 때문이라는 게 내 판단이다.

너무 늦었지만 이제라도 경제학에 경제병리학을 도입할 필요가 있다. 아니, 시급하다. 생리학에서도 임상경험이 필수이지만, 병리학의 경우는 그것이 훨씬 중요하고 그 수련에 비교적 오랜 세월이 필요하기 때문에 더욱 그렇다. 학술 연구만으로는 경제체가 어떤 질병에 걸렸는지를 진단해내기가 어려우며, 임상경험의 축적이 그것을 가능하게 한다. 그뿐만 아니라 질병의 진단은 정확성이 생명이다. 진단이 정확하지 않으면 처방도 올바를 수 없고, 처방이 잘못되면 생명을 위협하기도 한다. 그런 만큼 병리학은 오랜 세월의 임상경험을 요구한다. 따라서 경제병리학을 시급히 도입해야 하고, 그 임상경험에도 오랜 세월을 투자해야 한다. 그래야 경제병리적 현상에 대한 진단을 정확히 해낼 수 있고, 그 정책처방도 비로소 적절하고 효과적일 수가 있다.

2008년에는 세계경제가 대공황 이후 가장 심각한 위기에 직면했다는 얘기가 무성했다. 실제로 미국의 서브프라임모기지 사태가 부른 금융위기는 세계 전역으로 전염되었다. 그 바람에 경제구조나 경제체력이 약한 나라들은 외환위기까지 겹치면서 IMF의 구제금융을 받아야 했으며 경제난 역시 아주 심각했다. 경제난을 겪은 나라의 숫자도 날이 갈수록 증가했다. 국내에서도 경제난이 심각하다는 목소리가 점점 커졌다. 외환위기 때보다 더 어렵다거나 중대한 경제위기라고들 말했으며, 공황 전야라거나 공황을 피할 수 없다고 말하기도 했다. 입 달린 경제전문가라면 누구나 한마디쯤 거든 것이 당시의 세태였다. 그렇지만 경제난이 어떤 상태인지, 어떤 과정을 거쳐 어디로 진행하는지, 어디까지 발전할 것인지 등에 대해서는 설득력 있는 진단이 뚜렷하게 제시되지 못했다. 오로지 위기설과 파국설만 난무했다. 병리학적 접근이 없기 때문이다. 2024년 현재 진행 중인 세계적인 금융위기도 마찬가지이다.

경제병리학적 관점에서는 2008년과 2023년의 세계경제 상황

등등을 어떻게 진단하고 처방했어야 할까? 이해하기 쉽게 비유를 들어보자. 만약 호흡기 질환이 발생했다면 의사는 먼저 감기인가, 폐렴인가, 폐결핵인가, 폐암인가 등을 구분하여 진단한다. 만약 감기라면 가벼운 처방으로 비교적 쉽게 극복할 수 있다. 만약 폐렴이라면 항생제를 투약해야 이겨낼 수 있고, 폐결핵이라면 꽤 오랜 시간의 치료가 필요하다. 만약 폐암이라면 항암제를 먹어야 하고 방사선 치료도 받아야 하며 종양 절제수술도 받아야 한다. 겉보기에는 증상이 비슷하더라도 어떤 병에 걸렸는가에 따라서 처방은 이렇게 달라진다.

만약 처방이 잘못되면 건강은 더 나빠지고 만다. 예를 들어 감기에 걸렸는데 폐암에 사용해야 할 처방을 한다면 어떤 일이 벌어지겠는가? 당연히 건강은 더 악화될 수밖에 없다. 가벼운 감기 환자에게 폐결핵 약을 오랫동안 먹이면 또 어찌 되겠는가? 폐렴 환자에게 수술을 단행하고 항암제를 투약하며 방사선 치료까지 한다면 또 어떤 일이 벌어지겠는가? 반대로 폐렴환자에게 감기약을 처방하면 어찌 되겠는가? 병을 치료하기는커녕 건강을 더 악화시키고 만다. 경제병리학은 이래서 중요하다. 그렇지만 2008년과 2023년의 세계 금융위기에 대해서조차 병리학적 진단은 여전히 찾아보기 어렵다.

세계경제는 2008년에 어떤 경제질병을 앓았고, 그 증상은 어느 정도 위험하며 그 파장은 얼마나 심각했을까? 2003년 이후

두 세대나 심각한 경기부진을 겪은 우리나라 경제는 어떤 질병에 걸렸고, 그 증상은 어느 정도로 심각할까? 2023년에 우리가 겪은 금융위기는 또 어떠한가? 이 물음들에 답하기 위해서는 병리학적 접근이 필수적이다. 올바르고 적절한 처방을 위해서는 더욱 그렇다. 경제병리학의 출범은 아무리 빠르더라도 너무 늦었다.

무엇보다 중요한 사실은 경제질병의 전염성이 아주 뛰어나다는 것이다. 예를 들어, 2008년 이후 서브프라임모기지 사태로 빚어진 미국의 금융위기는 세계적인 금융위기로 발전했으며, 그 타격은 경제의 체력과 건강이 열악하거나 경제규모가 작은 나라에서 미국보다 훨씬 더 심각하게 나타났다. 폴란드와 헝가리와 파키스탄 등은 2008년에 극심한 외환위기를 겪었고 IMF 구제금융을 받았다. 그 뒤를 이어 에스토니아, 라트비아, 그린란드, 아이슬란드, 아일랜드 등도 심각한 경제적 타격을 입었다. 미국이 금융위기에서 거의 벗어났던 2010년에는 그리스가 파국적인 경제난에 처하여 유럽중앙은행과 IMF의 구제금융을 받았다. 그 여파로 스페인과 포르투갈이 심각한 경제난을 겪었다. 경제위기의 이런 전염성은 역사적으로 이미 여러 차례 입증됐다.

1997년 봄에는 태국이 외환위기에 빠져들자 곧바로 인근의 인도네시아로 전염됐으며, 국제수지가 비교적 양호하여 외환보유고의 고갈위기와는 거리가 멀었던 말레이시아와 홍콩도 경제적 어려움을 겪었다. 그 여파는 우리나라까지 밀려와 단군 이래 최대 난리라는 환란이 터졌으며, 당시 세계 2위의 경제대국이던 일본조차 심각한 경제적 타격을 입었다. 1998년에는 러시아가 지불유예를 선언하는 지경에 이르렀으며, 위의 여러 나라와도 비교하기 어려울 정도로 심각한 경제난을 겪었다. 전통적으로 외환위기가 자주 발발했던 중남미 여러 나라 역시 그 영향에서 벗어나지 못했다.

1995년에는 멕시코에서 외환위기가 발생하여 IMF와 미국이 구제금융을 제공했다. 이 멕시코 외환위기는 중남미 각국으로 전염되어 아르헨티나, 브라질, 볼리비아, 에콰도르, 파라과이 등이 심각한 경제난을 겪었다. 중남미로부터 멀리 떨어진 중앙아시아의 아제르바이잔, 아프리카의 카메룬과 스와질란드, 유럽의 크로아티아와 리투아니아 등도 당시에 경제난을 겪었다. 경제질병의 전염성은 그만큼 뛰어났다.

그보다 앞선 1989년에는 뉴질랜드에서 금융위기가 발생하여 심각한 경제난을 비교적 장기간 겪어야 했었는데, 이것은 인근의 호주로 전염되었다. 비슷한 시기에 핀란드와 스웨덴과 노르웨이와 영국 등에서도 금융위기가 발생했으며, 그 여파로 폴란드, 체코슬로바키아, 헝가리, 루마니아, 그리스 등까지 경제난을 겪었다. 같은 시기에 브라질, 이집트, 알제리 등도 경제난을 겪었다. 미국과 일본 역시 1990년을 전후로 금융위기가 터져 심각한 경기후퇴를 겪었다.

1980년에는 아르헨티나에서 외환위기가 발생하여 브라질, 멕시코, 칠레, 콜롬비아, 에콰도르, 우루과이, 멕시코, 베네수엘라, 페루 등 대부분의 중남미 국가들을 전염시켰다. 이 나라들의 외환위기는 금융위기와 재정위기로 발전하였고, 결국은 물가가 수천 퍼센트나 폭등하는 등 초 인플레이션을 초래하고 말았다. 비슷한 시기에 우리나라, 이집트, 콩고, 가나, 터키 역시 외환위기를 겪었다. 그밖에도 역사적 사례는 수없이 많다.

이처럼 경제현실에서는 병리적 현상이 종종 나타나고, 이런 경우 다른 나라들까지 전염되는 현상이 나타난다. 그리고 병리적 현상을 근본적으로 치유하기 위해서는 병리학적 접근이 필수이다. 그럼에도 불구하고 주류경제학에는 병리학이 없는 이유가 도대체 무엇일까? 당연히 시장기구의 우수성 즉, 자본주의 체제의 우수성을 선전하기 위한 이념적 고려 때문이다. 다시 말해, 자본주의와 사회주의의 이념대결 그리고 미국과 소련이라는 초강대국의 정치적 대립 등이 20세기를 온통 지배했고, 경제학도 그 영향권에 벗어나지 못했던 것이다. 경제학은 이념대결에서 승리하기 위해 봉사하지 않을 수 없었고, 이것이 경제병리학의 탄생을 근원적으로 봉쇄하고 말았다. 하지만 이념 과잉의 시대는 소련의 붕괴와 함께 물러갔다. 이제는 병리학이 태동할 때가 되었다. 하지만 아직 그 흔적조차 찾을 길이 없다. 병리학이 생리학보다 덜 중요해서일까? 아니다. 병리현상은 생리현상보다 훨씬 더 많은 주목을 끄는 것이 현실이다. 경제파국을 바라는 사람이 누가 있겠는가.

왜 경제학에는 병리학이 없을까? 경제의 병리적 현상이 단순하고, 쉽게 발견할 수 있으며, 치유도 간단해서일까? 이것도 아니다. 경제의 병리적 현상은 다양할 뿐 아니라, 그 자각증상이 초기부터 눈에 띄게 나타나거나 쉽게 발견할 수 있는 것도 아니다. 경제공황, 금융위기, 초인플레이션, 외환위기 등의 병리적 현상은 그 치유가 여간 어렵지 않다. 그렇다면 경제학에 병리학이 없어야 할 이유는 아무것도 없다. 이제라도 병리학을 도입해야 한다. 어쩌면 경제학의 이론체계를 병리학적 접근방법에 의거하여 재구성하는 게 더 나을지도 모른다. 경제학이 현재처럼 생리학적 이론체계를 유지하더라도, 최소한 경제의 순기능이 무너졌을 경우에는 어떤 일이 벌어지는 지라도 그 경제원리를 밝혀야 한다. 하지만 현 경제학은 최소한 이론적으로는 이런 데에 관심조차 보이지 않고 있다. 경제가 심각한 지경에 이른 다음에야 정책적 관심이 주어질 따름이다. 이념과잉의 시대인 20세기는 이런 중대한 부작용과 후유증을 남기고 말았다.

경제난을 타개하기 위해 경제정책을 수립하고 집행할 때도 경제의 운동원리라는 과학적 뒷받침을 받지 못함으로써 오히려 경제상황이 더 악화되는 경우가 종종 벌어진다. 1980년대 중남미 각국에서 외환위기가 터진 뒤부터 경제난이 장기간 지속된 것이나, 이것을 극복하기 위해 재정지출을 확대하고 통화를 증발했던 정책이 더 무서운 물가폭등을 불러왔던 것은 그런 대표적인 사례에 속한다. 그밖의 사례도 헤아릴 수 없이 많다. 현실에서는 경제가 심각한 위기에 처한 때일수록 파국으로 이끌 주장과 정책이 난무하기도 한다. 우리나라에서 벌어졌던 외환위기의 원인과 전개과정과 그 결과에 대한 논란은 그런 대표적인 사례이다. 일본경제는 지금껏 30여 년이나 초장기 경기부진을 겪고 있는데, 대부분의 경제정책이 경제난을 오히려 가중시켰다고 하지 않을 수 없다. 이 문제들은 뒤에 각각의 임상사례에서 자세히 살펴볼 것이다.

경제병리학의 탄생을 가로막은 고정관념들

경제병리학이 탄생하지 못하게 한 것은 이념의 과잉뿐만이 아니었다. 이념과잉의 후유증 역시 심각했다. 무엇보다, 이념의 과잉은 이 세상에 존재하는 재화가 크게 두 가지 즉, 소비형 재화와 재산형 재화 등으로 나뉜다는 사실을 경제학이 외면하게 하는 결과를 빚었다. 현재의 경제학은 주로 현재 소득으로 소비가 이뤄지는 소비형 재화, 경제학적으로 표현하자면 경제유량Economic Flow에 주로 관심을 기울이고 있을 뿐이다. 소득의 축적으로 소비가 이뤄지는 재산형 재화 즉, 경제저량Economic Stock에 대해서는 상대적으로 소홀한 관심을 기울이고 있다. 경제저량은 자본을 의미하고, 자본은 노동을 착취한다는 마르크스 경제학의 주장을 의식해서 이런 결과를 빚었을 것이다. 하지만 경제저량 즉, 소득의 축적으로 소비가 이뤄지는 재산형 재화는 금융위기의 필연적인 발발과 밀접한 관계를 맺고 있다. 아니, 재산형 재화는 금융위기가 반복적으로 발생하게 하는 데 결정적인 역할을 하는 것이 현실이다. 이 문제는 뒤에 경제병리학의 일반원리를 다루면서 자세히 살펴볼 것이다.

다음으로, 오랜 옛날부터 서구사회를 지배해 왔던 '화폐 그림자관' 즉, 화폐는 실물의 그림자에 불과하다는 일반적인 인식도 경제병리학이 탄생하는 데 중대한 장애 요인으로 작용했다. 근대 경제학은 서구사회에서 탄생했고, 그 이론들의 진화도 서구사회에서 주로 이뤄졌으므로 이 문제는 아주 중요하다. 따라서 이 기회에 '화폐 그림자관'을 아래와 같이 좀 자세히 살펴볼 필요가 있겠다.

세계사를 살펴보면, 동서양을 막론하고 생산은 존중받았던 반면에 상업은 대체로 경원당했다는 사실을 쉽게 확인할 수 있다. 특히 동양에서는 20세기 초반까지도 왕조체제가 일반적이었고, 왕조체제의 가장 중요한 과제는 그 유지에 있었다. 그래서 토지를 중심으로 한 농업경제 체제를 구축했고, 토지의 분배와 소유는 왕조의 권력이 지배했다. 그래서 왕조체제를 굳건히 유지할 수 있었다. 이런 사회체제에서는 상업에 의한 부의 축적이 가장 큰 위협으로 비칠 수밖에 없었다. 상업은 투기나 매점매석 혹은 국제교역을 통해 거부를 축적할 수 있었고, 거부의 축적은 왕조체제를 유지해줬던 신분사회를 근본적으로 흔들 수 있었다. 그래서 대부분의 왕조는 상업 특히, 국제교역을 극단적으로 규제했다. 유럽도 마찬가지였다.

유럽 문명의 발상지이자 원류라고 여겨지는 그리스는 민주적인 정치체제를 갖추고 있었고, 상업도 비교적 자유롭게 이뤄졌다.[3] 그리스는 산악지대가 대부분이므로 농업생산은 한계가 있었고, 상업 특히 중개무역에 의한 부의 취득이 필수적이었다. 그럼에도 불구하고 그리스 철학자들은 물론이고 일반인들도 상업에 의한 부의 취득을 폄하했던 것이 보통이었다. 아리스토텔레스가 말한 것처럼 "전쟁과 약탈에 의한 부의 취득이 상업에 의한 부의 취득보다 훨씬 더 우월하다."라는 인식이 그리스 사회를 지배했던 것이다. 이것이 그리스 사회의 경제적 정의였다. 이런 경제적 정의는 서구사회의 경제학자들에게 지금도 여전히 강력한 영향을 끼치고 있다. 물론 이런 인식은 상업의 번성으로 이룩한 경제 번영이 외국의 침략으로 쉽게 무너질 수도 있었기 때문에 생겨났을 것이다.

실제로 그리스 도시국가들, 그중에서도 아테네는 상인에게 시민권을 부여하지 않았다. 아테네의 상인은 대부분이 외국인이었

---

3 유럽 문명의 발상지는 그리스가 아니라 페니키아라고 보는 게 옳다. 유럽이 공통으로 사용하고 있는 알파벳이 페니키아 문자라는 사실을 그걸 충분히 증명한다. 이 페니키아 문명이 미노스 문명과 미케아 문명을 거쳐 그리스 문명으로 발전했었다. 유럽 우월주의가 이 사실을 부정했을 따름이다.

고, 이들이 축적한 국부는 정치적 영향력이 점차 커졌기 때문이다. 다시 말해, 이들의 정치적 영향력을 배제할 필요가 있었던 것이다. 이처럼 상업에 의한 부의 축적이 열등한 것으로 여겨짐에 따라, 금융업은 고리대금업이라는 이유로 극단적으로 터부시되는 결과를 빚었다. 여기에 그 명분으로 이용된 것이 '화폐 그림자관'이다. 화폐는 실물의 그림자에 불과하므로, 경제적으로는 어떤 가치도 창출하지 못한다는 것이다.

이 '화폐 그림자관'은 경제가 크게 실물부문과 통화금융부문으로 나뉜다는 사실을 경제학이 외면하게 하는 결과를 빚었다. 그러나 현실에서는 통화금융부문이 실물부문과 함께 중요한 역할을 하고 있다. 실물이 거래되는 만큼 그 반대 방향으로 화폐가 흘러가야 하므로, 통화금융부문이 제 역할을 다하지 못하면 실물부문 역시 그 영향을 받지 않을 수 없다. 이해하기 쉽게 비유를 해보면, 우리 몸의 소화기관이 제아무리 역할을 잘하더라도, 혈관계가 제 기능을 적절하게 하지 못하면 체력이 떨어지는 것은 물론이고 생명이 위험해지기도 한다. 실제로 경제의 실물부문은 우리 몸의 소화기관과 비슷한 역할을 하고, 통화금융부문은 우리 몸의 혈관계와 비슷한 역할을 한다. 그래서 실물부문이 아무리 긍정적인 모습을 보이더라도, 통화금융부문이 부정적인 경우에는 경제 전체가 심각하게 후퇴하기도 한다. 무엇보다, 통화금융부문은 변동성이 아주 크다. 통화는 신용승수 배만큼 신용을 창조하기도 하지만 신용을 그만큼 파괴하기도 하기 때문이다. 그래서 통화금융부문은 경제질병을 일으키는 데 결정적인 역할을 하곤 한다.

이론적 유효성을 충분히 증명한 경제병리학

사회과학은 자연과학처럼 실험실에서 실험할 수가 없다. 그뿐만 아니라 거의 모든 경제변수는 서로 상관관계를 크든 작든 맺고 있다. 그래서 말솜씨나 글솜씨가 뛰어나면, 어떤 논리를 전개하든 호소력과 설득력을 충분히 발휘할 수 있다. 하지만 어떤 논리가 그럴듯하고 그 호소력과 설득력 역시 크다고 해서 그것이 진실을 의미한다고 볼 수는 없다. 오히려 세상사를 둘러보면 호소력과 설득력이 뛰어날수록 진실과 거리가 먼 경우가 제법 많다. 그래서 사기꾼이 횡행하는 것이 우리가 사는 세상의 세태이기도 하다.

그럼 자연과학처럼 실험실에서 실험할 수 없는 사회과학은 그 이론이나 가설의 과학적 유효성을 어떻게 검증할 수 있을까? 거의 유일한 방법은 이론이나 가설의 예측력이 얼마나 뛰어난가로 그 과학적 유효성을 증명하는 것이다. 바꿔 말해, 사회과학의 각종 이론과 가설은 반드시 예측력을 가져야 한다는 것이다. 경제학은 더욱 그렇다. 경제학은 반복적인 경제현상에서 규칙성을 찾아내고, 그 규칙성에서 경제원리를 도출하여 하나의 이론이나 가설로 정립하기 때문이다. 경제학은 반복성과 규칙성이 보이는 경제현상에서 경제원리를 도출했으므로, 최소한 반복적인 경제현상만큼은 예측해낼 수 있어야 한다는 것이 내 판단이다. 이런 관점에서 보자면, 「경제병리학」은 그 과학성을 이미 증명했다고 볼 수 있다. 특히 아래의 사실은 그것을 충분히 증명해줄 것이다.

내가 『경제파국으로 치닫는 금융위기』라는 책을 탈고하여 출판사에 보낸 것은 2022년 10월이었다. 당시에는 누구도 금융위기를 최소한 명시적으로는 얘기하지 않았을 정도로 그 위기감은 좀처럼 찾아보기 어려웠다. 그래서 출판사에서는 그 원고의 제목이 너무 비관적이고 자극적이라는 지적이 있다면서 책의 제목을 좀 더 순화시켜 출판하면 어떻겠냐는 제안을 했다. 하지만 나는 경제병리학으로 진단했더니 조만간 세계경제가 그처럼 비관적인 상황에 직면할 것으로 보이더라며 내 주장을 굽히지 않았다. 그 대신 좀 더 자극적이었던 원래의 제목인 『경제파국으로 치닫는 폭주열차』를 위와 같이 조금 순화시켰다.

이 책을 2023년 1월 5일에 출간한 뒤 출판사는 여러 언론에

보도자료를 보냈다. 그 보도자료를 접한 기자들은 대부분 "우리 경제는 위기가 아니었던 적이 언제 있었냐?"라는 반응을 보였다. 한마디로, 습관적인 비관주의자가 펴낸 하나의 그렇고 그런 책쯤으로 언론은 받아들였던 셈이다. 고장난 시계도 하루에 두 번은 정확하게 시간을 맞추는 것이 사실이니까. 다행인지 모르지만, 3월 초순에는 미국에서 실버게이트 캐피털, 실리콘벨리 은행, 시그니처 은행 등이 연쇄적으로 파산하는 일이 터졌고, 그 뒤부터 분위기가 차츰 바뀌기 시작했다. 위 책에 대한 평가 역시 많이 달라지기 시작했다. 곧이어 오랜 전통을 자랑하던 스위스의 크레딧스위스 은행이 유동성 위기에 빠져 스위스연합은행UBS에 합병당하고, 미국의 퍼스트리퍼블릭 은행이 JP모건 등으로부터 3백억 달러의 유동성을 지원받는 등의 사태가 연이어 터지자, 위 책은 물론이고 경제병리학에 대한 관심까지 커졌다.

만약 경제병리학의 경제원리를 이해하고 임상사례에 대한 수련을 어느 정도 거쳤다면, 2023년 상반기에 세계적으로 겪었던 금융위기는 늦어도 2022년 하반기부터는 누구나 얼마든지 예측해낼 수 있었을 것이라는 것이 내 판단이다. 그러나 불행하게도 경제병리학은 아직 세상에 널리 알려지지 않았고, 그래서 오히려 다음과 같은 일이 벌어지기도 했다. 즉, 세계적인 금융위기가 이미 진행 중이던 2023년 3월 이후에도, 나를 직접 만난 사람들이나 유튜브 채널에서 내 동영상을 접한 사람들은 "도대체 언제

금융위기가 터지냐?"라는 질문을 흔히 하곤 했다. 그때마다 나는 최소한 국내에서는 이미 2022년 하반기부터 금융위기가 진행했고, 그 경제적 영향도 충분히 나타났다고 대답했다. 하지만 사람들은 내 대답을 못 믿겠다는 듯이 나를 쳐다보거나 그런 댓글 반응을 보이곤 했다. 그럴 때마다 그것을 피부로 느낄 때까지는 6개월이나 1년이 걸린다는 대답을 해야 했다. 추가로 다음과 같은 얘기를 해야 하기도 했다.

2022년 10월에 강원도 레고랜드 사태가 터졌다. 그 금액은 2천억 원으로서 본원통화의 0.07% 그리고 총유동성의 0.003%에 불과했다. 이런 미미한 금액의 사태가 터진 뒤, 건설업계 전반은 심각한 유동성 위기에 빠져들었고, 이것이 다른 산업에도 전염되어 전반적인 유동성 부족현상이 나타났다. 이것은 경제병리학의 가장 기본적인 경제원리 중 하나인 '신용파괴원리'가 본격적으로 작동했고, 이에 따라 금융위기가 본격적으로 진행을 시작했다는 것을 의미했다. 그 결과로 국내경기는 2022년 3분기부터 급격히 후퇴하기 시작했다. 분기별 성장률을 보면, 1분기와 2분기에 각각 연률 2.6%와 3.0%를 기록한 뒤, 3분기에는 갑자기 성장률이 1.3%를 기록하여 반 토막이 났으며, 4분기에는 −1.5%를 기록함으로써 축소재생산에 들어가고 말았다.

경제병리학의 관점에서 보면, 이런 급속한 경기후퇴는 신용창조의 역과정인 신용파괴의 원리가 작동하여 금융위기가 본격적으로 진행하지 않으면 좀처럼 일어나지 않는다. 실제로 경제병리학은 위와 같은 불행한 일이 일어날 것을 『경제파국으로 치닫는 금융위기』를 한창 집필 중이던 2022년 하반기 초에 이미 예측할 수 있게 해줬다. 그뿐만 아니라, 그 원인이 어디에 있었는지도 쉽게 파악할 수 있게 해줬다. 간단히 말해, 그 원인은 미국의 고금리와 강달러 정책이었다는 것이다. 미국의 고금리가 국내저축을 미국으로 이탈시켰고, 강달러는 국내에 투자되었던 국내 및 국제 금융자본을 미국으로 빨려 들어가게 했던 것이다. 그 결과로 우리 경제에서 유동성이 수축되는 일이 벌어졌고, 유동성 수축은 신용파괴원리를 본격적으로 작동시켰다. 그래서 국내경기는 위에서 살펴본 것처럼 급속하게 하강하고 말았다.

경제병리학으로 경제위기를 미리 예측해낸 일은 위와 같은 사례만 있었던 것이 아니다. 우선, 1997년 말에 터졌던 우리나라 외환위기도 그 발생은 물론이고 그 전개과정까지 비교적 정확하게 예측하여 정책당국에 직접 경고하기도 했다. 우선, 1995년에는 "잠수함의 토끼처럼 우리 경제의 파국을 내다보면서, 내 판단이 제발 기우이기를 기원한다."라고 미리 경고했고, 1996년에는 "정책당국자에게 피를 토하는 심정으로 경고하고자 한다."라고 했으며, 1997년 연초에는 "이제 경제파국은 피할 수 없게 되었다."라고 한탄하기도 했다. 다음으로, 2008년 말에 터진 세계적인 금융위기에 대해서는, 이미 4월 15일 경기대학교 대학원에서 "세계경제와 한국경제 어디로 가나"라는 특강을 통해 세계적인 금융위기가 곧 터질 것이라고 예측한 바 있다. 이 얘기들은 『경제파국으로 치닫는 금융위기』라는 책에서 다뤘으므로, 자세한 설명은 생략하기로 한다.

여담이지만, 내가 경제병리학에 관심을 갖기 시작한 것은 1982년부터였다. 지금까지도 철저하게 은폐되어 있는 사실이지만, 당시 우리나라는 심각한 외환위기를 겪고 있었다. 1979년에 터졌던 외환위기에 대한 정부의 정책처방이 부적절하여 외환위기라는 경제질병이 또 재발했으니, 그게 얼마나 심각했을지는 쉽게 짐작할 수 있을 것이다. 여기에 장영자 어음사기 사건이 겹치면서 금융위기까지 발생하여 쌍둥이 위기에 우리 경제가 직면해 있었다.

당시에 나는 현 경제학으로는 그 경제파국을 좀처럼 정확하게 해명하기 어렵다고 판단하고, 경제병리학적 접근의 필요성을 절감했다. 하지만 경제위기가 발생하는 경제원리를 좀처럼 수립할 수 없었다. 내 능력이 부족함을 절실히 느꼈고, 당시에는 경제병리학의 개척을 포기하지 않을 수 없었다. 하지만 경제병리학적 접근은 내 가슴속 깊숙이 새겨져 있었던지, 1997년 말에 터졌던 외환위기를 바로 앞에서 밝힌 바처럼 비교적 정확하게 예측해낼 수 있었다. 그리고 이것이 계기가 되어 경제병리학의 수립에 본격적으로 나서게 되었다. 그 결과로 출판했던 것이 2009년 4월에 발간한 『경제를 보는 새로운 시각, 경제병리학』이었고, 지금은 그 책을 전면적으로 개편하여 이 책을 발간한다. 간단히 말해, 경제병리학이 지금과 같은 모습을 갖추기까지는 40여 년이 걸린 셈이다.

경제정책과 경제실적

가. 우리나라 잠재성장률은 여전히 높다

거듭 얘기하는 바이지만, 2023년 1월에 발간한 『경제파국으로 치닫는 금융위기』라는 책은 나에게 큰 의미를 갖게 되었다. 이 책을 발간한 이후, 국내 유수의 경제관련 유튜브 채널에서 촬영한 동영상의 누적 조회수가 1천만을 훌쩍 넘어서는 등 사회적 반향을 크게 불러일으켰다는 점이 특히 그렇다. 재야에서 다른 사람들의 관심권 밖에서 경제학을 공부한 나로서는 이 반향이 다소 생소하게 느껴졌다. 우선은 무척 반가웠다. 하지만 그 반향의 내용이 내 마음에는 썩 들지 않았다. 독자들은 나를 전형적인 비관주의자로 여기는 듯했던 것이 특히 그랬다. 그동안 20여권의 경제 관련 서적을 집필했는데, 그중 대부분은 지나치게 낙관적이라고 해야 무방할 정도였다고 나는 믿고 있다. 하나의 사례만 들자면, 국내 경제학자들이나 경제연구기관들은 대부분 우리나라의 성장잠재력이 2%대로 떨어졌다고 진단하지만, 이것은 틀렸다는 것이 내 판단이다. 그들은 최근에 실현된 성장률의 평균치를 잠재성장률로 간주하는데, 정부의 정책실패 등이 실현된 성장률을 잠재성장률보다 낮아지게 하기도 한다. 따라서 그것을 잠재성장률이라고 부를 수는 없다. 반면에, 나는 지금도 우리나라 잠재성장률이 6% 정도는 되는 것으로 믿고 있다. 그 구체적인 이유는 다음과 같다.

잠재성장률이란 지속가능한 최고의 성장률을 의미한다. 다시 말해, 지속가능하지 못하게 하는 경제변수들이 나타나지 않았을 때 기록한 최고의 성장률이 잠재성장률인 셈이다. 이처럼 경제성장을 지속가능하지 못하게 하는 대표적인 경제지표로는 물가 불안과 국제수지 악화를 들 수 있다. 물가가 불안해지면 어떤 낮은 경제성장률도 지속가능하지 못하게 되며, 국제수지가 악화될 때도 마찬가지이기 때문이다. 간단히 말해, 물가 불안과 국제수지 악화가 일어나지 않으면 어떤 높은 경제성장률을 기록하더라도 지속가능하다는 것이다.

그래서 나는 우리나라의 잠재성장률이 최소 6%는 넘는다고 여전히 굳게 믿고 있다. 우리나라의 경상수지 흑자는 정부의 고환율 정책이 수출을 크게 감소시키기 직전인 2021년의 경우

GDP의 5%에 육박했기 때문이다. 정확하게는 4.9%였다. 경상수지 흑자가 이처럼 GDP의 5%에 육박한다는 것은 그만큼 더 소비해도 무방하다는 것을 뜻하고, 이에 따라 성장률을 6% 이상으로 끌어올려도 이것은 지속가능하다고 나는 판단하고 있는 것이다. 참고로, 환율의 점진적 하락이 우리나라의 국제경쟁력을 크게 향상시킨 결과가 현실에 가장 크게 드러났던 2015년의 경우에는 경상수지 흑자가 GDP의 7.4%에 달했고, 그 이듬해에도 7%에 육박했다. 그만큼 당시에는 우리나라의 잠재성장률이 높았던 셈이다.

그밖에 우리나라의 잠재성장률이 아주 높다는 점은 다음과 같은 여러 가지 사실이 증명한다. 특히, 지금도 잠재성장률이 높으며 앞으로도 마찬가지일 것이라는 점을 다음 사실들이 여실히 증명한다. 현실적으로, 생산의 관점에서 경제성장에 가장 중요한 것은 생산과 수송이다. 우선, 수송에 있어서는 동력이 필수적이다. 지금은 물론이고 가까운 미래에 가장 크게 각광받을 산업은 친환경적인 전기자동차 산업이고 그 동력은 배터리이며, 이 배터리 산업은 장차 반도체 산업보다 그 규모가 훨씬 더 커질 것으로 전문가들은 흔히 전망하고 있다. 그런데 우리나라 배터리 기업들은 기술력은 물론이고 생산성에서도 다른 나라 어느 기업의 추월도 불허할 정도로 가장 앞서 있다.

다음으로, 생산에서는 소재산업이 다른 어느 무엇에 못지않게 중요하다. 특히 반도체는 산업의 쌀이라고 불리며, 거의 모든 산업에 사용되고, 다른 산업보다 훨씬 더 빠르게 성장하고 있기도 하다. 이 반도체 산업에서 우리나라는 독보적인 위치를 차지하고 있다. 메모리 반도체의 생산은 이미 오래전부터 세계 최강이었고, 시스템 반도체의 생산에서도 다른 어느 나라보다 빠르게 3나노 반도체를 양산해냄으로써 앞서가기 시작했다. 반도체의 설계, 검사장비, 후공정 등에서도 유망한 기업들이 다수 나타나고 있다.

그밖의 산업들도 마찬가지다. 수송기계류를 포함한 일반기계류는 우리나라 최대의 수출품목일 정도로 경쟁력이 뛰어나다. 정밀기계산업 역시 세계적인 경쟁력을 확보하고 있고, 제약산업과 배터리산업이 포함된 정밀화학산업 역시 마찬가지다. 무엇보다 중요한 사실은 위에서 언급한 산업들은 국민소득 10만 달러도 견뎌낼 수 있다는 점이다. 그뿐만 아니라, 일반 소비재산업의 경우도 대부분의 수출품이 이제는 명품대열에 올라서 있다. 명품은 일반 제품보다 훨씬 더 높은 가격에 팔리므로, 국민소득 10만 달러를 얼마든지 견뎌낼 수 있다.

더욱이 산업과 서로 상승작용을 하는 문화에서 우리나라는 세계 최강의 모습을 보이고 있다. 즉, 우리나라의 영화, 드라마, 대중음악 등이 세계적인 열풍을 일으키고 있는 것이다. 문화는 잘사는 나라에서 못사는 나라로 흘러가는 것이 일반적이지만, 우리 국민과 엔터기업은 이런 일반적인 흐름을 역류할 정도로 문화적 역량이 뛰어나다. 그 결과로 식품, 화장품, 패션 등의 산업이 세계적인 각광을 받고 있다. 굴뚝 없는 청정산업이라는 관광산업도 한류의 영향을 크게 받고 있다. 관광의 목적은 쇼핑, 요리, 체험, 관광, 인연과 추억 등으로 구성되어 있는데, 한류의 영향으로 세계적인 각광을 받는 위의 식품, 화장품, 패션 등의 산업이 관광의 주요 목적인 쇼핑과 요리 등에 기여하고, 영화와 드라마 그리고 대중음악 등은 관광의 또 다른 목적인 체험에 봉사하고 있다.

나. 경제난의 원인은 경제정책 실패

그렇다면 왜 우리 경제는 지금 이 지경일까? 왜 심각한 경제난이 2000년대 초반이래 벌써 20년 동안이나 지속되고 있을까? 우리 경제의 성장잠재력이 위와 같이 뛰어남에도 불구하고, 현실에서는 국민의 경제난이 왜 심각해지기만 했을까? 그 이유는 하나밖에 없다. 그것은 정부의 경제정책이 실패를 거듭했기 때문이다. 경제정책이 실패하지 않았으면, 경제난이 지금처럼 심각해질 수가 없다. 물론 다른 국내 경제학자들은 우리 경제의 잠재성장률이 2% 초반에 불과하다고 주장하며, 그 근거로 저출산과 고령화를 첫손가락에 꼽는다. 이게 사실일까? 아니다. 반대 사례가 다수 있으므로, 이 주장은 옳지 못하다.

대표적으로, 아일랜드는 1980년대까지도 유럽의 병자로 불렸다. 경제난이 지속되자 수많은 사람이 일자리를 찾아 해외로 떠났다. 그 결과로 700만을 넘겼던 아일랜드의 인구는 한때 340만까지 줄어들었다. 그렇게 아일랜드를 떠난 사람은 대부분 경제성장을 이끌어야 할 활력이 넘치는 젊은이였다. 하지만 이런 어려운 여건 속에서도 아일랜드는 1990년대부터 고속성장을 지속했다. 그래서 2007년에는 1인당 국민소득이 6만 달러를 넘어섬으로써 서유럽에서도 가장 잘사는 나라에 속하게 되었다. 특히 현재가치로 환산한 국민소득이 현재의 우리나라 수준이었을 때부터의 연평균 성장률이 9%를 넘기는 놀라운 성과를 거뒀다. 물론, 2008년 글로벌 금융위기가 터졌을 때는 아일랜드 은행들이 미국의 파생금융상품에 지나치게 많이 투자한 것이 말썽을 일으켜 심각한 금융위기와 경제난을 겪었다. 하지만 곧이어 고속성장을 지속함으로써 2022년에는 국민소득이 10만 달러까지 돌파했다. 이런 반대 사례가 있다면 저출산과 고령화는 잠재성장률을 떨어뜨리는 변수가 될 수 없다. 열악한 경제여건이나 경제적 난관은 좌절하라고 주어진 것이 아니라 극복하라고 주어진 것이라고 봐야 한다.

결론적으로, 만약 우리 정부의 경제정책이 실패만 반복하지 않는다면 특히, 곧이어 살펴볼 것처럼 정부가 환율의 점진적인 하락을 용인한다면, 우리나라 국민소득은 5년 안에 6만 달러에 이르고, 10년 안에는 10만 달러에 이를 수 있다고 나는 굳게 믿는다. 그럼 우리나라는 근래에 왜 심각한 경제난이 장기간 지속되었고, 경제난을 초래한 원인은 과연 무엇이었을까? 현재의 경제학으로는 이런 물음에 적절한 답변을 할 수 없다. 그 이유는 또 무엇일까?

현재의 소득이론은 투자와 저축의 상호작용이 소득을 결정한다고 가르치지만, 그 상호작용은 소득의 변동만을 결정할 따름이다. 현재의 소득이론에는 우리나라의 구체적인 소득수준은 물론이고 다른 나라와의 소득격차를 결정하는 경제원리가 없다. 그러니 어떻게 경기변동을 정확하게 진단하고 예측할 수 있겠는가? 거의 불가능하다. 그뿐만 아니라, 경기변동에 가장 큰 영향을 끼치는 경제위기나 경제파국을 규명할 수 있는 경제병리학이 없다. 한마디로, 현재의 경제학으로는 경기변동을 정확하게 진단하고 예측할 방법이 없는 셈이다. 그럼 어찌해야 할까? 소득을 결정하는 경제원리와 경제질병을 일으키는 경제원리를 구축하는 것이 가장 시급하다. 하지만 이것은 경제학자들이 해야 할 일이다.

그럼 보통사람은 어찌해야 할까? 경제학자들을 쳐다보고만 있어야 할까? 아니다. 경기변동을 진단해내고 예측해낼 아주 쉽고 상식적인 방법이 있다. 어떤 중요한 경제변수가 아주 이상하고 큰 변동을 보이고 있다면, 이것이 향후에 급격한 경기변동을 불러일으킬 것으로 보면 거의 틀림이 없다. 이런 판단에 입각하여 경기를 진단하고 예측하면 비교적 정확해질 수 있는 것이다. 최근 우리 경제에서 이런 아주 이상하고 큰 변동을 보인 경제변수는 무엇이었을까? 그것은 바로 환율이었다.

다. 고환율은 과연 바람직한가

우리나라 경상수지는 2020년 759억 달러, 2021년 852억 달러, 2022년 298억 달러 등의 대규모 흑자를 기록했다. 그만큼의 외환이 수요보다 더 많이 국내 외환시장에 공급되었으므로, 환율은 떨어져야 마땅했다. 하지만 우리 환율은 2020년 말의 1,086원에서 2021년 말에는 1,189원으로, 2022년 10월에는 한때 1,440원을 돌파했다. 이것은 아주 이상하고 중대한 일이었다. 그동안 우리 경제는 경상수지가 대규모 흑자를 기록하고 있었기 때문이다. 다시 말해, 경상수지가 대규모 흑자라는 것은 그만큼의 외환이 국내 외환시장에 매년 추가로 유입된다는 것을 의미하므로, 환율은 하락하는 것이 정상이었던 것이다.

그렇다면 이처럼 중대하고 이상한 환율의 변동은 경기변동에 큰 영향을 끼칠 것이 틀림없었다. 그렇다면 왜 환율은 위와 같이 이상하고 중대하게 상승했던 것일까? 당연히 우리 정부가 외환시장에 개입하여 환율을 정책적으로 상승시켰기 때문이다. 그 바람에 국내에 투자되었던 국제 금융자본은 물론이고 국내 금융자본까지 환차손을 입었고, 환차손을 피하기 위해 주로 달러가 강세였던 미국으로 이탈하였다. 그 결과로 앞에서 이미 밝힌 바처럼 국내경기는 급강하하고 말았다. 왜 위와 같이 우리 정부는 국내경기의 하강을 초래할 일을 한 것일까?

정부는 환율이 상승하면 수출이 증가하고, 수출이 증가하면 국내경기가 상승할 것으로 믿고 있기 때문이다. 이런 믿음이 옳을까? 아니다. 경상수지가 흑자임에도 불구하고 환율이 상승하면, 수출은 반드시 줄었던 것이 최근의 역사적 경험이다. 2001년에도 그랬고, 2009년에도 그랬으며, 최근에도 그랬다. 예외는 찾아보기 어렵다. 그 이유가 무엇일까? 첫째, 환율이 상승하면 해외 바이어가 수출가격 인하를 요구하고, 그러면 우리 수출업체는 대체적으로 그걸 수락하기 때문이다. 둘째, 설령 그런 요구가 없더라도 풀코스트 원리가 작동하기 때문이다. 즉, 기업들은 적정이윤과 총비용을 합산하여 가격을 결정하는 것이 일반적이며, 이에 따라 환율이 상승하면 기업은 가격을 낮춘다는 것이다. 가격을 낮춰야 더 많이 판매할 수 있기 때문이다. 셋째, 수출물량이 같더라도 환율이 상승하면 달러 기준의 수출액은 줄어들기 때문이다.

반대로, 경상수지가 흑자인 가운데 환율이 점진적으로 하락하면 수출은 반드시 증가했고, 경상수지 흑자도 더욱 커졌다. 1980년대 후반에도 그랬고, 2000년대 초반에도 그랬다. 그중에서 후자의 사례를 대표적으로 살펴보면, 2001년 말에 1,326원이었던 환율이 2006년 10월에는 한때 899원까지 하락했고 연말에도 930원을 기록했는데, 수출은 그동안 2.5배 증가했다. 그뿐만 아니라, 경상수지 흑자도 매년 크게 증가했다. 그 이유는 또 무엇일까? 예를 들어, 100달러짜리를 수출하던 기업은 2001년 말에 132,600원을 벌어들일 수 있었는데, 2006년 말에는 93,000원을 벌 수밖에 없었다. 그럼 기업은 어떻게 했을까? 기업은 망하지 않기 위해 필사적인 노력을 기울일 수밖에 없었다. 150달러짜리 내지는 200달러짜리 수출품을 새롭게 개발해야 살아남을 수 있었다. 그래서 수출이 비약적으로 증가했던 것이다. 한마디로, 기업은 망하기 때문에 강하다. 기업은 망하지 않기 위해 필사적으로 노력하기 때문에 강한 셈이다. 이런 기업의 국제경쟁력 향상은 국가경제 전체의 국제경쟁력을 향상시켰다. 그래서 우리나라의 수출은 예년보다 더 크게 증가했고, 경상수지 흑자도 매년 커졌다.

더욱 심각한 문제는 수출이 GDP의 절반에 육박한다고 정책당국이 지속적으로 강조하고 있다는 사실이다. 이런 잘못된 판단이 고환율 정책을 펼치는 이론적, 논리적 바탕을 이루고 있으며, 고환율 정책은 우리 경제가 직면하고 있는 경제난의 가장 큰 원인으로 작용하고 있는 것이 우리나라의 엄연한 현실이다. 하지만 이것은 깡통 하나와 드럼통 하나를 합하여 두 개라고 주장하는 것이나 다름없다. 수출은 매출총액이고 GDP는 부가가치 총액인데, 매출총액은 GDP의 약 4배에 이르기 때문이다. 매출총액이든 부가가치총액이든 그 기준을 어느 하나로 일치시키면, 매년 그 비중이 달라지지만, 우리나라 수출은 평균적으로 GDP의 9%

남짓에 불과하다. 심지어 8%대로 떨어지는 때도 있었다. 바꿔 말해, 내수가 GDP의 90% 이상을 차지한다는 것이다.

그렇다면 내수는 환율이 떨어질 때 확장될까, 아니면 환율이 상승할 때 확장될까? 그리고 경제성장률은 환율이 떨어질 때 높아질까, 아니면 환율이 상승할 때 높아질까? 당연히 환율이 떨어질 때, GDP의 90% 이상을 차지하는 내수가 확장된다. 환율이 떨어지면 우리나라가 수입에 전적으로 의존하고 있는 주요 식량 자원, 에너지 자원, 공업용 자원 등은 물론이고 시설재, 부품소재, 소비재 등을 더 값싸게 사올 수 있기 때문이다. 그래서 환율이 점진적으로 떨어질 때 경제성장률은 더 높아지는 것이다. 세계경제사를 살펴보더라도, 환율이 점진적으로 하락할 때는 어느 나라든 경제번영을 누렸고, 환율이 상승하면 경제번영을 누리던 나라조차 쇠락의 길로 들어서곤 했다.

라. 경제정책은 경제를 성장시킬 수 있을까

만약 환율을 인상시켜 수출을 증가시키고 성장률을 높일 수 있다면, 이 세상에서 경제난에 시달리는 나라나 외환위기를 겪을 나라는 하나도 없을 것이다. 이런 사실은 환율 인상으로는 경제를 절대로 살려낼 수 없다는 것을 여실히 증명한다. 그러나 책상머리에만 앉아 있는 정책당국자들은 위와 같은 엄연한 현실을 외면하고, 잘못된 믿음에 빠져 있다. 그래서 우리나라 경제가 그

동안 성장률이 줄기차게 떨어지기만 했고, 우리 국민은 점점 더 심각한 경제난에 신음해야 했다. 여전히 그들은 자신들의 판단은 잘못될 수가 없다는 오만에 빠져 있을 따름이다. 무엇보다 심각한 것은, 우리나라의 고도성장이 자신들의 노력과 힘으로 이뤄졌다고 믿는 오만이다. 이 오만은 정부의 경제정책은 실패할 리가 없다는 생각을 갖게 했다. 왜 그런 오만한 생각을 갖게 되었을까? 그들이 도덕적으로 심각한 문제를 안고 있기 때문일까? 아니다. 현재의 경제학이 그렇게 가르치고 있다. 그렇다면 왜 경제학은 그런 잘못된 믿음을 갖게 했을까?

그 근원은 근대 경제학의 개척자인 아담 스미스가 저술한 『국부론』으로 거슬러 올라간다. 아담 스미스는 노동, 자본, 토지 등의 생산요소가 국부의 근원이라고 주장했다. 하지만 생산요소는 경제성장의 필요조건일 뿐, 충분조건이 하나 더 갖춰지지 않으면 국부는 증가할 수가 없다. 이해하기 쉽게 비유를 하나 더 들어보자. 훌륭한 축구선수가 되기 위해서는 뛰어난 체격과 운동신경을 타고 태어나는 것이 필요하다. 그러나 이것은 뛰어난 축구선수의 필요조건일 따름이다. 뛰어난 체격과 운동신경을 충분히 발휘하기 위해서는 뛰어난 체력의 뒷받침이 필요하다. 그뿐만이 아니다. 체격과 운동신경과 체력이 뛰어나더라도 축구기술이 뒷받침하지 않으면 뛰어난 축구선수가 될 수 없다. 그리고 뛰어난 체격과 운동신경과 축구기술을 가지고 있더라도 경기감각이 뛰어나지 않으면, 뛰어난 성과를 거두기 어렵다. 기회와 위기는 한 경기의 마지막에 찾아올 수도 있으므로, 경기시간 내내 유지할 수 있는 경기감각은 필수적이다.

한마디로, 체격과 운동신경이 축구선수의 필요조건이라면, 체력과 기술과 경기감각은 충분조건이라고 할 수 있다. 그런데 체력과 기술과 경기감각은 피땀 어린 노력을 기울이지 않으면 결코 얻어질 수가 없다. 그렇다면 경제에서는 체력과 기술과 경기감각은 무엇을 의미할까? 간단히 말해, 체력은 성장잠재력이고, 기술은 국제경쟁력이며, 경기감각은 성장지속력이다. 이 성장잠재력과 국제경쟁력과 성장지속력 역시 국민과 기업과 정부가 모두 함께 땀과 인내와 피(희생)를 지불해야 비로소 갖춰질 수 있다.

하지만 아담 스미스는 경제성장의 필요조건인 생산요소에만 관심을 기울였을 뿐, 땀과 인내를 지불하고 피를 흘려야 비로소 갖출 수 있는 충분조건은 모두 외면하고 말았다. 아담 스미스가 국부의 본질로 내세운 분업 역시 피땀을 흘려야 얻어질 수 있는 것은 아니다. 그는 분업도 자연스럽게 얻어지는 것으로 간주했을 따름이다. 그래서 지금껏 경제학계는 위와 같이 피땀으로 얻어질 수 있는 경제성장의 충분조건을 외면하는 결과를 빚었다. 다시 말해, 경제학계에서는 아담 스미스는 기독교의 예수와 같으니, 경제학계에서는 피와 땀과 인내를 외면하는 풍토가 조성될 수밖에 없었던 것이다.

우리나라 경제가 장기간 심각한 경제난을 겪을 수밖에 없는 이유가 바로 여기에 있었던 셈이다. 간단히 말해, 손쉬운 경제정책으로 경제를 성장시킬 수 있다는 정책당국의 잘못된 믿음이 현재와 같은 경제난을 초래한 것이다. 그 결과는 참혹했고 앞으로도 그럴 것이다. 그 폐해는 우리나라만 당하고 있는 것이 아니다. 특히 제3세계 국가에서 인기영합주의populism가 만연하게 함으로써 경제위기나 경제파국 즉, 경제질병을 자주 발생시킨 것은 물론이고 빈곤을 일반화시키는 결과를 빚었다. 그래서 경제학이 국가경제의 성장에는 거의 도움을 줄 수 없게 된 것은 두말할 필요도 없다. 하루빨리 아담 스미스의 위와 같은 잘못된 가르침에서 벗어날 필요가 있다. 그렇다고 아담 스미스의 『국부론』을 부정하자는 것은 결코 아니다. 성서 이래 가장 위대한 저작이라는 평가가 있듯이, 이 책은 현대 경제학의 토대를 마련했다는 학문적 의의를 가지고 있을 뿐 아니라, 일반적인 삶의 지혜까지 풍부하게 담고 있다. 그래서 나는 기회가 있을 때마다 이 위대한 책을 읽어보도록 권유하곤 한다. 다만 그 한계도 명확하고 그 한계가 빚은 폐해도 크다는 점을 강조하고자 할 따름이다.

사실은 내가 나이 70에 박사학위를 취득하게 된 것도 위와 같은 이유 때문이다. 근대 경제학의 개척자인 아담 스미스를 비판하고 있으니, 경제학계에서 내가 설 자리는 없었던 셈이다. 이것은 마치 교회에 가서 예수가 기독교의 첫단추를 잘못 끼웠다고 말하는 것이나 다름없었다. 다른 누구에 못지않게 치열하게 경제학을 연구해왔던 내가 반백년 이상을 재야 경제학자로 살아야 했던 이유가 여기에 있었던 셈이다. 이제는 나도 박사학위를 받았으니 재야 경제학자에서 벗어날 수 있게 되었으나, 나이가 벌써 70을 훌쩍 넘어섰다는 장애물을 어떻게 극복하느냐의 문제가 여전히 남아 있다.

경제병리학의 출발점: 경제진단

경제병리학의 도입은 경제질병을 전제로 한다. 질병이 발생하지 않으면 병리학은 존재할 이유가 없다. 그럼 무엇을 경제질병이라 부를 수 있을까? 그 정답은 의학이 제시해 뒀다. 즉, 치료하지 않고 방치하면 건강이 심각하게 악화되거나 죽음에 이르고, 자연 치유가 가능하더라도 건강이나 체력의 손실이 크며, 육체적 고통이나 정신적 고통 같은 부작용과 후유증이 심각한 경우를 의학은 질병으로 간주한다. 경제병리학의 경우도 방치하면 악순환이 진행하여 심각한 경제난 혹은 경제파국을 일으키거나, 그 회복을 시장기능에 맡겨두면 부작용과 후유증이 심각한 경우를 경제질병이라 부를 수 있다. 이 경우에는 정책적 처방이 필수이며, 그 처방은 빠를수록 바람직하다. 경제란 악순환을 시작하면 그 속도가 점점 빨라지는 성질이 아주 강하므로 더욱 그렇다.

그럼 경제가 질병에 걸렸다는 사실을 어떻게 판단할 수 있을까? 이것 역시 병리학이 그 방법을 이미 제시해 줬다. 의사는 환자를 진찰할 때 가장 먼저 체온과 혈압과 호흡과 맥박 등을 측정한다. 이를 바탕으로 통증여부 등을 문진하여 병에 걸렸는지 아닌지를 먼저 판단한다. 그런 다음에 혈액검사, 소변검사, 세균검사, 단층촬영, 조직검사, 유전자 검사 등 다양한 방법을 동원한다. 하지만 경제학에서는 이것들이 머나먼 얘기이다. 경제병리학은 아직 초보 단계에도 이르지 못했으므로 단순한 진단부터 해나가는 게 지금으로서는 최선이 아닌가 한다. 초보적인 경제병리학부터 성립시킨 뒤에, 능력이 뛰어난 경제학자가 경제병리학에 입각하여 고도의 검사방법을 개발해 줬으면 좋겠다.

의사가 체온과 혈압과 호흡과 맥박을 측정하는 것과 같은 일을 경제전문가는 어떻게 해야 할까? 무엇을 먼저 측정해야 할까? 경제에서는 지속가능성이 어느 무엇보다 중요하다. 지속가능성이 유지되는 경우에 비로소 경제의 동태적 균형성과 안정성이 확보되고 그래야 지속적인 성장도 가능해지므로, 경제의 지속가능성을 해치는 변수를 중심으로 점검하는 게 경제를 진단하는 올바른 방법이다. 그렇다면 지속가능성을 해치는 변수에는 어떤 것이 있을까? 경제병리학에 비교적 오랜 세월 관심을 기울여온 내 경험에 따르면, 다음 세 가지 정도가 꼽힌다. 물가와 국제수지와 재정수지가 그것이다. 만약 국제수지가 지나치게 악화되거나, 물가 불안이 지나치게 심각해지거나, 재정수지가 지나치게 악화되면 눈앞의 경제상황은 지속가능하지 않은 것으로 봐야 한다.

우선, 물가 불안이 심각해지면 스스로 악순환을 일으킨다. 즉, 물가 상승 → 생활비 상승 → 임금 상승 → 생산비 상승 → 물가 상승 등이 반복하여 일어난다. 그리고 물가 상승은 거래금액을 증가시켜 통화량의 증대를 요구하며, 이것이 물가 불안을 더 가중시킨다. 그뿐만 아니라, 물가가 상승하면 구매력이 축소되어 경기는 하강하고, 이것은 축소재생산의 악순환을 일으킨다. 물가 상승 → 경기하강 → 생산 감소 → 고용과 투자 감소 → 소득 감소 → 수요 감소 → 경기하강 심화 등의 과정이 반복되는 것이다. 전형적인 경제질병의 증상 중 하나는 이렇게 나타난다. 이 경우에 정책적으로 무리하게 경기를 상승시키려 하면 통화가 증발되어 물가 불안은 더욱 심각해지기도 한다. 이런 사실은 1980년대 중남미 국가들의 경험 등 여러 역사적 사례를 통해 충분히 증명되었다.

다음으로, 국제수지가 심각하게 악화되면 환율이 상승하면서 악순환을 일으킨다. 환율 상승은 원자재 등 수입품의 가격을 상승시켜 물가 불안을 초래하고, 이것이 국제경쟁력을 약화시킴으로써 국제수지는 더 악화된다. 그뿐만 아니라 환율이 상승할 경우는 국내에 투자된 외국자본에 환차손을 일으켜 자본수지까지 악화시킨다. 최악의 경우에는 외환보유고가 고갈되어 파국적인 외환위기가 발생하기도 한다. 만약 환차손이 발생함에 따라 국내에 투자된 금융자본이 해외로 빠르게 유출되면, 금융시장에서는 유동성이 수축되고, 이것이 신용파괴원리를 본격적으로 작동시킴으로써 금융기관 전반이 붕괴위기를 겪기도 한다. 신용파괴원리가 얼마나 위험하고 치명적인가는 뒤에 다시 자세히 살펴볼 것이다.

끝으로, 재정수지가 심각하게 악화되면 국공채 발행을 크게 증가시키거나 화폐발행을 크게 증가시킬 수밖에 없다. 만약 국공채 발행이 대폭 증가하면, 금융시장의 자금수요가 급증하면서 시장 금리가 상승 압력을 받으며, 그 압력이 강해져 금리가 투자수익률보다 더 높아지면 투자는 부진해지고 경기는 하강한다. 만약 이런 때에 통화를 무리하게 증발하여 재정난을 모면하려 하거나 경기를 부양하려 하면, 1980년대 말의 중남미에서처럼 초인플레이션이 발생하기도 한다. 그런데 재정수지는 정책적 관리가 얼마든지 가능하다. 재정수지는 경제질병을 일으키는 내생변수가 아니라 정책변수인 셈이다.

결론적으로, 물가 불안, 국제수지 악화나 재정수지 악화 등이 심각해지면 경제성장은 지속가능하지 못하게 되고 결국은 악순환으로 빠져들며, 이 악순환의 직접적인 폐해는 물론이고 그 부작용과 후유증까지 점점 심각해진다. 그런데 물가 불안과 국제수지 적자와 재정수지 적자 등은 현실에서 흔히 일어나지만, 경제질병에까지 이르는 경우는 흔하지 않다. 그래서 '지나치게'라는 말을 반복하여 사용했다. 물가상승률과 국제수지 적자와 재정수지 적자가 '지나치게' 클 경우에 비로소 경제질병이 발생한다는 것이다.

그럼 어느 수준을 지나치다고 판단해야 할까? 이것은 임상경험의 축적이 판단을 내려줄 문제이다. 비유하자면, 우리 몸의 체온이 36도에서 36.5도로 오른 경우는 심각하게 걱정할 필요가 없지만, 38도에 이르면 병에 걸린 것은 아닌지 의심하고, 40도를 넘으면 병에 걸렸다고 진단한다. 오랜 세월의 임상경험이 이런 진단을 가능하게 했다. 경제도 마찬가지로서 경제병리학에 대한 임상경험이 축적되면 어느 수준이 지나친가 아니면 적절한가를 판단할 수 있을 것이다.

2

경제병리학의 일반원리

경제질병의 대표적 증상과 그 근원

생명을 위협할 정도로 치명적이거나 부작용과 후유증이 심각한 것이 질병이라면, 경제병리학에서도 이런 경제현상을 경제질병이라 부를 수 있다. 그런 대표적인 현상으로는 경제공황, 금융위기, 외환위기, 초인플레이션, 장기 경기부진 등이 손꼽힌다. 그런데 이런 경제질병은 밖으로 나타난 증상은 서로 다르지만 그 근원과 전개과정은 모두 비슷하다. 간단히 말해, 금융위기나 외환위기가 발생하여 경제공황으로 발전하고, 경제공황을 피하기 위한 정책이 1980년대 중남미 경제에서처럼 초인플레이션을 부르거나, 1990년대 이래의 일본경제처럼 장기 경기부진을 부른다. 구체적인 사례들을 간단히 살펴보자.

먼저, 역사상의 경제공황은 거의 모두 금융위기를 거쳐 발생했다. 예외적인 사례는 찾아보기 어렵다. 다음으로, 1980년대 중남미 경제에서는 외환위기와 함께 금융위기가 발생하여 경기가 빠르게 후퇴했고, 이것을 어떻게든 제지하려고 재정을 팽창시켰다. 이것이 국공채 발행을 증가시켰고, 이자율 상승을 불렀으며, 재정수지를 더욱 악화시켰다. 결국 국공채 판매마저 불가능해져 화폐증발에 의존하게 됐으며, 이게 초인플레이션으로 귀결되고 말았다. 이런 일은 제1차 세계대전이 끝난 직후 독일 바이마르 공화국에서도 벌어졌으며, 중국의 청 왕조나 조선 왕조의 말기 그리고 현대의 몇몇 국가들에서도 마찬가지였다.

끝으로, 일본경제는 1980년대 말에 부동산시장과 주식시장의 거품이 꺼지면서 심각한 금융위기에 직면하였고, 금융위기가 경제공황으로 발전하는 것을 막아내기 위해 여러 해에 걸쳐 대대적인 경기부양 정책이 펼쳐졌다. 이런 재정팽창이 경기 급락을 막기는 했으나, 초장기 경기부진을 부르는 결과를 빚었다. 경제공황이 급성질환이라면, 일본의 장기부진은 만성질환이라 부를 수 있다. 급성질환은 치명적이지만 비교적 단기간에 치유할 수 있는 반면에, 만성질환은 단기간에 치유하기가 어려운 특성을 지녔다. 또한 그 질병의 근원이 어디에 있는지를 좀처럼 찾아내기 어렵게 함으로써 적절한 처방을 어렵게 하는 특성까지 지녔다. 일본이 1990년대 초 이래 30년 이상 장기부진에서 벗어나지 못한 결정적인 이유 중 하나가 여기 있다.

그럼 금융위기는 왜 발생할까? 금융위기는 단독으로 발생하기도 하지만, 외환위기가 금융위기로 발전하기도 한다. 특히 외환위기가 발생한 경우에는 예외 없이 금융위기가 뒤를 잇거나 거의 동시적으로 발생한다. 그래서 외환위기와 금융위기는 흔히 '쌍둥이 위기Twin Crises'로 불린다. 외환위기가 발생했던 거의 모든 나라는 금융위기를 함께 겪었으므로 외환위기를 금융위기에 포함시켜도 무방할 정도이다. 참고로 그라시엘라 카민스키와 카르멘 라인하트는 금융위기Banking crisis가 선행한 뒤에 외환위기Currency crisis가 발생한다고 주장했으나[4], 역사적으로는 그 선후관계가 바뀌는 게 일반적이었다. 외환위기가 물밑에서 진행함으로써 금융위기를 부르고, 금융위기가 외환위기를 물위로 끌어올려 심각하게 진행시켰다는 것이 내 판단이다. 이 문제는 장차 우리나라의 외환위기를 살펴보면 확실해질 것이다.

경제질병의 근원이 이처럼 거의 모두 비슷하다면, 그 진단도 비교적 단순하다고 볼 수 있다. 지금부터는 이런 관점에서 경제질병을 어떻게 진단하고 처방해야 하는지 살펴보기로 한다. 그런 뒤에 위에서 언급한 경제질병들을 차례로 살펴볼 것이다. 그 전에 밝혀둘 점이 하나 있다. 경기순환과 금융위기의 관계가 그것

---

4 The twin crises: the causes of banking and balance-of-payments problems, Graciela L. Kaminsky & Carmen M. Reinhart, International Finance Discussion Papers 544, Board of Governors of the Federal Reserve System(U.S.), 1999년 참조.

이다. 일반적으로 금융위기는 경기순환 과정에서 벌어진다. 그렇다면 금융위기를 경기순환 이론으로 파악할 수는 없을까? 예를 들어, 케인즈의 '투자 가속도원리'나 슘페터의 '창조적 파괴'나 오스트리아 학파의 '금리 순환' 등등으로 경기순환을 규명할 수는 없을까?

케인즈는 수요의 포화를 경기순환의 변곡점이라고 보았으며, 슘페터는 투자 기회의 포화 즉, 기존 생산품과 생산과정의 교체 시기를 변곡점으로 보았다. 오스트리아 학파는 시장금리와 자연금리의 격차로, 스웨덴 학파는 투자와 저축의 불균형으로, 통화주의자는 통화공급의 변동으로 경기순환 혹은 경기변동을 규명한다. 이들의 경기순환 이론은 위기의 발생과 붕괴를 해명하는 데 도움을 준 것으로 알려져 있다. 하지만 로버트 브루너가 말한 것처럼 "이런 경기순환 이론은 위기를 몰고 오는 환경에 다채로운 색깔을 입히기는 하지만 위기를 촉발하는 구체적인 계기나 위기가 경제 전반에 확산되는 과정을 설명하지는 못한다. 아직 설명할 내용이 남는다."[5] 한마디로, 금융위기에 대한 별도의 과학적인 고찰이 필요하다는 것이다.

현실적으로도 산업에서 나타나는 경기순환이 경제병리적 증상으로 발전하는 데는 금융위기가 거의 모두 결정적인 역할을

5 『패닉:1907년 금융공황의 통찰』 273쪽, 로버트 F. 브루너 & 숀 D. 카, 황금부엉이, 2008년

한다. 경제파국 중에서 금융위기와 직접적인 관련을 맺지 않은 것은 좀처럼 찾아보기 어렵다. 금융위기의 심각성이 경기후퇴의 폭과 길이를 결정했다고 봐도 무방하다. 그럼 금융위기는 왜 거의 모든 경제질병을 일으킬까? 간단히 말해, 경제변수 중에서 통화의 변동성이 가장 크고, 이에 따라 다른 경제변수들에 끼치는 영향이 가장 막강하기 때문이다. 그러므로 금융위기에 대한 병리학적 고찰이 어느 무엇보다 시급하고 중요하다. 금융위기가 어떻게 발생하고 파급되는가를 알아야 경제파국을 예방하거나 적절하게 처방할 수 있다. 물론 경기순환 과정에서 나타나는 경기후퇴가 병리적 증상으로까지 발전하지 않으면, 이것은 자연계의 4계절처럼 자연스런 현상으로 볼 수 있다. 그러므로 자연스럽게 경기회복으로 전환하지 못하고 악순환을 일으키는 경우를 경제병리적 현상이라고 부르는 게 옳다. 이런 병리적 현상으로 발전하는 과정에서 금융위기가 어떤 역할을 하는지 지금부터 살펴보기로 하자.

금융위기는 왜 반복적으로 발생하는가

금융위기에 관한 연구업적으로는 킨들버거의 『광기, 패닉, 붕괴; 금융위기의 역사』가 기념비적이다. 경제학계가 그동안 이룩한 연구 성과들을 거의 모두 섭렵했을 뿐 아니라, 금융위기의 원인과 전개과정에 대해 일관성 있는 논지를 펼쳤고, 다른 어느 연구에 못지않은 높은 설득력을 보여줬다. 실제로 이 책은 다른 경제학자들의 논문에 만 번 이상 인용되었울 정도로 중요한 학문적 의미를 가지고 있다. 무엇보다 로버트 알리버가 함께 보완한 이 책의 제5판은 2000년대 초까지의 사례를 담고 있어서 아주 유용하다. 이 책에 나타난 금융위기의 원인과 전개과정을 살펴가면서 경제병리학적 관점을 여기에 가미하는 게 이해하기도 쉽고 편리할 것 같다. 이 책의 경제병리학은 이 저서의 영향과 도움을 크게 받기도 했다.

킨들버거가 저술한 위 책의 제목에 나타나 있듯이, 광기가 패닉을 부르고 결국은 붕괴하면서 금융위기로 발전한다는 것이 그의 주장이다. 간단히 요약하자면, 경기가 호황을 지속하면 열광적인 투자 분위기가 조성되고, 어느 날 갑자기 그 분위기가 싸늘하게 식으면서 공황상태가 나타나며, 이윽고 금융시장이 붕괴하는 일이 벌어진다는 것이다. 이 금융위기의 전개과정을 그의 논리전개에 따라 좀 더 자세하게 살펴보자.

"경기 확장국면에는 투자자들의 미래에 대한 낙관적인 태도가 증폭되고, 이들은 다양한 영역에서 투자에 대한 수익성 추정치를 상향 조정한다. 따라서 자금을 차입하려는 이들의 의욕은 커진다. 동시에 대여자들은 개별적 투자에 대한 위험 평가를 낮추고, 위험회피 성향도 줄어들어 자연히 돈을 빌려주려는 의욕이 증가하고, 이전에는 너무 위험하다고 판단했던 투자가 긍정적인 여신대상으로 바뀌는 경우도 생겨난다."[6] 이게 투기적 광기를 부추긴다는 것이다. "투기적 광기는 경우에 따라 전반적인 '비합리성' 즉, 군중심리를 동반한다. 군중심리나 히스테리는 종종 발생하는 합리적 행동으로부터의 일탈 현상으로서 엄연히 자리 잡고 있다."[7] 쉽게 말해, 너도나도 투기에 나섬으로써 가격을 상승

---

6 『광기, 패닉, 붕괴: 금융위기의 역사』 58쪽, 찰스 P. 킨들버거 & 로버트 Z. 알리버, 굿모닝북스, 2007년
7 위의 책 83쪽

시키고, 가격 상승이 투기를 부추기며, 투기가 다시 가격의 폭등을 부른다는 것이다. 그리고 이런 투기열풍은 금융기관 대출을 빠르게 증가시키고, 투기열풍에 따른 가격의 급등은 금융기관으로 하여금 대출 위험도를 낮게 평가하게 하며, 결국은 투기적 광기로 발전한다는 것이다.

그럼 이런 비합리적 군중심리에 따른 투기적 광기는 언제 발생하고 어떻게 패닉으로 발전할까? "광기와 패닉의 역사에는 외생적 충격이 있을 때에 균형점 이탈 방향으로 작동하는 '거미집' 유형의 반응이 일어난 사례들이 즐비하다."라고 킨들버거와 알리버는 주장한다. 그럼 광기와 패닉을 일으키는 외생적 충격에는 어떤 것들이 있을까? 석유가격 급등, 평가절하, 전쟁, 정치적 변화, 규제완화 등이 그런 대표적 사례라고 그들은 주장한다. 진짜로 이런 외생변수가 투기적 광기와 패닉을 일으킨 근본적인 원인일까? 경제병리학적 관점에서 보면, 이런 분석은 과학적 탐구를 포기한 것이나 다름없다. 내생변수에 의해서도 원인과 전개과정을 해명할 수 있다면 마땅히 그렇게 해야 함에도 불구하고, 그들은 외생변수에 의탁함으로써 경제원리의 추적을 포기하고 말았다. 이 문제는 조금 뒤에 자세히 따져보기로 하고, 우선 그들의 논리를 좀 더 따라가 보자.

"최근에 발생한 주된 변위요인 즉, 외생적 충격은 은행과 금융기관에 대한 규제완화였다."라고 그들은 주장한다.[8] 실제로 "라틴 아메리카의 많은 나라들은 금융시스템 규제완화를 추진했고 곧 이어 은행의 신설과 신용의 급팽창과 물가상승이 뒤따랐으며, 그 후에는 일부 신설 은행의 파산이 나타났으므로 규제완화 과정의 몇몇 단계는 조심스럽게 전개돼야 한다는 것이 이들 나라에서 나타난 대혼란의 교훈"이며,[9] 일본에서도 "금융기관의 규제완화가 1980년대 후반의 자산가격 거품을 일으킨 주된 원인이었다." 라는 게 그들의 주장이다.[10] 이게 사실일까? 경제병리학적 관점에서 보면, 이것은 진실과는 거리가 멀다. 이 문제도 바로 뒤에 별도로 따져볼 것이다.

그들은 "광기가 발생할 때는 항상 신용 팽창을 동반했으며, 지난 10여 년 동안의 신용 팽창은 거의 전부 은행과 금융 시스템을 경유해 벌어졌다."는 점을 강조했다.[11] 금융기관 발달과 신용 팽창이 광기 발생을 일으킨다는 이 주장 역시 진실과는 거리가 멀다. 금융기관 발달과 신용 팽창이 광기를 일으킨 게 아니라, 수요의 시간이동이 폭발적인 가격상승을 일으키는 근본 원인이라는 게 경제병리학의 관점이다. 이 문제도 장차 자세히 살펴볼 것이다.

---

8 위의 책 107쪽
9 위의 책 99쪽
10 위의 책 107쪽
11 위의 책 118쪽

킨들버거는 "광기와 붕괴가 신용공급의 불안정성에 기인한다는 생각은 오래 전부터 있었다."면서 앨빈 한센, 랄프 호트리, 아서 C. 피구 등의 분석을 소개했다.[12] 그리고 "1930년대 중반에 있었던 경제활동의 급격한 위축은 FRB가 수행한 통화정책의 오류 즉, 주로 1929년 8월에서 1933년 3월 사이의 통화공급 감축 때문"이라는 밀턴 프리드먼과 안나 슈워츠의 주장도 비중 있게 소개했다.[13] 간단히 말해, 프리드먼 등의 통화주의자는 대공황 때 미국 연방준비위원회약칭은 연준, FRB 또는 Fed가 통화를 감축한 게 경기의 급속한 후퇴를 불렀다고 봤다는 것이다. 이에 대한 반론으로서 케인즈 학파에 속하는 피터 테민의 주장도 함께 소개했다. 테민은 "통화 감소로 인해 지출의 감소가 야기된 것인지 아니면 지출의 감소로 인해 통화공급의 감소가 야기된 것인지에 대해 의문을 제기하고, 1929년 붕괴 후의 제반 금리가 급격하게 하락했다는 점에서 지출 감소가 통화공급 감소에 앞서 발생했다." 라고 봤다.[14] 한마디로, 통화 감축이 먼저 발생한 게 아니므로 경기후퇴에 따른 지출 감소가 대공황의 원인이었다는 것이 테민의 주장이며 킨들버거도 이 주장에 부분적으로 동조했다.

아울러 자신의 견해를 다음과 같이 추가로 밝혔다. "테민의

12 위의 책 146쪽
13 위의 책 147쪽
14 위의 책 147~148쪽

분석은 통화주의적 시각에 대한 강력한 비판이기는 해도 대공황에 대한 설명을 제시하지는 못했으며 오히려 산업생산 감소는 신용 시스템의 불안정성으로 가장 잘 설명된다."[15]라는 것이다. 다시 말해, 테민이 주장한 바와 같은 지출 감소는 대공황을 초래한 결정적인 원인이 아니며, 신용기관의 불안정성이 금융위기를 불러온 결정적인 원인이라고 그는 분석했다. 그리고 금융위기의 원인과 전개과정에 대해 나름의 결론을 다음과 같이 내린다.

금융위기로 이어지는 일련의 사건을 하나의 표준적 모델로 정리하자면, '어떤 충격이 경기 확장을 야기하고, 확장 국면은 경기 호황으로 전환된다. 그러면 풍요감이 성숙해지고 확산된다. 이어서 자산가격의 상승이 멈추는 현상이 나타난다. 자산가격의 하락이 시작되면 불안 국면이 뒤따른다. 이 경우에는 패닉이 발생할 확률이 높고, 그러면 붕괴가 뒤따른다.'라는 것이 그의 주장이다.[16]

금융위기의 원인과 전개과정에 대한 킨들버거의 위와 같은 분석은 주목할 만한 가치가 충분하다. 아니, 이 분야의 훌륭한 업적이다. 금융위기의 전형적 발전단계인 '광기 → 패닉 → 붕괴'를 명백히 규명한 것만으로도 높이 평가할 가치가 충분하다. 하지만 그의 분석은 과학적이라고 말하기에는 어딘가 부족하다. 광

---

15 위의 책 149쪽
16 위의 책 157쪽

기와 패닉이라는 용어부터가 이성적이라고 말하기는 어렵다. 오히려 그것들은 감성적인 용어이며, 이성에 기초해야 할 사회과학에는 어울리지 않는다. 또한 광기와 패닉의 원인으로 제시한 것들도 합리적이라고 말하기는 어렵다. 다분히 감성적인 용어의 나열일 따름이다.

경제병리학적 관점에서 보면 이런 감성적인 원인분석에 입각한 정책처방은 사태를 더 악화시킬 수도 있고, 경제의 안정적인 성장을 저해할 수도 있다. 지금부터는 이 문제를 심층적으로 그리고 다각적으로 살펴보기로 한다. 먼저 감성적인 관점의 접근이 얼마나 위험한가를 살펴보고, 그런 뒤에 금융위기의 원인과 전개과정 그리고 그 극복을 과학적으로 접근할 수 있는 새로운 이론적 토대를 살펴볼 것이다.

금융위기가 발생하는 일반적 운동원리와 전개과정

주류경제학은 경제주체의 합리적 행동과 신속한 균형을 전제조건으로 삼아 성립했으므로 경제병리적 현상을 인정하지 않는다. 하지만 현실에서는 경제질병이나 경제위기가 간헐적으로 발생하고 있다. 세계에서 경제가 가장 안정적인 나라에 속하는 미국조차 여러 차례 금융위기를 겪었고, 매번 심각한 경제난을 겪었다. 유럽 각국도 미국이 금융위기를 겪었던 때와 비슷한 시기에 경제난을 겪었다. 그중에서도 1970년대 중반부터 1980년대 초까지 지속됐던 영국의 금융위기와 1990년을 전후하여 핀란드와 스웨덴과 노르웨이와 영국 등이 겪었던 금융위기는 아주 심각했다. 중남미 국가들에서는 1980년대 초에 외환위기와 금융위기가 함께 발생하여 초인플레이션으로 발전함으로써 1990년대 초까지 여러 해 동안 혹독한 경제적 시련을 당했다. 동아시아의 여러 나라도 1997년부터 외환위기를 겪었다. 이런 사실은 주류경제학의 '합리적 행동 가설'과 '효율적 시장가설'이 현실에서 얼마나 취약한가를 단적으로 증명한다.

물론 금융위기에 대한 국제사회의 경각심은 높이 살만하다. 대표적으로, 국제결제은행Bank for International Settlement은 1988년에 BASEL Ⅰ 협약을 여러 나라와 체결하여 은행 등 금융회사가 일정한 자기자본 비율을 지키도록 권장하였다(은행의 자기자본 비율은 8% 이상). 이 협약이 발효된 뒤에도 금융위기가 곳곳에서 종종 발생하자 2004년에는 금융감독 기능을 강화한 BASEL Ⅱ 협약을 체결했다. 그리고 2008년에 발생한 세계 금융위기가 점점 심각해지자 시장규율을 강화한 BASEL Ⅲ 협약을 체결해 2013년부터 단계적으로 시행하기로 합의했다. 금융규제 기준을 이처럼 계속 강화했다면 금융위기는 이제 발생하지 않을까? 이미 두 번이나 협약을 갱신한 사실에서 알 수 있듯이, 이 협약에도 불구하고 금융위기는 예방해내지 못할 것으로 보인다. 금융위기가 발생하는 근본 원인을 외면했기 때문이다.

그럼 금융위기가 간헐적으로 계속 발생하는 이유는 무엇일까? 역사적으로 금융위기가 자주 터졌다면 그것을 예방하거나 그 피해가 확산되는 것을 차단할 방법은 없을까? 거의 모든 금융위기는 '광기 → 패닉 → 붕괴'의 과정을 거쳤으므로, 이것을 일으킨 필연적인 운동원리를 찾아내기만 하면 그것이 얼마든지 가능하다. 그 운동원리는 과연 무엇일까? 결론부터 먼저 밝히자면, 광기는 수요의 시간이동에 의해 일어나고, 패닉은 수요의 시간이동에 따른 수요의 공동화에 의해 일어나며, 붕괴는 신용창조원리의 역과정인 신용파괴원리가 작동함으로써 일어나며, 금융위기가 경제적 파국으로 이어지는 것은 경제의 순기능이 역기능으로 돌변하기 때문이라는 것이 경제병리학의 관점이다. 지금부터 이 문제를 차례로 자세히 살펴보자.

가. 수요의 시간이동과 수요의 공동화

세상에는 주로 현재 소득에 의해 소비가 이뤄지는 재화도 존재하고, 과거부터 축적한 소득에 의해 소비가 주로 이뤄지는 재화도 존재한다. 그 중에서 후자가 금융위기의 발생에 있어서 다음과 같이 결정적인 역할을 한다. 비교적 장기간 축적한 소득으로 소비가 이뤄지고 경제적으로도 중요한 역할을 하는 대표적인 재화로는 부동산과 주식 등을 꼽을 수 있는데, 이런 재화의 가격은 단속적으로 상승하는 게 보통이다. 경기가 호조이거나 통화량이 증가할 경우 일반 재화는 가격이 상대적으로 신속하게 반응하여 약간의 시차를 두고 상승하지만, 소득의 축적이 충분히 이뤄진 뒤에 거래가 활발해지는 부동산과 주식 같은 재화는 그 가격이 상대적으로 더 지체되어 상승하는 경향을 보인다. 경기가 호조를 지속하여 소득이 비교적 장기간 증가해야 저축이 충분히 이뤄지고, 그래야 이 재화들의 수요는 비로소 본격적으로 일어나며, 이때에 이르러 가격이 상승하기 시작하는 것이다. 여기에서 그친다면 심각한 문제를 일으키지 않지만, 뒤늦게 일어난 이 재화들의 가격상승이 상대적으로 훨씬 빠른 속도를 내면서 병리적 현상을 만들어 낸다.

이해하기 쉽게 구체적인 사례 즉, 주택시장을 중심으로 살펴보자. 주택 수요는 저축이 충분히 이뤄져야 일어나므로, 주택가격은 상당한 세월이 흘러야 비로소 상승하기 시작한다. 주택가격의 상승은 일반 물가의 상승이 이미 일어난 다음에 뒤늦게 시작한 만큼 짧은 기간에 집중되는 경향을 보인다. 이처럼 단기간에 가격이 급등하는 현상이 벌어지면, 2년이나 3년 더 저축해야 집을 살 능력이 생기는 사람들에게 강렬한 유혹을 일으킨다. 무리하게 많은 빚을 내서라도 집을 사려는 유혹이 그것이다. 가격이 폭등하고 나면 2~3년 더 저축하더라도 집을 살 수 없는 일이 벌어질 것처럼 보이기 때문이다.

이런 일이 실제로 벌어지면 어떤 상황이 전개될까? 많은 빚을 내서 집을 사는 것은 미래의 수요가 현재로 이동해오는 것을 의미한다. 미래에 나타나야 할 수요가 이처럼 현재로 이동해오면 부동산의 수요는 배가되고 그 가격은 폭등한다. 부동산 투기열풍과 거품은 이렇게 일어난다. 이런 투기열풍과 거품은 언제까지나

지속될 수는 없다. 미래 수요가 현재로 이동해 왔으므로, 미래의 어느 시점에 가면 수요가 이동해 간 시기가 반드시 닥친다. 이 경우에는 수요의 공동화 현상이 나타나 가격은 장기간 정체하거나 급락한다. 더 먼 미래의 수요가 계속 이동해 온다면 가격 하락은 일어나지 않을 수 있지만, 이것 역시 지속가능성은 없다. 현재 수요와 미래 수요가 합쳐지는 경우에 비로소 폭등한 가격이 유지되기 때문이다. 가격 폭등이 더 이상 지속되지 못하고 정체하거나 하락으로 전환하면, 현재 수요까지 미래로 이동해 가는 새로운 경향이 나타난다. 그러면 그 거품이 꺼지면서 가격은 폭락한다. 1990년대 초의 일본과 2008년 이후의 미국에서, 2022년 하반기의 우리나라에서 이런 일이 실제로 벌어졌다.

위와 같은 현상은 부동산에만 국한하여 일어나지는 않는다. 주식시장에서도 흔히 일어난다. 주식시장과 부동산시장에서 동시에 그런 일이 벌어지기도 하며, 이 경우에는 심각한 금융위기가 발생한다. 킨들버거가 주장한 바처럼 광기와 패닉과 붕괴가 연쇄적으로 벌어지는 것이다. 그렇다면 그가 금융위기의 원인을 충분히 규명했다고 봐도 좋지 않을까? 그것으로는 충분치 않다는 것이 경제병리학의 판단이다. 광기와 거품과 붕괴가 연이어 일어났다면 그 원인이 어디에 있는가를 과학적으로 따지는 게 경제학의 책무이다. 한마디로, 광기는 수요의 시간이동에 의해 일어난다고 규정해야 미래에 나타날 새로운 광기도 비로소 예측해낼 수 있다. 그리고 수요의 시간이동이 광기를 일으킨다고 규정했을 때 비로소 거품이 왜 일어나 붕괴로 이어지는가를 과학적으로 규명할 수 있으며, 거품의 붕괴는 어떤 과정을 거쳐 일어나는가도 과학적으로 규명할 수 있다. 그러나 킨들버거는 아래처럼 기술했을 뿐이다.

"일반적으로 광기 현상은 경기순환의 확장 국면에서 나타났다. 이것은 부분적으로 광기에 동반하는 풍요로운 감정이 지출증대를 야기한다는 점에 기인한다. 광기 국면에서 부동산 가격이나 주가, 상품가격의 상승은 소비지출 및 투자지출의 증가에 기여하고, 이것은 다시 경제성장을 가속화한다. 경제예측가들은 영속적인 경제성장을 예측하고, 일부 과감한 분석가들은 시장경제의 경기순환이 사라졌다며 더이상 경기후퇴는 없다고 단언한다. 경제성장률의 상승에 힘입어 투자자들과 대여자들의 미래에 대한 낙관론이 확산되고, 자산가격은 더 빨리, 적어도 얼마 동안은 상승한다."[17] 이것은 현실에서 일어나는 일반적 현상이지만 경기순환의 확장국면에서 왜 가격상승이 자연스럽게 일어나지 않고 광기로 나타나는지에 대해서는 설득력 있는 언급을 찾을 수 없다. 킨들버거의 위와 같은 언급은 과학적인 접근과 거리가 멀다.

붕괴에 대해서도 그는 "자산가격 상승에 이어서 하나의 사건

17 『광기, 패닉, 붕괴: 금융위기의 역사』 36쪽, 찰스 P. 킨들버거 & 로버트 Z. 알리버, 굿모닝북스, 2007년

이 터지는데, 정부 정책의 변화나 이제까지만 하더라도 성공적이라고 여겨지던 회사가 별다른 설명도 없이 파산하는 사건과 같은 일이 벌어지면서 자산가격은 상승 행진을 중단한다. 자산 매입을 대부분 차입금으로 조달했던 일군의 투자자들은 결국 대출금의 이자가 자산에서 나오는 투자 소득보다 커지게 되는 순간, 보유하고 있던 부동산이나 주식의 투매자로 돌변한다. 이들의 투매는 자산가격 급락을 초래하고, 패닉과 붕괴가 뒤따를 수도 있다."[18]라고 기술했다. 하지만 우연한 사건을 원인으로 내세우는 것은 과학적으로 옳지 않다.

패닉이 반복적으로 그리고 필연적으로 일어날 수밖에 없는 과학적인 원리를 먼저 찾았어야 했지만, 그는 민스키의 주장을 빌려 "경제가 둔화되면 이들이 매수한 자산가격의 상승률이 차입금의 금리보다 낮아지며, 그러면 이들 차입자 가운데 일부는 실망하게 되고 이들 중 다수는 투매자로 돌변한다."[19]라고 언급하여 경기 둔화를 붕괴의 원인으로 제기했을 따름이다. 경기 둔화가 왜 일어나는지, 이것이 자산가격의 붕괴와는 어떤 관계를 맺는지에 대한 과학적인 규명은 찾아보기 어렵다. 또한 경기 둔화가 붕괴에 선행하는지 아니면 후행하는지에 대한 규명도 그의 책에는 없다. 반면에, 재화들 사이에 나타나는 가격변동에 대한 반

18 위의 책 37쪽
19 위의 책 59쪽

응의 민감성과 속도의 차이 그리고 수요의 시간이동과 공동화는 이 문제를 다음과 같이 과학적으로 해결해낸다.

나. 신용파괴원리의 작동

부동산이나 주식의 가격하락이 금융기관 붕괴위기로까지 발전하는 과정에 대해서는 수요의 시간이동과 공동화 등의 경제원리만으로는 규명하기에 역부족이다. 다른 경제원리가 하나 더 여기에 가세하는데, 신용창조원리의 역과정인 '신용파괴원리'의 작동이 그것이다. 이 신용파괴원리가 본격적으로 작동하면 흔히 금융기관 붕괴위기로 발전하고, 뒤이어 심각한 경기후퇴가 그 모습을 드러낸다.

킨들버거도 '패닉이 절정에 달할 즈음에는 돈 구할 데가 없다는 말이 저절로 나온다.'라고 밝히고, 그 원인으로서 '자산가격이 하락하면 담보가치가 감소하므로 은행은 기존 대출을 회수하거나 신규 대출을 거부하고 이 과정이 악순환한다.'라는 점을 제시했다.[20] 현실적으로도 신용경색이나 신용수축 등의 용어는 흔히 사용된다. 루디거 돈부시Rudiger Dornbusch는 '갑작스런 유동성 정지Liquidity Sudden Stop'라는 용어를 사용하기도 했다. 그럼 이런 용어와 '신용파괴원리' 사이에는 어떤 차이가 있을까? 혹시 신용파괴원

---

20 위의 책 188쪽

리가 이미 널리 알려진 것은 아닐까?

신용경색이나 신용수축이나 유동성 정지라는 용어는 과학적 원리에 입각한 것이 아니다. 현실에서 종종 나타나는 현상을 지칭한 용어일 따름이다. 물론 과학적 원리를 추구한 사례가 전혀 없는 것은 아니다. 예를 들어 진 스마일리는 예금인출 사태가 발생한 경우에 "공황상태의 예금주들에게 지급할 현금을 확보하기 위해 수많은 은행들이 공개시장에서 증권을 매각한다면 증권가격이 하락할 것이다. 이렇게 되면 은행들은 예금을 지급할 만큼의 충분한 자산을 보유하지 못하게 되고, 결국엔 파산할 것이다."[21]라고 그의 저서 『대공황의 세계 1929-1939』에서 밝혔다. 하지만 이런 분석 역시 역부족이다. 1997년 말에 우리나라에서 발생했던 외환위기처럼 은행자산 중에서 증권의 비중이 무시해도 좋을 정도인 경우에도 신용수축 현상이 벌어졌기 때문이다. 따라서 신용파괴원리로 접근하여 신용수축 현상을 해명하는 것이 훨씬 광범위한 설득력을 갖는다. 그럼 신용파괴원리는 어떻게 작동할까?

우리나라 외환위기의 전개과정은 금융위기가 어떻게 진행하는지를 보여준 전형적인 사례 중 하나이다. 지금부터는 우리나라 외환위기의 전개과정을 통해 금융위기의 일반적인 전개과정을

---

21 『대공황의 세계 1929-1939』 61쪽, 진 스마일리, 지상사, 2008년

과학적으로 접근해보기로 하자. 즉, '한보 부도사태'의 발생이 신용파괴를 일으킴으로써 금융위기가 본격화했으며, 이 금융위기가 외환위기의 발생에 격발자의 역할을 했으므로, 이 문제를 통해 신용파괴원리가 어떻게 작동하는지 살펴보자는 것이다. 다음의 인용문은 신용파괴원리를 쉽게 이해하게 해줄 것이다.

"작지만 견실한 제조업체를 경영하는 정 사장은 외환위기 때를 생각하면 지금도 아찔한 느낌이 들고 숨이 가빠지곤 한다. 회사를 설립한 직후를 빼고는 20여 년 동안 적자를 낸 적이 없고 회사채를 발행하지도 않았는데, 어느 날 갑자기 부도위기에 내몰렸다. 거래하던 업체가 하나 둘 도산하면서 받아뒀던 당좌수표와 어음이 부도났고 개인적으로 빌려준 돈도 받을 길이 없었다. 반면에 은행에서 대출받은 돈은 제때에 갚아야 했으며 회사를 유지하기 위해서도 임금과 원자재 대금을 반드시 지불해야 했다. 자신이 발행한 당좌수표 역시 어김없이 결제일이 다가왔다.

회사를 살리기 위해 백방으로 뛰어봤지만 그 많던 돈이 어디로 갔는지 도대체 알 수가 없었다. 은행은 물론이고 제2금융권의 대출조차 기대하기 어려웠다. 그동안 한 번도 찾지 않았던 사채시장이라 불리는 지하시장까지 기웃거렸으나 첫 거래라서인지 이 돈마저 구할 길이 없었다. 강남에 사둔 아파트를 매물로 내놨으나 좀처럼 팔리지 않았다. 불과 2년 전만 하더라도 3억원을 호가했으나 2억원에 내놔도 팔리지 않았다. 1억5천만원에 겨우 팔았지만 자금은 턱없이 부족했다(그 8년 뒤인 2006년에는 그 집값이 10배 가까이 올랐고, 2022년에는 30배 이상 올랐다). 노후를 위해 사둔 경기도의 땅도 내놓았고 나중에는 자식 명의로 사둔 강남 요지의 빌딩까지 팔아야 했다. 땅은 2년 전의 1/3 값으로, 강남 빌딩은 절반 값으로 겨우 처분했다. 그나마 여유자금을 예금해뒀던 친구에게 통사정해서 이렇게라도 팔 수 있었다.

왜 돈이 이처럼 바짝 말랐을까? 외환위기가 터지기 불과 1년 전만 하더라도 시중에는 돈이 넘쳐났다. 넘쳐나던 돈이 주식시장으로 흘러가 주가지수를 2년 동안에 500대에서 900대까지 끌어올렸고, 부동산시장 역시 투기 조짐까지 일어날 정도로 대체적으로 활황이었다. 그렇게 풍부했던 돈이 도대체 어디로 갔단 말인가? 정 사장은 최근까지도 그 이유를 알지 못했다."[22] 한 마디로 '돈은 신용창조를 하지만, 신용파괴도 한다.'라는 사실을 그는 몰랐다. 신용창조원리의 역과정인 신용파괴원리를 현 경제학이 아직도 외면하고 있으니, 이것은 당연한 일이었다. 하지만 금융기관이 신용창조를 한다면, 신용파괴도 당연히 일어난다고 봐야 한다. 1997년 초에 한보라는 재벌그룹이 파산지경에 이르자 실제로 신용파괴가 일어났다.

당시 경제상황은 한보 부도사태가 터질 수밖에 없었다. 경상

---

22 『돈버는 경제학』 225~226쪽, 최용식, 랜덤하우스, 2008년

수지가 1996년에 230억 달러의 적자를 기록했는데, 이것은 국내총생산의 4.7%에 이르는 대규모로서 그만큼의 국내소득이 해외로 이전되는 효과를 나타냈다. 그리고 국내소득의 해외 이전은 국내수요의 위축으로 나타났다. 자본수지는 흑자를 기록하여 그만큼의 해외 소득이 국내에 이전되었지만, 경상수지 적자에 따른 국내 소득의 해외이전 효과를 상쇄하지는 못했다. 외국자본의 도입은 간접적으로 소득을 증가시키지만, 경상수지 적자는 직접적으로 소득을 감소시키기 때문이었다. 그뿐만 아니라 외국자본의 도입은 점점 어려워졌다. 그래서 국내경기는 1996년 하반기부터 후퇴를 시작했고, 기업의 경영수지도 날이 갈수록 악화됐다. 결국 재무구조가 취약했던 한보가 먼저 부도를 당했다.

한보 부도는 한 재벌의 붕괴로만 머물지 않았다. 한보 부도는 부실채권 약 6조6천억 원을 금융기관에 안겼으며, 이것은 금융기관에 대손충당금을 새로 쌓고, 낮아진 자기자본비율도 다시 높이도록 압박했다. 이게 금융기관의 추가적인 대출과 투자를 어렵게 만들었다. 오히려 대출과 투자를 회수해야 하는 상황으로 이어졌다. 그 여파는 경제 전반에 걸쳐 극심한 자금경색을 초래했다. 금융기관의 추가대출은 물론이고 회사채의 발행까지 어려워졌다. 이미 발행한 회사채와 기업어음은 만기가 돌아오고 있었으며, 경영수지가 좋지 않은 기업들은 결제할 수 없는 지경에 내몰렸다. 그러자 기업들은 사채시장私債市場으로 몰려갔고, 그 금리가 폭등했다.

자금수요가 갑자기 커진 사채업자들은 예금을 인출하여 자금을 조달했다. 실제로 1997년 말의 화폐발행액은 긴축정책의 영향으로 0.7% 감소했는데, 현금통화와 예금통화의 합계인 통화는 11.4%나 감소했다. 이처럼 예금인출이 점점 많아지자 은행 등 금융기관은 자기자본비율을 확충해야 했다. 이것이 다시 대출과 투자를 추가로 축소하는 압력으로 작용하여 악순환을 일으켰다. '신용파괴원리'가 이렇게 본격적으로 작동하면서 자금시장은 전반적으로 경색되었고 극심한 혼란을 야기했다. 보수적인 시중은행을 보더라도 일반대출 금리가 1996년 말의 11.1%에서 1997년 말에 15.3%로 급등했다. 심지어 회사채의 경우는 차환발행까지 어려워지는 지경에 이르렀다. 그 결과로 중소기업은 3만여 개나 도산했으며 삼미, 대농, 진로, 해태, 나산, 한신, 기아 등의 재벌들까지 줄줄이 무너졌다. 결국은 30대 재벌 중에서도 16개가 사라지는 참상이 벌어졌다.

'신용파괴원리'란 '신용창조원리'가 반대로 작동하는 것을 뜻하므로 신용창조의 승수효과는 신용파괴 과정에서도 비슷한 위력을 발휘한다. 한보사태의 신용파괴 압력을 이론적으로 계산해보면, 당시 화폐발행액에 대한 광의유동성 신용승수가 약 30배였으므로 그 금액은 약 200조 원에 이른다(한보 부실채권 6.6조 원 × 신용승수 30배 = 200조 원). 이것은 광의유동성의 1/3 규모였다. 이 정도라면 금융위기가 전개되지 않을 수 없었다. 마치 우리 몸의 혈액 1/3이 빠져나가는 것 같은 상태였다. 외환위기 직후에 공적자금을 160조 원이나 투입한 것은 이런 신용파괴를 막기 위한 불가피한 조치였다. 일부에서는 이를 두고 '공짜 자금'이라고 비아냥댔지만 이것은 외환위기를 극복하지 말자는 것이나 다름없다. 외환위기 같은 중병에 걸렸다면, 이것을 치료하기 위한 약값과 수술비를 지불해야 함은 당연한 일이었다.

다. 경제의 역기능

왜 금융위기는 거의 항상 경제파국으로 이어지곤 할까? 지금부터는 이 문제를 경제병리학의 관점에서 풀어보자. 병원균이 침투했다고 항상 질병이 발생하는 것은 아니다. 면역체계가 병원균을 이겨내지 못하거나 생리기능의 일부가 무너졌을 때에 병이 난다. 경제도 마찬가지이다. 경제의 충격흡수력이 외부 충격을 이겨내지 못하거나 경제의 순기능이 무너졌을 때에 병리적 현상이 나타난다. 특히 외부 충격이나 신용파괴원리가 경제의 순기능을 무너뜨렸을 때는 아주 심각한 경제파국을 맞는다. 그럼 경제적 순기능은 무엇이고, 이것이 무너졌을 때는 어떤 일이 벌어질까?

경제에서 일어나는 순기능은 다음 다섯 가지가 특히 중요하다. 분업, 거래, 국제교역, 규모의 경제, 신용창조 등이 그것이다. 분업이 이뤄지면 생산성이 향상되며, 거래가 활발해지면 분업을 촉진하고 생산 규모와 시장을 확장하며, 생산규모가 커지고 시장이 확장되면 규모의 경제가 작동하여 생산성을 키우고, 국제교역이 활발해지면 비교우위의 효과가 나타나며, 신용창조는 운동에너지를 충분히 갖춘 통화를 창출함으로써 경제활동을 촉진한다. 만약 이런 순기능이 외부충격이나 신용파괴로 억제당하면 경제는 위축된다. 그 순기능의 효과만큼 위축되는 것이 아니라, 악순환을 통해 그 몇 배나 더 큰 역효과를 나타낸다. 그래서 분업파괴, 거래 훼손, 보호 무역, 시장 축소, 신용파괴 등은 흔히 경제질병을 일으킨다.

이런 악순환은 영원히 지속될까? 아니다. 우리 몸은 질병에 대해 면역력을 가지고 있고 병을 이겨내면 스스로 회복력을 발휘하듯이, 경제도 마찬가지로서 스스로 경제질병을 이겨내곤 한다. 사람은 중병에 걸리면 간혹 죽기도 하지만, 경제는 파국적 상황으로 치닫다가도 되살아나곤 한다. 심지어 대공황 때도 초기에는 극심한 경기후퇴를 겪었지만, 뒤에 살펴볼 것처럼 1935년부터 1936년까지는 경기가 상승국면으로 전환되기도 했다. 세계사적으로 다른 대부분의 경기후퇴 역시 머지않아 경기상승으로 전환되곤 했다. 이런 면에서는 경제가 인체보다 오히려 더 뛰어난지도 모르겠다.

경제란 경기가 후퇴할 경우에는 악순환하는 구조인데, 왜 위와 같이 반대 현상이 벌어질까? 논리적으로는 경기후퇴가 나타나면 악순환이 나타나는 것이 정상인데, 왜 현실 경제에서는 경기후퇴가 경제적 파멸로 치닫지 않고 머지않아 다시 상승으로 전환할까? 그것은 생산과 소비가 반응하는 데에 시차가 존재하기 때문이다. 즉, 경기후퇴가 어느 정도 지속되면 생산이 소비에 비해 더 빠르게 감소하고, 이에 따라 소비가 계속 감소함에도 불구하고 생산보다는 그 속도가 더 느린 것이 경기를 상승으로 반전시키는 데에 결정적인 역할을 한다. 소비가 생산에 비해 이처럼 상대적으로 더 많아지면 생산자 시장이 조성되고, 생산자 시장이 이렇게 조성되면 기업의 이익은 커진다. 소비보다는 생산이 부족해져 재고가 쌓이는 일은 좀처럼 일어나지 않음으로써 그 비용을 줄일 수 있고, 소비자가 먼저 찾아옴으로써 판매비용이나 운송비용 등이 줄어들며, 그밖에 광고 등 판촉비용도 절약할 수 있다. 이 문제는 우리나라의 외환위기를 본격적으로 다루면서 바로 뒤에 다시 살펴볼 것이다.

그렇다면 생산과 소비의 반응속도가 시차를 보이는 이유는 무엇일까? 이것은 자연적인 특성인데, 여기에는 과거 소득이 축적된 재산이 중요한 역할을 한다. 즉, 사람이 생명을 유지하기 위해서는 재화의 소비가 필수적이고, 그래서 과거 소득으로 축적했던 재산을 팔아서라도 소비를 하는 것이다. 이에 따라 소비 감소가 공급 감소보다 더 느려지고, 이것이 경제를 회복시키는 혹은 동태적 균형을 회복시키는 동력으로 작동한다. 이런 의미에서도 금융위기는 다른 어느 경제질병보다 훨씬 더 위험하다. 금융위기는 과거의 소득이 축적된 주식 등 금융자산과 부동산 등 실물자산의 가치를 크게 떨어뜨리기 때문이다. 소비를 위해 팔아야 할 재산의 가치가 그만큼 줄어드는 셈이다. 역사적으로 금융위기가 발생했을 때마다 파국적인 경기후퇴를 맞곤 했던 이유 중 가장 중요한 게 바로 이것이다. 특히 대공황 때에는 이런 일이 확연하게 벌어졌다. 주식시장 붕괴로 1차적인 금융위기가 발생함으로써 급격한 경기후퇴가 나타났을 뿐 아니라, 1930년대 초에는 은행 파산사태가 줄을 이음으로써 금융기관 붕괴위기가 발생했고 결국은 세계 대공황으로 발전했다. 경제병리학 연구가 먼저 금융위기에 집중되어야 할 이유는 바로 이것이다.

이런 금융위기마저 경기하강을 언제까지나 지속시키지는 않는다. 금융위기에 의해 경기침체가 지속되더라도, 언젠가는 생산보다 소비가 더 많아지는 생산자 시장이 조성됨으로써 경기반전을 일으키곤 한다. 그럼 대공황 때는 미국의 국내경기가 1935~36년 사이에 잠시 상승했다가 이후 다시 하강으로 돌아선 이유는 또 무엇일까? 여기에 가장 결정적인 역할을 한 것이 미국의 재정과 금융 정책이었다. "1937년에 연방준비제도FRS는 새로 획득한 권력을 이용해, 여러 가지 기술적인 이유를 내세워 은행의 지급준비율을 올리기 시작했다. 동시에 루스벨트 정부는 예산의 균형을 맞추기 위해 공공사업 지출액을 서서히 줄이기 시작했다. 그 결과 새로운 불황이 찾아왔다."[23]

경제란 스스로 회복력을 보일 때도 위와 같이 경기를 후퇴시키는 경제정책이 펼쳐지면 다시 악순환으로 접어든다. 경제정책이란 경제질병을 이겨내기 위한 처방임에도 이처럼 경제질병을 더 악화시키기도 한다. 경제병리학이 필요한 또 하나의 이유가 여기 있다. 경제병리학이 자리를 잡으면, 경제를 치유하기는커녕 오히려 악순환시킬 정책의 선택만은 피할 수 있을 것이다. 그리고 경제병리학의 임상경험을 축적하면 경제정책의 부작용과 후유증을 최소화시킬 방안도 마련할 수 있을 것이다. 아울러, 경제질병을 최소의 비용과 고통으로 이겨내는 길도 찾아질 수 있을 것이다.

질병은 무엇보다 예방이 최선이고 초기 처방이 차선이다. 이미 질병이 상당히 진행한 다음에는 독한 약을 써야 하고 수술도 받아야 한다. 만만치 않은 치료비용을 지불해야 하며, 치료 과정에서 육체적으로나 정신적으로 심각한 고통을 당해야 한다. 질병이 완치됐더라도 단기적으로는 상당한 기간 체력이 떨어지며, 장기적으로는 건강마저 크게 훼손당하는 경우도 종종 벌어진다. 따라서 질병을 예방하기 위해서는 건강을 유지하는 것이 필수이고, 평상시에 건강검진을 꼼꼼히 챙길 필요도 있다. 하지만 아무리 건강관리를 잘하고 예방을 위한 검진을 꼼꼼히 챙기더라도

23 『부의 제국』 443쪽, 존 스틸 고든, 황금가지 2007년

간혹 병에 걸리기도 한다. 이것은 허약한 사람이나 건강한 사람이나 마찬가지이다. 고도로 발전한 의학마저 아직 질병을 완벽히 예방해낼 수준에는 이르지 못했다. 이미 잘 알려진 질병도 스스로 진화하며, 지금까지 전혀 알려지지 않았던 질병이 새롭게 나타나기도 한다. 따라서 질병의 치료 역시 사전 검진이나 예방에 못지않게 중요하다. 무엇보다 질병은 초기에 발견하고 치료하는 것이 중요하다. 그리고 초기에 질병의 징후나 증상을 발견하기 위해서는 병리학적 임상경험이 필수이다.

끝으로, 다음과 같은 사실을 반드시 명심할 필요가 있다. 금융위기가 얼마나 심각하게 진행하는가는 그 직전에 얼마나 과도한 경기부양정책이 펼쳐졌고, 이것이 얼마나 심각한 경기과열을 일으켰는지 등이 결정한다. 그리고 금융위기가 터진 뒤에 나타나는 경제난이 얼마나 심각할 것인가는 얼마나 적절한 경제정책이 얼마나 신속하게 펼쳐졌는지 등이 결정한다. 앞에서 충분히 살펴본 것처럼, 금융위기는 자연적으로 그리고 반복적으로 발생하는 특성을 가졌는데, 그 파괴력과 파장은 정부의 경제정책이 결정하는 셈이다. 만약 과도한 경기부양정책이 펼쳐져 심각한 경기과열을 일으키면, 금융위기는 금융시스템 전반을 붕괴시킬 정도로 심각하게 진행한다. 그리고 만약 금융위기가 터진 뒤에 펼쳐진 경제정책이 적절하지 못하고 시급하게 이뤄지지 못하면, 경기후퇴의 깊이는 더욱 깊어지고 그 길이도 길어지고 만다. 이런 사실은 이미 세계경제사가 충분히 증명했다.

간단히 말해, 경제질병이 파국적인 상황으로 발전해 간 역사적 경험들은 아주 소중한 경제병리학적 유산이다. 이런 임상경험들은 경제질병이 발생하는 것을 미리 예측해낼 수도 있게 할 것이다. 설령 그것을 미리 예측해내지 못하더라도, 경제질병이 최악의 상황으로 치닫는 과정에서 과연 어떤 정책처방이 실패와 성공을 갈랐는지를 꼼꼼히 챙겨둔다면 실패할 정책처방만은 미리 차단해낼 수 있을 것이다. 그런 대표적인 사례로는 1930년대 세계 대공황, 1991년 이래 최근까지 지속된 일본의 초장기 부진, 1920년 전후의 독일과 1980년대의 중남미에서 벌어졌던 초 인플레이션, 우리나라와 중남미 각국에서 간헐적으로 터졌던 외환위기 등을 들 수 있다. 지금부터는 이런 역사적 경험을 경제병리학적 관점에서 차례로 살펴보자.

3

임상사례 1

세계대공황

화폐경제가 정착한 이래 금융위기는 간헐적으로 수없이 반복되어 일어났지만 그중 어느 것도 1930년대 대공황처럼 심각한 경제난으로 발전하지는 않았다. 그 직전인 1907년에 터진 금융위기 역시 초기단계에서는 1929년의 금융위기에 못지않게 심각했지만, 그 후의 경제난은 1930년대와 비할 바가 아니었다. 그만큼 1930년대의 경제공황은 특별했다. 미국에서 발생한 경제공황이 세계 거의 모든 지역으로 전염된 것도 특별했지만, 미국을 비롯한 여러 나라의 경제난이 상호작용을 하며 악순환을 일으킨 것은 더 특별했다. 이 사실은 1907년 금융위기의 성공적인 극복을 돋보이게 한다. 이것은 이미 진행한 경제질병을 극복한 사례 중에서 탁월한 임상사례 중 하나로 꼽을 수 있다. 미국은 당시의 금융위기를 어떻게 극복했을까? 우선 이 문제부터 살펴보자.

그에 앞서 밝혀둘 점이 하나 있다. 대공황에 관해서는 헤아리기 어려울 정도로 많은 연구들이 이뤄졌다. 더 이상 밝힐 점이 없을 정도로 그 연구들은 깊이도 있고 다각적이다. 다만, 그것들은 거의 모두 이론적 뒷받침을 충분히 받지 못한 단점을 안고 있으며, 각각의 원인분석이 정면으로 충돌하기도 한다. 케인즈파와 통화주의파의 원인분석은 그런 대표적인 충돌 사례에 속한다. 주류경제학으로 일컬어지는 신고전파 경제학의 이론체계 안에서는 경제공황이 발생할 수 없으므로 더욱 그렇다. 사실, 케인즈파든 통화주의파든 신고전파 경제학의 패러다임이 이론적 분열을 부분적으로 일으킨 아류일 따름이다. 더욱이 현 경제학에는 경제병리학이 없다. 따라서 대공황을 병리학적 관점에서 새롭게 접근할 필요가 있다. 아니, 이런 접근이 필수적이다. 대공황은 대표적인 경제질병이지 않은가 말이다.

아래에서는 경제병리학에 입각하여 세계대공황을 재점검해볼 것이다. 세계대공황에 관한 경제학계의 훌륭한 업적을 수용하고자 로버트 브루너와 숀 카의 『패닉-1907년 금융공황의 통찰』, 진 스마일리의 『세계 대공황』, 찰스 페인스틴과 피터 테민과 지아니 토니올로의 『대공황 전후의 세계경제』, 찰스 킨들버거의 『대공황의 세계』, 프레데릭 알렌의 『1929년 대공황』 등의 내용을 중심으로 살펴볼 것이다. 주요 사실들은 이 저서들에서 인용했다.

비교적 성공적으로 극복한 미국의 1907년 금융위기

미국은 본격적인 경제도약을 시작한 19세기 초 이래 20세기 중반까지만 보더라도 종종 심각한 경기후퇴나 경기침체를 겪었다(그 이후의 경제위기는 별도로 살펴볼 것이다). 1836년부터 1843년까지 이어진 비교적 장기간의 경기침체, 1857년부터 1858년까지 이어진 단기간의 경기침체, 1873년부터 시작해 경기가 회복과 후퇴를 반복하고 세계적인 기온 하강까지 겹치면서 1896년까지 장기간 지속된 대불황, 1907년의 금융위기, 1930년대의 대공황 등이 대표적이다. 이 모든 것이 경제병리학의 좋은 임상사례의 연구대상이지만, 그중에서도 1907년과 1930년대의 경제위기는 그 대응과 결과가 서로 극단적인 대조를 이뤘으므로 경제병리학적 관심을 특별히 가질 만하다. 지금부터 이 둘을 비교해가며 살펴보자.

로버트 브루너와 숀 카가 함께 쓴 『패닉』은 미국의 1907년 금융위기를 살펴보는 데 좋은 참고자료이다. 이 책은 당시의 경제상황을 사실에 입각해 객관적으로 기술했음은 물론이고, 자신들의 주장을 지나치게 강조하거나 자신들만의 이론적 접근에 치우치지도 않았다. 그래서 이 책은 당시의 역사적 사실에 비교적 가깝게 접근할 수 있는 장점을 지녔다. 이 책 중에서 다음의 내용이 우선 눈에 띈다.

"1907년에 젊은 미국경제는 활기에 넘쳐 있었다. 1890년대 중반부터 1906년 말 사이에 연간 경제성장률은 7.3%라는 놀라운 수치를 보였고, 이 덕분에 산업생산의 절대 규모가 비교적 짧은 기간에 두 배로 커졌다. 성장률 자체는 6.5%를 웃도는 시기가 있는가 하면 8.0%에 이르기도 하는 등 매년 변화를 보였다. 성장률이 높았던 것에 비해서는, 경제적 변동성은 19세기 때보다 더 낮은 수준이었다. 예전의 대규모 산업팽창 시기와 비교할 때도 1907년의 미국경제는 그 어느 때보다 규모도 크고 성장속도도 빨랐다."[24] 이처럼 경기호조가 장기간 지속됨으로써 킨들버거가 금융위기의 첫 단계로 지목했던 '광기'가 발생할 여건을 조성했으며, 이렇게 일어난 광기는 '붕괴'로 발전할 위험성을 점점 키웠다.

"주가지수는 절정에 이르렀던 1906년 9월부터 1907년 2월 사

---

24 『패닉:1907년 금융공황의 통찰』 47쪽, 로버트 F. 브루너 & 숀 D. 카, 황금부엉이 2008년

이에 7.7% 하락했다. 주식시장의 오랜 역사로 볼 때 5개월에 걸친 가격 변화로는 그리 놀랄 만한 정도는 아니었다. 그러나 변화의 시작으로 보기에는 충분했다.(중략) 3월 중순경 주가가 결정적으로 급락하면서 '소리 없는' 붕괴가 차츰 모습을 드러냈다. 하루만에 떨어지기보다는 며칠간에 걸쳐(3월 9일부터 13일까지와 23일부터 26일까지) 주가지수가 9.8% 하락했다.(중략) 당시의 주요 경제신문이던 「커머셜 앤 파이낸셜 크로니클」은 이렇게 보도했다. '눈에 띄게 많은 청산이 월스트리트에서 이뤄지고 있다. 주식 매도량이 증권거래소 역사상 손에 꼽힐 정도로 높은 수치를 기록했다.'(중략) 다음 주에도 주가하락이 지속되면 금융기관들이 파산할 거라는 소문이 돌기 시작했다."[25] "처음 시작할 때도 갑자기 시작되었듯 한층 고조되던 위기가 갑자기 멈췄다고 느껴지기 시작했다. 미국이 런던에서 금 4백만 파운드를 매입해 뉴욕으로 보낼 거라는 전망이 나오면서 시장에 낙관론이 퍼졌다. 재무장관 조지 B. 코틀유도 뉴욕의 몇몇 은행에 1천5백만 달러를 예치하여 자본시장의 절실한 유동성 문제에 숨통을 틔웠다."[26]

하필이면 이런 때 '유나이티드 구리회사'의 주가조작 사건이 터졌다. 이 회사는 당시의 첨단산업이자 성장산업이던 전기산업의 소재인 구리제품을 생산했으므로 그 전도가 양양했다. "전기

25 위의 책 65~67쪽
26 위의 책 70쪽

는 냉장고 축음기 전기다리미 선풍기 전등 토스터기 진공청소기 등과 같은 여러 가지 소비제품의 기본이었다. 각 가정에 전력을 공급하기 위해 전력 생산 및 송출을 담당하는 전력회사도 생겨났다. 1920년대 초에는 라디오와 라디오방송국이 생겨 뉴스와 오락을 빠르게 전달하면서 시골은 고립된 생활에서 벗어날 수 있었다."[27] 이것은 세월이 좀 지난 뒤에 일어난 일이지만 말이다.

주식시장이 전반적으로 부진해지면서 이 회사의 주가가 약세를 보이자, 경영진과 그 영향력 아래 있던 은행들은 주가를 끌어올리기 위해 대대적으로 주식매수에 나섰다. 하지만 주가는 하락을 지속했고 이것이 큰 손실로 귀결됨으로써 이 회사와 관련된 증권회사와 은행까지 파산지경에 이르렀다. 해당 은행은 물론이고 중소 지방은행들에서도 예금인출 사태가 벌어져 무더기로 무너졌다. 그 와중에 니커보커 신탁회사가 도산 위기에 처하며 금융위기를 확산시켰다. 이 회사는 미국에서 규모가 크고 성공한 신탁회사로 꼽혔다. 예금자가 1만8천 명에 이르고 예금액이 6천5백만 달러에 달하는 등 뉴욕에서 세 번째로 큰 신탁회사로 성장했다.[28] 당시의 신탁회사는 오늘날의 투자은행과 비슷한 역할을 했다. 이런 금융회사에서 예금인출 사태가 발행하여 도산위기가 발생했다. 결국 이 사태는 금융위기로 번졌다. 이것은

---

27 『세계 대공황』 18쪽, 진 스마일리, 지상사, 2008
28 『패닉:1907년 금융공황의 통찰』 133쪽, 로버트 F 브루너 & 숀 D 카, 황금부엉이 2008년

2008년에 투자은행인 베어스턴스가 무너져 금융위기가 본격적으로 진행한 것과 엇비슷했다.

"니커보커 신탁회사의 예금인출 사태와 뒤이은 지급정지 소식이 전해지자 뉴욕 어음교환소의 확실한 보장에도 불구하고 주식시장은 혼란 속으로 빠져들었다. 은행 대부분이 하루 종일 비정상적일 만큼 자금을 내놓지 않았기 때문에 대출 가능한 자금이 꽁꽁 얼어붙었다. 화요일(10월 22일) 개장 초에는 은행 간 초단기 대출금리인 콜금리가 10%로 비교적 낮았으나, 정오 무렵이 되자 거래소에 자금을 제공하겠다는 사람이 전혀 나서지 않았다. 오후가 되면서 금리는 가파른 상승세를 보여 60%까지 올랐다가 40%로 내렸고, 폐장 30분 전에는 다시 70%까지 치솟았다. 콜머니가 말라버리자 주가는 1900년 12월 이래 가장 낮은 수준으로 곤두박질쳤다. 이로 인해 월스트리트는 뿌리째 흔들렸다."[29]

곧이어 아메리카 신탁회사에서 예금인출 사태가 벌어져 더 심각한 위기가 찾아왔다. 이 신탁회사의 예금은 5천만 달러, 자산은 1억 달러에 달했다.[30] 당시 미국에는 중앙은행이 없었으므로 민간 상업은행이 직접 나서서 이 사태를 해결해야 했다. 그 중심인물은 J. P. 모건이었다. 그는 다른 신탁회사들과 은행들의 대표를 소집하여 이 사태에 공동 대응할 것을 제안했고 끝내 관철

29 위의 책 160쪽
30 위의 책 161쪽

시켰다. 중앙은행 총재가 해야 할 역할을 금융인 한 사람이 자기가 소유한 은행의 파산을 각오하면서까지 해결해낸 셈이었다.

이미 1893년의 금융위기 때도 모건은 중요한 역할을 해냈다. 그 해에 "약 1,500개의 회사와 491개의 은행이 도산하고, 국민총생산은 12퍼센트 감소했다. 1892년에 겨우 3퍼센트였던 실업률은 2년 후 18.4%로 높아졌다."[31] 이처럼 심각한 금융위기가 발생했을 때 모건은 그 해소를 위해 당시 기준통화의 역할을 하던 금을 자신의 신용을 걸고 유럽에서 들여왔다. 그뿐만 아니라 경기침체로 빚어진 재정위기를 해결하는 데도 그가 앞장섰다.

1907년에 새로운 금융위기가 닥친 직후 또 모건이 그 해결에 발벗고 나섰다. 그러자 "「뉴욕타임즈」가 쿤 로엡 앤드 컴퍼니의 사장 제이콥 H. 쉬프의 발언을 인용 보도했다. 지도적 금융업자로 꼽히던 그는 모건의 행동을 다음과 같이 극찬했다. '우리는 J. P. 모건이 보여준 영웅적인 노력에 협조하여 금융상황을 전반적으로 강화하기 위해 우리 측에서 할 수 있는 일을 모두 할 것이다.' 기업가 앤드류 카네기도 모건의 활약을 높이 평가했다."[32] "대서양 건너편에서도 격려의 말이 속속 전해졌다. 영국의 로스차일드 경이 발언한 '한없는 존경과 감탄의 마음을 모건에게 보낸다.'는 것이 신문에 실렸다. 프랑스의 한 제조업체 사장은 '프랑

---

31 『부의 제국』 340쪽, 존 스틸 고든, 황금가지 2007년

32 『패닉-1907년 금융공황의 통찰』 191~192쪽, 로버트 F 브루너 & 숀 D 카, 황금부엉이 2008년

스 금융관계자들은 모건 씨를 인간적으로 대단히 신뢰하기 때문에 만일 내일이라도 프랑스에 온다면 별 어려움 없이 금 1억 달러를 얻을 수 있을 것'이라고 말했다. 독일의 한 금융업자도 '미국의 산업 상황은 건전하며 이런 곳을 지원하는 것이야말로 우리의 의무'라고 고객들에게 말했으며 그에 따라 매수 주문이 엄청나게 늘었다."[33]

격려 발언을 통한 심리적 지원 이외에 실질적인 지원도 있었다. 토요일 오전에 모건과 그의 동료들은 3백만 달러의 금이 런던을 출발하여 뉴욕으로 오는 중이라는 전보를 받았다.[34] 아메리카 신탁회사는 그렇게 많은 날을 버티고 구제되었다. 모건이 이처럼 첫 번째 불을 끄긴 했지만, 공황의 큰불은 이제 겨우 처음으로 위세를 드러내기 시작한 참이었다.[35] 새로운 사태가 기다리고 있었다. 금융업의 중심지인 뉴욕시가 재정위기에 직면했다. 뉴욕시는 공무원 월급과 하청업자의 대금을 지급하지 못하고 있었다.

"10월 28일 뉴욕시장 맥클레런, 그의 보좌관, 시 감사관, 출납계원 등이 직접 모건을 만나러 왔다. 이들은 공채로 모집한 4천만 달러 전액을 바로 지출해야 한다는 사실을 뒤늦게 알아차렸고, 그 해를 버티기 위해 필요한 추가 자금을 조달해야 할 형편이

---

33 위의 책 191~192쪽
34 위의 책 191~192쪽
35 위의 책 176쪽

라고 설명했다."[36] "모건은 놀라울 정도로 신속하고 정확하게 제안 내용을 작성했다. JP 모건 앤 컴퍼니가 뉴욕시의 세입담보 채권 3천만 달러를 책임질 것이며, 기한은 1년이나 2년이나 3년 중에서 임의로 선택할 수 있고 금리는 6%로 한다는 내용이었다. 모건은 이 채권을 퍼스트 내셔널 뱅크와 내셔널 시티 뱅크에 넘겨줌으로써 어음교환소 증서와 교환할 계획이었다. 이 방안으로 뉴욕시는 3천만 달러의 유동성을 확보했고 다른 은행들도 뉴욕시에 3천만 달러의 신용을 제공했다."[37]

이것으로도 금융위기는 해소되지 못했다. 11월 2일 토요일 아침에 모건은 비상회의를 소집했다. 월스트리트에 새로운 문제가 터졌기 때문이다. 규모가 가장 큰 증권회사 중 하나가 붕괴위기에 직면하여 비틀거렸으며, 이 회사가 파산할 경우에는 엄청난 공황의 물결이 몰려올 우려가 있었다. 무어 앤 쉴리 증권회사는 뉴욕의 많은 은행과 신탁회사 등의 금융기관뿐 아니라 다른 지역에서까지 3천만 달러 이상을 빌렸다. 이 회사는 이 대출을 얻기 위해 테네시 콜 아이언 앤 레일로드 컴퍼니TC&I의 주식을 담보로 제공했는데, 시장 상황이 경색되면서 그 가격이 크게 떨어졌다. 월요일에는 많은 은행이 무어 앤 쉴리에 대한 대출을 회수

---

36 위의 책 200쪽
37 위의 책 201쪽

할 가능성이 커졌다.[38] 모건은 자신의 영향력 아래에 있던 '분기 수익이 4,380만 달러에 달하고 현금보유액은 7,600만 달러를 자랑하던' 유에스 스틸을 동원했다.[39]

그랬음에도 금융시장은 좀처럼 안정되지 못했다. 가장 큰 문제는 신탁회사에서 다시 일어났다. 아메리카 신탁회사와 링컨 신탁회사는 여전히 상황이 좋지 않았고, 이 둘 중 한 곳 또는 두 곳 모두 계속되는 예금인출 사태로 월요일에는 문을 열지 못할 것이라는 소문이 떠돌았다. 그때까지 신탁회사에 빌려준 자금으로는 충분치 않았으며 예금자들은 아직도 맡긴 돈이 안전하다고 확신하지 못했다.[40] 모건은 신탁회사 총수들과 은행 총재들을 그의 서고로 소집한 뒤에 그 문을 자물쇠로 채웠다. "1907년 11월 3일 일요일, 뉴욕시 하늘에 해가 떠오를 무렵 드디어 모건 서고의 청동문이 열렸다. 은행가들은 허약한 신탁회사들을 지원하기 위한 새로운 자금 풀의 조성에 서명하겠다는 확실한 보장을 한 뒤에야 귀가가 허용되었다."[41] 모건은 위의 말썽 많은 TC&I 철강회사를 우여곡절을 거쳐 유에스스틸에 인수시켰다.

"1907년의 붕괴와 공황은 시장과 정부에 여파를 미쳤을 뿐만 아니라 미국 전역, 나아가 전 세계인의 삶 속에도 영향을 미쳤다.

---

38 위의 책 200쪽
39 위의 책 213쪽
40 위의 책 213쪽
41 위의 책 221쪽

상품가격은 21%나 떨어졌고, 1904년부터 1907년까지 올랐던 주가 상승분은 사실상 거의 사라졌다. 산업생산은 1907년 이전까지 일어났던 미국의 어떤 공황 때보다도 더 많이 떨어졌다. 11월에 파산을 선언한 총액수가 전년 대비 47%나 늘었다. 실업률은 2.8%에서 8%로 상승해 단기간에 급격한 증가 양상을 보였다."[42]

이런 고통스런 실적마저 1930년대의 대공황과는 비교할 바가 아니었다. 1907년의 공황에 따른 경기하강은 1930년의 공황에 비해 기간이 훨씬 짧았고 깊이도 얕았다. "경기침체는 1908년 6월에 끝났고 이후 18개월 동안 미국 경제는 활황을 보이며 성장했다. 1909년 말이 되자 주식시장과 산업생산은 공황 이전의 수준을 회복했다. 이 경기순환은 1910년에 정점을 이뤘다. 1907년에는 엄청난 격변과 불안감이 나라 전체를 뒤덮었지만 금융시스템은 제1차 세계대전이 시작되기 전에 안정적인 상황을 회복했다."[43]

1907년의 이 사태는 다음 두 가지 점에서 주목할 만하다. 그 하나는 금융기관이 심각한 붕괴위기에 직면했다는 점이고, 다른 하나는 이를 해결하기 위해 집단행동을 조직해낸 과정에서 모건을 비롯한 소수 금융지도자가 남다른 역할을 했다는 점이다.[44]

---

42 위의 책 241쪽
43 위의 책 243쪽
44 위의 책 259쪽

경제 전반에 심각한 파국을 불러오는 금융위기를 극복하는 일이 얼마나 중요하며, 지도자의 역할이 또 얼마나 중요한가를 1907년의 금융공황이 여실히 보여준 셈이었다.

반면에, 1930년대 대공황 때는 금융위기가 발생하여 은행의 파산이 줄을 이었음에도 중앙은행 관계자를 비롯하여 누구도 모건 같은 지도력을 발휘하지 않았다. 그 이유가 무엇일까? 1907년 금융위기가 무사히 극복된 뒤에 모건이 의회 청문회에 불려나가 곤욕을 치렀던 것이 원인은 아니었을까? 금융위기를 훌륭히 극복하더라도 모건처럼 공개적으로 곤욕을 치른다면 어느 누가 이런 일에 앞장서겠는가. 혹시 금융위기를 일으킨 책임이 정부와 의회에 있다는 사실을 은폐하기 위해 위대한 업적을 남긴 모건을 속죄양으로 삼은 것은 아닐까? 정부와 의회는 금융위기를 극복하는 데에 주도적인 역할을 해야 했지만 그렇게 하지 못한 책임을 회피하려고 모건을 의회 증언대에 세우는 짓을 했던 것은 아닐까? 실패한 업적에 대한 평가는 물론이고 성공한 업적에 대한 평가가 중요한 이유가 여기 있다.

1920년대 말에도 모건의 역할과 같은 일이 없었던 것은 아니다. "월스트리트를 주도하는 은행가들 중 일부가(중략) J. P. 모건사에서 만나 앞으로의 대책을 논의하였다. 이들은 시장을 안정시키기 위해 2천만 달러의 펀드를 조성하고 증권거래소 이사장인 휘트니에게 전권을 위임하기로 결정했다.(중략) 주가는 금요일까지 계속 회복되었고, 토요일 아침에는 어느 정도 이윤까지 발생했다. 그러나 월요일 아침에 몇 명의 중요 투자자가 자살했다는 소문이 돌면서 주가는 다시 하락하기 시작했다. 다음 날인 10월 29일, 저 유명한 '검은 화요일'에 시장은 폭주했다. 개장을 알리는 종과 함께 하락하기 시작한 주가는 하루 종일 잠시도 쉬지 않고 계속 떨어졌다."[45] 그러나 누구도 이 사태의 해결에는 앞장서려 하지 않았다. 휘트니는 이미 파산 상태였다.

그 여파로 극심한 경기침체가 10여 년 동안 지속됐다. 이런 점을 감안하면 1907년과 1930년의 금융위기 사이에 나타난 차이는 특별히 눈여겨볼 만하다. 경제병리학의 관점에서 보자면 경제 질병은 언제든지 발생할 수 있는데, 그 타격과 부작용 및 후유증은 그 정책처방이 얼마나 신속하고 과감한가에 따라 크게 달라진다는 사실을 1907년과 1930년의 경제공황이 여실히 증명한 셈이다. 이런 관점에서 지금부터는 1930년 경제공황을 살펴보기로 하자.

---

45 『부의 제국』 406쪽, 존 스틸 고든, 황금가지 2007년

1930년 미국공황은 세계대공황으로 치닫다

"1920년대 미국은 지구상 어디에도 존재하지 않는 안정을 이뤄냈다. 허버트 후버 미국 대통령은 이를 두고 '만연했던 가난으로부터의 해방'이라고 규정했다. 1928년 대통령 선거운동기간 동안 뿌려진 공화당의 선거유인물에는 '국민들이 매 끼니마다 닭고기를 먹고, 누구나 자동차를 소유할 수 있도록 하겠다.'는 약속이 담겨 있었다."[46] 1919년에 166만 대를 생산했던 자동차는 1929년에 세 배 증가하여 459만 대를 기록했다. 1919년에 4가구당 1.1대의 자동차 등록대수가 10년 후에 4가구당 3.2대에 이르렀다. 1인당 국민소득은 1923년의 763달러에서 1929년의 859달러로

---

46 『세계 대공황』 17쪽, 진 스마일리, 지상사, 2008년

12.6% 증가했다.[47] 그만큼 경기호황은 장기간 안정적으로 이어졌고, 주식시장과 부동산시장 역시 장기간 호황을 구가했다. '광기'가 벌어질 여건이 충분히 성숙되었다.

1924년부터 주가가 오르기 시작하더니, 1925년에는 1916년에 달성한 최고치를 갱신했다. 역사상 가장 강세의 주식시장이 열리면서 주가는 1920년대 말까지 계속 올랐다. 주식시장의 강세는 미니애폴리스의 포쉐이 타워와 시카고의 리글리 같은 초고층 빌딩의 등장을 가져왔다. 제1차 세계대전이 끝날 무렵부터 농지 가격은 급등했고, 차츰 부동산 붐으로 발전했다. 부동산 투기는 1920년대 중반부터 플로리다의 마이애미에서 본격화됐는데, 그 거품의 붕괴는 1926년의 허리케인 때문에 일어났다. 태풍으로 인해 필수품을 수송하는 철도와 배가 막히는 일이 벌어졌던 것이다.[48] 하지만 플로리다의 부동산 붕괴를 만회하고도 남을 만큼 주식시장이 붐을 이어갔다.

1929년 가을까지 주가는 계속 치솟았다. 현기증을 느낄 정도로 호황을 누렸다. 1920년대 말의 주식 거래량과 주가는 연일 최고치를 갱신했다. 곧 하락세로 돌아설 것이라는 불길한 예측이 나타나 그 상승세가 꺾인 적도 여러 번 있었지만 얼마 지나지 않

47 위의 책 18쪽
48 위의 책 24~25쪽

아 매번 원래 상태로 회복되었다.[49] 1920년대 상반기까지는 보통주의 가격이 낮았는데, 주주에게 배당금을 지불하는 정책이 시행되고 기업이익이 증가하자 크게 올랐다. FRB는 영국 파운드의 가치를 안정시키기 위해 1924년부터 1927년까지 저금리 정책을 유지했다. 기업의 예상이익은 증가했고, 주식 투자는 계속 이어졌다. 투기성 투자자는 매수가의 70~80% 이상을 빌렸다. 그 돈으로 주식을 사서 주가가 오르기를 기다렸다가 팔았다. 소액을 투자하고도 상당한 수익을 냈다.[50] "1920년대에 미국 GNP는 59% 성장하는 동안, 다우지수는 자그마치 400%나 상승했다."[51] 이제 광기에 이은 붕괴가 일어날 여건까지 성숙됐다.

1929년 하반기부터 경기가 하강을 시작하자 예상수익은 감소했고, 이것이 월가에 영향을 미쳤다. 1929년 9월 3일 다우지수는 최고치인 381까지 올랐다가 10월 21일에는 320으로 떨어져 투자자를 불안하게 했다. 10월 24일의 검은 목요일과 10월 29일의 비극적인 화요일에는 기록적인 주가 폭락과 매도로 주식시장이 붕괴되었다. 1929년 11월 23일에야 다우지수가 198을 기록하면서 겨우 하락을 멈췄다. 다음 달부터 다우지수는 회복되기 시작해 1930년 4월에 294까지 반등했다. 하지만 주가는 다시 떨어지기

---

49 위의 책 24~25쪽
50 위의 책 25~26쪽
51 『부의 제국』 402쪽, 존 스틸 고든, 황금가지 2007년

시작하여 세계대공황이 절정을 이룬 1932년까지 계속 하락해 7월 9일에는 42를 기록했다.[52]

주식시장이 무너지기 직전인 1929년 초여름부터 경제활동은 부진해졌지만, 그 속도는 비교적 완만했다. 주식시장 붕괴가 시작된 뒤부터 본격적인 경기후퇴가 일어났다. 10월부터 12월까지 두 달 사이에 공업생산은 10% 가까이 감소했다.[53] 그 후 경기후퇴는 악순환을 반복했다. 1932년 7월의 공업생산은 1929년의 절반에도 미치지 못했으며, 생산자물가는 40%나 하락했다. 1929년에 3.2%를 기록했던 실업률은 1933년에는 25%를 기록했다. 미국 경제의 이런 위축은 다른 많은 나라들을 불황의 늪으로 밀어 넣었다. 1929년부터 1932년에 걸쳐 세계경제는 대공황으로 빠져들었다. 이 시기에 세계 공업생산은 36%, 세계 무역은 25% 감소했다.[54]

1935년부터 1936년 사이에는 경기가 잠시 상승했다. 재정을 증가시켰던 뉴딜 정책과 1934년에 '은 구매법'을 제정하여 통화를 확장시켰던 조치가 여기에 크게 기여했다. 경기가 이처럼 상승하자 1935년 10월에 21.9%를 기록했던 실업률이 1936년 12월에는 15.3%로 그리고 1937년 5월에는 12.3%까지 하락했다.[55] 이 실업

---

52 『세계대공황』 26쪽, 진 스마일리, 지상사, 2008년
53 『금융공황과 외환위기』 1870-2000 113쪽, 차명수, 아카넷, 2000년
54 위의 책 116쪽
55 『세계 대공황』 150쪽, 진 스마일리, 지상사, 2008년

률도 높은 수준이었는데, 1937년 하반기부터는 경기가 다시 하강을 시작했다. 1937년 9월에서 1938년 6월 사이에 비내구재 생산은 거의 15% 떨어졌고 내구재 생산은 66% 이상 감소했다. 주식시장 붕괴는 생산 감소만큼 혹독했다. 주가는 1937년 8월부터 12월까지 41.5% 하락했고, 1938년 4월에 바닥을 칠 때까지 10% 더 하락했다. 실업률은 1938년 5월에 20.1%로 상승했다.[56] 도시지역의 실업률은 38%까지 높아졌다. 그 이유는 또 무엇일까? 앞에서 이미 언급한 것처럼, FRB가 지불준비율을 올리고 재무부는 예산균형을 위해 재정긴축을 단행했기 때문이었다. 지불준비율 인상은 통화를 감소시켜 신용파괴 압력을 가중시켰으며, 경기가 부진할 때에 재정지출을 축소한 것은 재정지출의 역승수 효과를 작동시켜 경기를 더욱 하강시켰다.

경기는 1938년부터 회복을 시작했지만, 그 속도가 너무 느려 1930년대를 흔히 세계대공황기라 부른다. 미국 역사상 유일하게 경제성장이 없었던 기간이 바로 이 10여 년 동안이다. 일반적인 물가수준이나 실질소득을 고려하면 1939년의 1인당 소득은 1929년보다 적었다.[57] 다른 나라들도 정도의 차이는 있으나 1930년대 내내 심각한 경기침체에 시달렸다. 그 영향으로 세계적인 정치변혁까지 벌어졌다. 독일과 이탈리아에서는 파시즘이 등장했

---

56 위의 책 163~164쪽

57 『세계 대공황』 17쪽, 진 스마일리, 지상사

으며, 세계 도처에서 혁명과 반혁명 그리고 군사쿠데타가 빈발했다. 식민지의 경제난이 가장 심각하여 독립투쟁과 탄압은 더욱 치열해졌다. 이런 여러 정치적 변혁의 영향으로 대공황의 끝자락에는 세계대전이 대기하였다.

왜 이런 비극적인 일들이 벌어졌을까? 왜 1930년대 대공황은 10여 년 동안이나 지속됐고, 왜 거의 모든 나라에 전염되어 세계경제 거의 전체가 극심한 경제난을 겪었을까? 1907년에 발생한 미국의 금융공황 역시 초기에는 매우 심각했는데, 왜 그때는 대공황 때처럼 장기간의 극심한 경기침체로 이어지지 않았을까? 주식시장의 붕괴와 그에 따른 금융위기는 역사상 여러 차례 발생했는데, 왜 다른 금융위기는 1930년대처럼 심각한 사태로 발전하지 않았을까? 왜 대공황은 수천만 명의 소중한 목숨을 앗아가는 세계대전으로 귀결됐을까? 왜 대공황은 이런 끔찍한 결과를 빚었을까?

이 문제에 대해 피터 테민은 찰스 페인스틴 등과 함께 펴낸 책 『대공황 전후 세계경제』의 서문에서 다음과 같이 단언했다. "대공황은 결코 불가피한 것이 아니었다. 그것은 지진이나 화산 폭발 같은 것이 아니었다. 대공황은 경제정책의 실패가 원인이었고, 경제정책이 변화되고서야 회복이 시작되었다."[58] 경제병리학

58 『대공황 전후의 세계경제』 17쪽, 찰스 페인스틴 & 피터 테민 & 지아니 토니올로, 동서문화사, 2008년

적 관점에서 보자면, 경제정책이라는 처방이 적절치도 못했고 올바르지도 않았던 것이다. 이런 사실은 1차 세계대전 직후와 비슷한 상황에서도 세계경제가 제2차 세계대전 이후에 거둔 성공적인 성과에 의해 반증된다. 이 문제는 바로 뒤에 자세히 살펴볼 것이다.

이 세상에서 우연히 혹은 돌발적으로 벌어지는 불행한 사태는 없다고 해도 지나친 말이 아니다. 경제에서는 특히 그렇다. 거의 모든 사태는 계기적 사건의 연속 속에서 발생한다. 어떤 원인이 어떤 현상을 초래하면 그 현상이 원인으로 작용하여 다른 결과를 빚으며, 이 결과가 또 다른 원인으로 작용하여 새로운 사태를 만들어내곤 한다. 따라서 세계 대공황도 그것이 발발한 배경과 그 배경이 초래한 여러 결과, 그리고 그 결과가 원인으로 작용하여 파생시킨 여러 사태를 꼼꼼히 점검할 필요가 있다. 이 문제는 경제병리학적 임상 경험으로서 아주 중요하다. 이런 간접 경험을 통해서도 경제질병이 최악의 상황으로 발전하는 것을 예방할 방법을 찾을 수 있다.

세계대공황의 배경

세상의 모든 불행한 사태는 여건이나 환경의 산물인지도 모른다. 물론 불리한 환경이나 여건을 이겨내고 오히려 더 바람직한 결과를 만들어낸 사례도 제법 많으므로, 환경 혹은 여건이 불행한 사태를 초래하는 결정적인 원인이라고 말하기는 어렵다. 하지만 환경이나 여건은 모든 분야에서 중요한 역할을 하는 게 현실이다. 대공황 역시 당시의 경제적 상황이 빚어낸 결과물이라는 게 경제전문가 사회의 대체적인 인식이다. 그럼 대공황이 벌어졌던 당시의 경제상황은 어땠을까? 페인스틴과 테민 등이 함께 쓴 『대공황 전후의 세계경제』는 그것을 다음과 같이 적절하게 기술했다.

"1차 세계대전은 실물경제의 수요와 공급 양쪽 모두를 크게 교란시켰다. 전쟁은 모든 교전국의 생산과 소비 형태를 급격히 변화시켰는데, 특히 엔지니어링, 철강, 조선 같은 전쟁 관련 산업의 생산설비가 엄청나게 늘었다. 전쟁이 끝나고 이러한 생산설비 가운데 많은 부분이 필요 없게 되자 2차 외생적 충격이 발생했다. 전쟁 중에 충족되지 못한 욕구 때문에 종전과 더불어 수요에 갑작스런 변화가 있었지만 생산설비는 필요한 만큼 신속하게 평시의 생산패턴으로 조정되지 못했다. 이것은 어느 정도는 수송망, 농지, 주택, 공장, 광산 등이 전투로 파괴되었기 때문이었다."[59]

전쟁 전의 경제상황으로 복귀하는 데 따른 또 다른 어려움은 세계시장의 변화에서 비롯되었다. 특히 미국이나 일본처럼 전쟁의 피해를 상대적으로 적게 입은 나라들은 유럽 각국이 정상적인 무역활동을 유지할 수 없게 된 것을 계기로 해외시장을 잠식하는 데 성공했다.[60] 전쟁은 유럽 이외의 지역에서 유럽산 수입품을 대체하기 위한 국내 생산을 촉진시켰다. 인도와 라틴아메리카의 면직물과 다른 경공업 부문에서 이런 수입대체가 눈에 띄게 이뤄졌다. 그 결과 세계시장 자체가 줄었다.[61] 그리고 전후 노동시장에서는 임금이 매우 지루한 단체협상 과정을 통해 중앙에서 타결되는 일이 많아졌고, 이에 따라 경제의 유연성은 그만큼 떨

59 위의 책 51쪽
60 위의 책 52쪽
61 위의 책 52쪽

어졌다.[62]

그밖에 주목할 만한 다음과 같은 일도 벌어졌다. 1차 세계대전의 결과로 유럽의 독립국은 1914년보다 12개 늘어나 38개가 되었다. 각각의 신생국은 각각의 통화를 만들었고 국내 산업을 보호하기 위해 무역장벽을 쌓았으며, 독립적인 재정정책과 통화정책을 실시했다.[63] 오스트리아·헝가리제국의 해체, 독일제국과 러시아제국에 속했던 일부 지역의 분리 독립, 러시아의 자급자족 경제로의 전환 등등이 모두 국제경제에 충격을 주었다. 이것들은 자원 배분의 왜곡을 광범위하게 유발했으며, 특히 중부 및 동부 유럽에서는 '저생산과 고물가'를 야기했다.[64]

위와 같은 여러 경제적 배경이 세계경제의 불안정을 초래했으며, 이것은 기업과 소비자 등 경제주체의 불안감을 가중시킴으로써 경제악화의 중요한 원인으로 작용했다. 그러나 이런 경제적 배경은 세계대공황이 터진 결정적인 원인이라고 보기는 어렵다. 그런 경제적 불안정은 제2차 세계대전 이후에도 비슷하게 벌어졌지만 이때는 세계경제가 여러 불리한 여건을 대부분 극복하고 경제번영을 비교적 장기간 누렸기 때문이다. 따라서 세계대공황의 결정적인 원인은 경제 환경에 대응하는 경제정책의 실패에 있었

62 위의 책 53쪽
63 위의 책 60쪽
64 위의 책 63쪽

다고 보는 것이 타당하다.

실제로 1차 세계대전 직후와 2차 세계 대전 직후에 시행된 경제정책 사이에는 큰 차이가 있다. 제1차 세계대전 직후에는 거의 모든 경제정책이 대공황을 일으키고 악화시키는 데 중요한 역할을 했지만, 제2차 세계대전 직후에는 이에 대한 반성으로 정반대의 경제정책이 펼쳐짐으로써 장기간에 걸쳐 뛰어난 경제성장을 이룩했다. 그 정책의 차이는 과연 무엇이었을까?

2차 세계대전 이후에는 미국 등 승전국이 전쟁배상금을 패전국에 요구하지 않았고, IMF와 GATT를 설립하는 등 국제 협력체제를 구축했으며, 미국은 마셜 플랜과 다지 플랜을 세워 유럽 여러 나라와 일본의 경제회복을 도왔다. 그 결과로 제2차 세계대전이 끝난 후 3년에서 6년 사이에 전쟁으로 경제가 손상된 나라조차 전쟁 전의 가장 높은 GDP 수준을 회복했다. 그 후 4반세기 동안에는 과거 어느 때보다 높은 성장률이 이어졌다. 특히 패전국인 독일과 일본의 경제성장이 빨랐고, 세계의 대부분 지역 역시 빠르게 성장했다. 경제성장만 빨랐던 게 아니라 경기변동도 심하지 않았으며, 실업률은 특히 낮았다. 경제학자들이 1950년부터 1973년까지를 '자본주의 황금기'라 부를 정도로 당시의 경기 흐름은 예외적이고 예상치 못한 것이었다. 독일과 이탈리아 같은

나라에서는 '경제기적'이란 말이 사람들 입에 흔히 오르내렸다.[65]

반면에, 1차 세계대전 이후에는 세계경제가 파국을 향해 치달았는데, 과연 어떤 정책이 이런 상반된 결과를 빚었을까? 대공황을 일으키는 데에 가장 중요한 원인을 제공한 정책은 크게 두 가지로서, 전쟁 배상금과 금본위제에 대한 집착이었다. 전쟁 배상금은 국제적인 협력보다는 보복과 대립을 초래했고, 금본위제는 경제난을 심화시켰다. 먼저, 금본위제부터 살펴보자.

19세기 말은 금본위제를 바탕으로 한 국제 지불체계가 제구실을 비교적 잘하던 시기였다. 런던은 국제금융시장의 안정에 중추적인 역할을 했으며, 주요국의 중앙은행은 필요한 경우에 서로 협력했다. 그뿐만 아니라 유럽에서 신대륙으로 노동과 자본이 대규모로 옮겨가는 등 국제적으로 생산요소가 비교적 자유롭게 이동했다. 이것이 19세기의 경제질서였다.[66] 그 속에서 각국 경제는 비교적 안정적인 성장을 누렸다. 그런데 금본위제는 1차 세계대전 초기에 희생됐다. 선전포고 후 불과 몇 달 안에 중립국을 포함한 거의 모든 유럽의 중앙은행이 일방적으로 금 지불을 중단했다. 만약 금본위제를 고집하면 통화의 추가 발행이 제약을 받고, 이 경우에는 재원 부족으로 전쟁을 수행하기가 어려웠기 때문이었다.

---

65 위의 책 278쪽

66 위의 책 45쪽

전쟁이 끝난 후, 금본위제로의 복귀가 당면 과제로 등장했다. 각국 정부는 전쟁 중에 발생한 인플레이션의 퇴치가 시급하다고 믿었다. 여기에는 19세기의 안정적인 경제번영을 복구해야 한다는 향수가 강하게 작용했다. 가장 먼저 미국이 1919년에 금태환을 재개했다. 세계대전 중에 전쟁 물자를 유럽으로 수출하여 금을 대규모로 쌓았던 것이 이런 신속한 결정을 가능하게 했다. 미국의 뒤를 따른 것은 영국이었다. 그러나 영국의 금본위제 복귀는 비극적인 결과를 빚었고 결국은 금본위제를 포기할 수밖에 없게 되었다.

영국의 금본위제 복귀와 실패는 심각한 문제를 일으켰다. 런던이 국제금융시장의 중심지였고 파운드는 국제기축통화로 여겨졌으므로 국제금융시장은 혼란에 휩싸였으며, 이 혼란은 공포를 일으켰다. 영국이 1931년 금본위제를 포기하자 다른 나라들도 곧 그 뒤를 따랐고, 결국 국제 통화체제가 붕괴되었다. 또한 주요 국가들의 정치적 관계가 급속히 악화되면서 10년간에 걸쳐 경쟁적인 평가절하, 외환통제 확대, 보호주의, 쌍무주의 수입쿼터, 기타 무역장벽, 적대적이고 비타협적인 무역블록과 통화블록의 출현 등과 같은 유행병이 번졌다.[67] 이에 따라 국제무역이 급속히 무너졌다.

---

67 『대공황 전후의 세계경제』 43쪽, 찰스 페인스틴 & 피터 테민 & 지아니 토니올로, 동서문화사, 2008년

금본위제를 회복시키려 했던 주요 국가들은 전통에 따라 디플레이션 정책을 펼쳤고 이것 역시 국제무역을 악순환으로 몰아갔다. 관세 인상과 외환 통제가 더욱 강력해지고, 농산물 가격의 하락으로 그 생산국의 소득이 감소하면서 세계경제는 점점 악화됐다. 공황은 선진공업국은 물론이고 농산물이나 공업용 원료를 생산하는 국가 등 거의 모든 나라에서 급속히 진행됐다. 물가하락은 생산량 감소와 상호작용을 일으키며 파국을 초래했다.[68]

다음으로, 전쟁배상금 문제도 대공황 발발에 지대한 영향을 끼쳤다. 1921년 런던에서 타결된 독일에 대한 배상청구액은 금화 1,320억 마르크 즉, 310억 달러라는 천문학적인 액수였다. 전쟁배상금 및 점령비용과 전쟁 전 부채 등을 1921년부터 매년 40억 마르크씩 총 500억 마르크에 이를 때까지 상환하도록 했다. 나머지 820억 마르크는 독일이 지급할 능력이 생길 때 상환토록 했다.[69] 1921년에 시작된 배상금 지불은 그 해 독일 국민소득의 10%에 이르렀고, 1922년의 지불액은 독일 수출의 80%에 달하는 엄청난 규모로서 외채 급증과 재정적자 확대의 주요 원인이었다. 이것이 초인플레이션을 초래했고, 독일 국민에게 심각한 경제적 고통을 안겼으며, 천문학적 전쟁배상금을 강요한 나라들에 대한 독일

68 위의 책 147쪽, B. 버냉키, The Macroeconomics of the Great Depression, Journal of Money, Credit and Banking 27, 12~18쪽 재인용

69 『세계 대공황』 77쪽, 진 스마일리, 지상사, 2008년

인의 적개심을 키웠다. 이것은 대공황이 심각해진 뒤 히틀러 정권을 탄생시키는 데 결정적인 역할을 했다.

이런 의미에서 당시 미국 대통령이던 윌슨의 이상주의적 발상은 비록 실행으로 이어지지 않았지만 재평가할 여지가 충분하다. 그는 1918년 11월 세계대전이 끝나던 날 "이제는 몸소 모범을 보이고, 진지하게 우정을 담은 조언과 물질적 원조로 전 세계에 참된 민주주의가 수립될 수 있도록 힘을 모으는 것이 우리에게 부여된 행복한 과제라는 교서를 발표했다."[70] 그는 파리로 건너가 국제연맹을 기반으로 한 새로운 세계질서를 구축하기 위해 협상에 들어갔다.

하지만 "파리회의 협상 테이블을 둘러쌌던 사람들은 윌슨이 주장한 고매한 동기보다는 공포와 증오, 탐욕, 협소한 내셔널리즘에 지배되었다."[71] 보복적인 종전협상이 진행되었고 국제연맹은 세계평화를 보장하기에는 너무 취약한 수준에 머물렀다. 윌슨 역시 영국과 프랑스와 이탈리아 등에 전쟁부채를 즉각 상환할 것을 요구하는 등 고집스런 협상태도를 고수하여 그의 고매한 발상과는 거리가 먼 태도를 보였다. "윌슨은 귀국 후 빈정거림과 공공연한 반발 속에서 현실을 깨달았다."[72] 미국은 의회의 반대로 국제

---

70 『1929년 대공황』 29쪽, F. L. 알렌, 고려원 1992년
71 위의 책 40쪽
72 위의 책 40쪽

연맹에 가입하지 못했다. 민족자결주의도 빛을 보지 못하면서 그는 실의에 빠져들었고, 육체마저 좌반신 일부가 마비되는 비극을 겪었다.

지금까지 살펴본 바처럼, 전쟁배상금과 금본위제가 심각한 경제난을 초래한 배경으로 작용한 것은 틀림없다. 하지만 이것들도 대공황의 결정적인 원인이라고 말하기는 어렵다. 나폴레옹 전쟁 직후나 독일과 프랑스 사이의 1871년 전쟁 직후처럼 전쟁배상금 지불과 금본위제 회복 등의 정책이 추진된 사례가 있고, 그때마다 대공황이 발생한 것은 아니었기 때문이다. 그럼 도대체 무엇이 결정적으로 대공황을 일으키고 악화시켰을까? 지금부터는 이 문제를 살펴보도록 하자.

대공황을 장기화시킨 몇 가지 중요한 경제정책

미국의 실업률이 1933년에 25%를 기록했다는 사실은 무엇을 뜻할까? 노동자 네 명 중 한 명이 실업자라고 무미건조하게 봐도 좋을까? 아니다. 대공황에 관해 보도한 당시의 사진이나 기록 영화 속에 나타난 참상이 진짜다. 구호급식을 기다리며 끝이 보이지 않게 줄을 서 있는 사람들과 그 표정, 쓰레기장을 뒤적여 썩은 음식이라도 찾으러 이리저리 몰려다니는 수많은 사람들, 직장은 물론이고 집까지 잃어 길거리에 천막을 치고 사는 무수한 사람들, 이들이 당했을 경제적 고통을 어찌 후세 사람이 상상이나 할 수 있을까? 그때부터 5년이 지난 1938년에도 실업률이 20%를 넘었다는 사실은 또 무엇을 뜻할까? 이처럼 장기간 이어진 경제난은 또 얼마나 사람들을 정신적으로나 물질적으로 피폐하게 했을까? 공황이 얼마나 무서운가를 잠시 상상해볼 일이다.

위와 같은 참상은 도대체 왜 벌어졌을까? 어찌해야 이런 처참한 일이 다시는 벌어지지 않도록 할 수 있을까? 대공황은 정책 실패의 종합병동 같은 인상을 준다. 경제난국을 완화해준 정책은 찾을 수 없고, 거의 모든 정책이 실패를 향해 치달았다. 초기의 정책 대응부터가 경제원리를 정면으로 위반했으며, 정책이 경제가 자기회복력을 발휘하지 못하도록 방해했다. 이에 따라 경제가 악화되자 당황하여 더 나쁜 정책을 선택했다. 나중에는 무엇을 어떻게 해야 할지 모르는 지경에 이르러 악순환을 방치함으로써 경제는 계속 악화되었다. 경제정책의 실패가 줄기차게 반복되지만 않았더라면 세계 대공황이 그처럼 심각하게 그리고 그렇게 장기간 지속되지는 않았을 것이다. 지금부터는 어떤 정책이 어떻게 실패했는지, 중요한 것들을 중심으로 살펴보기로 하자.

첫째, 임금 수준을 유지하려던 초기의 정책부터가 기초적인 경제원리를 외면한 것으로서 심각한 문제를 일으켰다. 주식시장이 붕괴에 직면하자 후버 대통령은 충격을 완화하기 위한 조치를 취했다. 그는 계획경제 신봉자로서 1920~21년의 불경기로 비롯되었던 임금 하락과 실업률 증가가 다시 일어나서는 안 된다는 결론을 내렸다. 그는 불황으로 인한 악영향을 최소화하고 불황기간을 단축할 수 있도록 기업과 정부의 역할을 조정하기 위해 제조업과 건설업 그리고 공공사업의 리더들을 1929년 11월 18일,

21일, 22일, 27일 백악관 회의에 소집했다. 그가 회의에 참석한 지도자들에게 전달한 사항은 '노동자의 구매력을 지원하기 위해 임금을 유지해야 한다.'는 것이었다.[73]

기업은 고용을 유지하기 위해 최선을 다해야 했다. 노동자를 해고시키는 대신 주당 노동시간을 단축함으로써 전체 노동인구를 유지해야 했고, 자신의 손해를 감수하면서라도 임금을 삭감하지 말아야 했다. 그리고 건설과 설비 투자를 확대하지는 못해도 현상을 유지해야 했다. 각 산업 분야의 지도자들은 11월의 닷새와 12월 5일 워싱턴에서 있었던 대규모 회의에서 이 사항에 대해 공식적으로 동의했다. 후버 대통령의 재촉을 받은 상공회의소는 그것을 확실히 보장받기 위해 임금을 그대로 유지하고 신규 투자를 늘리겠다는 약속을 기업들로부터 받아냈다.[74] 대기업 임금은 1930년 내내 거의 일정하게 유지됐다. 후버 대통령과의 약속 덕분이었다. 하지만 1930년 마지막 분기에는 몇몇 기업이 임금을 삭감하기 시작했고, 더 나아가 매출 하락에 대처하기 위해 노동자를 해고하기 시작했다.[75] 임금 하락을 억제하려던 이 정책은 1년도 채 지나기 전에 실패하고 말았다. 오히려 이것은 경기침체의 기간을 더욱 늘리는 역할을 하였다. 왜 그랬을까?

---

73 『세계 대공황』 27쪽, 진 스마일리, 지상사, 2008년
74 위의 책 28쪽
75 위의 책 30쪽

경기가 하강에서 상승으로 전환하기 위해서는 기업의 생산과 투자와 고용이 증가해야 하고, 이를 위해서는 기업의 이익이 증가해야 한다. 기업은 이익을 목적으로 존재하므로 더욱 그렇다. 그런데 임금 하락을 억제시킨 정책은 기업의 이익이 증가하지 못하도록 막았다. 아니, 이익을 오히려 감소시키고 손실을 키웠다. 생산과 투자와 고용은 줄어들 수밖에 없었다. 그래서 경제는 점점 악화되었다. 이것이 냉정한 경제원리이다. 경제에서는 언뜻 보기에 바람직하고 정의롭게 여겨지는 정책이 오히려 더 나쁜 결과를 빚는 일이 종종 빚어진다. 인기에만 영합하려는 정책은 이래서 비극적인 결과를 흔히 낳는다. 금주법도 그런 대표적인 사례의 하나로서 마피아의 융성을 초래하는 결과를 빚었다.

둘째, 불황은 보호무역을 위한 관세법을 통과시켜달라는 요구를 더욱 거세게 만들었다. 기업들은 줄지어 추가적인 보호정책을 요구했다. 그렇게 탄생한 홀리-스무트 관세법은 수입품의 관세를 엄청나게 올려놓았다. 이 법안에 서명하지 말라는 경제학자 1,038명의 공개 탄원에도 불구하고, 후버 대통령은 1930년 6월에 서명했다. 세계적 불황으로 국제무역이 이미 위축된 상태에서 더 높아진 관세는 무역 축소를 가속화시켰다.[76] 미국의 수출은 1929년 52.4억 달러에서 1932년에는 11.6억 달러로 78%나 감소했고,

---

76 위의 책 29~30쪽

같은 기간에 세계무역은 360억 달러에서 120억 달러로 감소했다.[77] 이런 세계무역의 축소는 국제 분업을 위축시킴으로써 아담 스미스가 강조했던 분업의 생산증가 효과와 데이비드 리카도가 증명한 '비교우위'의 효과를 역으로 작동시켜 악순환을 유발했다. 무역 축소 → 생산 감소 → 고용 감소 → 소득 감소 → 수요 감소 → 무역 감소 등의 악순환을 본격화시킨 것이다.

셋째, 미국 중앙은행인 연방준비위원회가 물가하락을 방조한 것도 중대한 실책이었다. 소비자물가는 1929년부터 1930년 사이에 2.6% 떨어졌고, 도매물가는 9.6% 떨어졌다.[78] 물가가 이처럼 하락하자, 특히 도매물가가 소매물가보다 더 큰 폭으로 하락하자, 제조업의 이익은 점점 크게 줄어 손해를 보기 시작했다. 결국 투자와 고용은 물론이고 생산까지 감소하는 결과를 빚었다. 투자와 고용과 생산의 감소는 악순환을 일으킴으로써 경기후퇴의 길이는 점점 길어졌고 그 깊이도 깊어지기만 했다.

넷째, 후버 정권은 경제상황을 종합적으로 점검하고 전망하기 위해 국가경기전망협의회를 신설했다. 상무부에 설치된 이 기관은 건설계획을 서둘러 집행하고 주정부를 비롯한 자치정부로부터 더 많은 건설을 약속받으려 했다.[79] 수요 감소 → 판매 감소

77 『부의 제국』 413쪽, 존 스틸 고든, 황금가지 2007년
78 『세계 대공황』 30쪽, 진 스마일리, 지상사, 2008년
79 위의 책 27~28쪽

→ 생산 감소 → 고용 감소 → 소득 감소 → 수요 감소 등의 악순환이 진행하는 것을 막기 위해서는 이 정책이 필수적이었지만, 선순환으로 되돌리기에는 그 처방이 너무 미약했다. 공황이 진행하기 시작한 초기에 총수요를 감소에서 증가로 되돌려 놓을 정도로 재정지출을 증가시켰어야 했으나 그렇지 못했다. 비유하자면 우리 몸에 침투한 병균을 퇴치하기 위해서는 충분한 항생제를 투입해야 하는데, 미약하게 처방하여 병균의 내성만 키운 꼴이었다. 총수요 감소의 규모는 줄었지만 총공급의 수준에는 미달했고, 수요자시장이 형성되어 악순환이 지속되었다. 초기에 적절한 대응을 놓치는 바람에 훨씬 큰 규모의 건설 투자가 필요하게 됐다.

후버 정권의 뒤를 이은 루스벨트 정권 역시 건설 투자에 적극적으로 나섰다. "뉴딜정책이 실시된 1936년까지의 3년 동안에 연방 세입은 지출의 반을 겨우 넘는 59%에 불과했다. 재정적자는 당시 국민총생산의 4.2%에 해당했다."[80] 이런 대대적인 재정투자와 함께 '은 구매법'에 따른 통화팽창으로 경기가 일시적으로 회복되었다. 하지만 그 회복세는 미약했고 경제난이 지속됨에 따라 재정적자가 눈덩이 구르듯이 커졌다. 결국은 재정긴축 정책이 금융긴축 정책과 함께 펼쳐짐으로써 1937년에는 경기가 다시 후퇴하는 결과를 빚고 말았다.

---

80 『경제학의 역사』 251~252쪽, 존 K. 갈브레이스, 세종연구원 1996년

다섯째, 후버 대통령은 곤경에 처한 농민을 지원하기 위해 연방농업위원회의 설립을 제안했으며, 1929년에는 농산물유통법이 의회를 통과했다. 이 법률에 따라 연방농업위원회는 농산물 가격의 안정을 위해 국고에서 1억 달러를 농업협동조합에 20년간 대여해주도록 위임받았다. 연방농업위원회는 곡물가격이 떨어질 때 매수하는 법인을 설립했고, 11월에는 밀을 매수하도록 밀 협동조합에 1억5천만 달러를 빌려주었다.[81] 그 영향으로 처음에는 밀 가격에 변동이 없었지만, 1930년 여름 이후에는 밀과 다른 곡물의 가격이 떨어졌다. 밀 가격의 안정을 기대한 농민은 밀을 더 많이 심었고, 이것이 공급과잉을 일으켜 문제를 악화시켰다. 그러자 연방농업위원회는 잉여 밀을 사들이기 시작했으며, 의회는 1930년 봄 연방농업위원회에 추가로 1억 달러를 지원했다. 하지만 쌓여가는 잉여 농산물은 투자자들을 두렵게 만들었고 가격은 계속 떨어졌다. 결국 연방농업위원회와 관련 단체들은 재고를 팔기 시작함으로써 가격을 더욱 빠르게 하락시키고 농업 불황을 더 악화시켰다.[82] 농산물 가격을 지지한 정책이 공급을 크게 늘리는 결과를 빚었으며, 이에 따라 가격이 폭락하여 농업 공황은 더 심각해지고 말았던 것이다. 이것은 농촌에 있었던 은행들의 도산사태에 중요한 원인을 제공했다.

81 『세계 대공황』 28쪽, 진 스마일리, 지상사, 2008년
82 위의 책 29쪽

경제질병 중에서 가장 위험한 금융위기를 방치하다

1930년에는 메릴랜드 주부터 아칸소 주에 걸친 미국 남동부 지방에 가뭄이 들어서 3~4년에 걸쳐 장기간 지속되었다. 밀과 목화는 말라 죽어갔고, 무일푼의 소작농을 도울 지주의 주머니도 말라갔다. '식량폭동'이 그해 1월 20일에 오클라호마에서, 2월 25일에는 미니애폴리스에서, 나중에는 샌프란시스코와 세인트루이스에서 연달아 일어났다. 1930년 11월과 12월에는 미국 남동부의 많은 은행이 파산하면서 무언가 다른 일이 일어날 것 같은 조짐을 보였다. 이때 파산한 대부분의 은행은 1920년대에 무분별한 대출과 투자로 경영상태가 열악해진 농촌의 작은 곳이었다. 1920년대 말의 곡물 가격 하락과 경제 불황으로 농민과 상인은 대출금을 갚기 어려웠다.[83] 여기에다 농산물의 가격지지 정책까지 실패하면서 농업을 전반적으로 피폐시켰다.

농업공황의 여파로 테네시 주 내슈빌에 소재했던 남부지방 최대 투자금융회사인 캘드웰 앤 컴퍼니가 1930년 11월에 파산했다. 그 관리하에 있던 아칸소 주의 아메리칸 익스체인지 신탁은행도 파산했다. 단 4일 만에 예금총액 1천5백만 달러 중 4백만 달러가 인출되는 사태가 벌어진 것이 그 원인이었다.[84] 캘드웰은 남부의 지방정부들이 대규모 배수정비 사업을 하며 발행한 채권을 인수했는데, 경기위축에 따라 세입이 축소되자 그 상환이 어려워짐으로써 사태를 더 악화시켰다.[85] 그 결과 아칸소 주의 체인망에 연결돼 있던 45개의 다른 은행이 연달아 파산했다. 이후 테네시 주에 있는 10개 은행이 파산을 맞았고, 사우스캐롤라이나 주의 15개 은행이 뒤이어 파산했다. 1930년 12월에는 뉴욕 브루클린에 있던 유나이티드 스테이츠 은행이 파산했다. 이 은행의 파산은 당시까지 단일 은행의 파산 가운데 규모가 가장 컸다. 이것이 신용파괴원리를 본격적으로 작동시켜 금융위기를 확산시키는 데 결정적인 역할을 했다. 1930년부터 1931년까지 계속된 불황으로 곳곳의 은행이 위태로워졌고 더 많은 은행이 파산하는 등 상황

---

83 위의 책 31쪽

84 위의 책 32쪽

85 『달러제국의 몰락』 72쪽, 배리 아이켄그린, 북하이브 2011년

은 점점 악화됐다.[86]

은행파산이 위와 같이 심각하게 진행됐지만, 어떤 효과적인 정책대응도 이뤄지지 않았다. 기껏해야 새로 설립된 재건금융공사가 경영수지가 열악해진 은행에 돈을 빌려주는 것이 고작이었고, 불충분했다. 결국 예금인출 사태와 은행 파산은 전국으로 전염됐으며 금융공황으로 발전하고 말았다. 대통령 선거일이 닥쳐오던 1932년 10월에는 네바다 주의 주요 은행들이 파산 직전에 있는 것으로 드러났다. 주 정부는 예금자의 예금인출 요구를 맞게 될 은행을 구제하기 위해 최초로 은행 휴업을 단행했다.[87] 네바다 주의 이 조치는 유동성 압박을 받던 다른 주들로 퍼졌고, 이것은 다른 은행들이 뒤따라야 할 본보기를 제시했다. 그뿐만 아니라 1933년 1월에는 하원이 1932년 이전에 재건금융공사에서 대출받은 은행들을 발표했다. 이로 인해 불안감을 느낀 사람들은 그 은행들에서 예금을 인출했고, 더 심각한 유동성 위기가 벌어졌다.[88] 하원의 이 발표는 경영사정이 어려운 은행을 공개한 꼴이어서 예금자에게 예금을 인출하라고 촉구한 것이나 마찬가지였다.

은행들은 예금을 내줄 충분한 현금이나 금을 갖고 있지 않았다. 중앙은행인 FRB도 금본위제 때문에 지원해줄 여력이 없었

---

86 『1929년 대공황』 33쪽, F. L. 알렌, 고려원 1992년
87 위의 책 45~46쪽
88 위의 책 45~46쪽

다. 은행들은 불안해하는 예금자에게 지불할 현금을 확보하기 위해 채권과 주식 등 유가증권을 팔려고 내놓았으며 그 가격은 급락했다. 은행 자산은 유가증권의 가격하락으로 인해 부채보다 더 줄었고 결국 은행의 파산이 줄을 이었다. 루즈벨트가 당선된 때부터 1933년 3월 대통령 선서를 할 때까지의 기간에 은행의 예금인출 사태와 지급불능 사태는 계속 악화됐다.

아이오와 주는 1933년 1월에 은행 휴업을 선언했다. 은행 휴업은 2월 초에 루이지애나 주와 미시간 주로 이어졌다. 2월 말에는 메릴랜드 주, 아칸소 주, 인디아나 주, 오하이오 주 등에 있는 은행들도 예금인출을 제한하기 위해 휴업을 선언했다. 영업 중이던 다른 주의 은행들은 더 큰 예금인출 압박을 받았다. 3월 4일 토요일 아침에는 뉴욕과 일리노이의 주지사도 은행 휴업을 선언하고 말았다. 그때까지 30개 주가 은행 휴업을 선언했고, 여전히 영업을 하던 은행에서도 예금인출을 제한하는 경우가 생겼다.[89]

금융기관은 기나긴 불황 동안 점차 무너져 내렸다. 1929년에 24,970개였던 상업은행이 1933년에는 14,207개로 43%나 줄었다. 1933년 이전에는 연방정부가 은행예금을 보호해주지 않았고, 예금보호를 실시했던 지역에서도 대공황 같은 불황은 견딜 수 없었다.[90] 1907년 금융위기 당시에 J. P. 모건이 발휘했던 바와 같

89 위의 책 46~47쪽
90 위의 책 49쪽

은 탁월한 리더십은 어디에서도 찾아보기 어려웠다. 대통령 당선자인 루즈벨트가 경기회복을 촉진하기 위해 달러 가치를 금 수준으로 내릴 것이라는 소문이 돌았지만, 그는 이것을 긍정하지도 부정하지도 않았다. 구상 중인 경제정책에 대해서도 아무 말도 하지 않았다. 루즈벨트의 이런 모호한 태도는 혼란을 더 가중시켰고 금융위기를 가속화시켰다.[91]

미국 대공황이 전례 없이 심각한 상태로 발전한 가장 큰 이유는 위와 같은 은행공황 때문이었다. 대공황 기간에 네 차례의 은행공황이 발생했는데, 은행공황으로 인해 예금인출 소동이 벌어진 결과 예금통화가 파괴되었고, 이에 따라 통화공급이 급속히 감소하고 금리가 상승해 경기는 더욱 악화됐다.[92] 또한 은행공황은 투자자와 소비자의 위기감을 부채질함으로써 총수요를 위축시켰다. 한마디로, 신용파괴원리가 본격적으로 작동하는 사태를 방치한 것이 가장 직접적이고 결정적으로 대공황을 초래하고 말았다.

---

91 위의 책 45쪽

92 『금융공황과 외환위기』 1870-2000 115쪽, 차명수, 아카넷, 2000년, 프리드만 & 슈워츠의 『A Monetary History of US 1867-1960』 제7장에서 재인용.

무엇보다 중요한 정책 실패는 정책당국의 신뢰 상실

사람은 기본적인 것을 흔히 잊고 산다. 예를 들어 공기와 물이 없으면 한 시간도 살아남기 어렵지만, 우리는 그 소중함을 잊고 산다. 경제에서도 마찬가지로서 기초적인 문제는 흔히 방치하거나 간과한다. 그러나 기초적인 문제를 방치하면 어떤 일이 벌어질까? 예를 들어, 공기와 물이 오염되어 더 이상 숨쉬기가 어렵고 마시지도 못한다면 어떤 일이 벌어질까? 공기와 물처럼 우리가 그 중요성을 간과하기 쉬운 것일수록 그것이 더럽혀졌을 경우의 파장은 엄청나다. 우리의 생명을 직접 위협할 뿐 아니라, 복구하는 데는 오염시킬 때보다 훨씬 더 많은 노력과 비용 그리고 시간이 필요하다.

경제에서는 '신뢰'가 공기와 물 같은 역할을 한다. 신뢰가 무너지면 경제체제가 무너질 위기를 맞을 정도로 그 위력은 대단하다. 신뢰에 조금만 손상이 가도 경제적 악영향은 크다. 또한 그 신뢰를 회복하는 데는 엄청난 노력과 비용과 시간이 필요하다. 모든 경제적 위기는 신뢰의 상실로부터 비롯된다고 말해도 지나치지 않을 정도이다. 강조하거니와, 시장경제에서 가장 기초적인 문제는 신뢰이다. 신뢰가 없으면 시장경제란 성립할 수 없다. 생산자에 대한 소비자의 신뢰가 없으면 소비는 원활하게 이뤄지지 못한다. 소비자에 대한 생산자의 신뢰가 없어도 생산은 충분하게 이뤄지지 못한다. 소매점이나 유통업체에 대한 생산자의 신뢰가 없어도 시장경제는 무너진다. 금융권은 고객에 대한 신뢰가 없으면 대출하거나 투자하지 못한다. 금융기관에 대한 고객의 신뢰가 무너지면 예금인출 사태가 벌어지고 금융기관은 붕괴한다. 그리고 화폐에 대한 신뢰가 없으면 시장경제는 당연히 무너진다.

경제에서 '신뢰'란 이처럼 중요한 의미를 가지며, 그 의미만큼이나 경제현실에서 아주 중요한 기능을 한다. 만약 신뢰가 줄어들면 시장경제의 기능은 그만큼 떨어지고, 이에 따라 경제는 후퇴한다. 따라서 경제정책 당국은 '신뢰'를 어느 무엇보다 중요하게 여겨야 한다. 그래야 정책이 효과를 충분히 발휘하고, 경제가 활발히 작동한다. 만약 아래와 같은 일들이 줄지어 벌어졌다면, 과연 어떤 결과가 나타날까?

대통령이 '모든 것은 정상이며 차츰 호전될 것'이라고 선언했다. 며칠 뒤 국가경제의 경영을 총괄하는 재무부 장관은 "서너 달 후에는 산업 활동이 재개될 것"이라고 예견했다. 그 며칠 뒤에 산업을 관장하는 상무부 장관까지 나서서 "현 상황은 우려할 게 없다. 올해는 정상적인 해가 될 것이며, 기업경영은 3개월 후부터 정상화될 것이다."라고 말했다. 3개월이 지난 뒤에도 경제난이 풀리지 않자, 대통령이 또 나섰다. "60일 이내에 실업 문제는 끝날 것"이라고 날짜까지 제시했다. 이제 국민은 곧이곧대로 믿지 않았다. 대통령은 며칠 뒤에 다시 나서지 않을 수 없었다. "우리는 이미 최악의 상황을 지나왔으며 계속적이고 일치단결된 노력만이 빨리 회복할 수 있는 길이라는 것을 확신한다."라고 말했다. 언론까지 경제가 살아날지 의구심을 보이자, 대통령은 한 달 뒤에 "경기가 가을까지는 정상화되리라 예상한다."고 또 밝혀야 했다. 위의 발언은 1929년 연말부터 이듬해 5월 사이에 행해진 것으로서, 프레드릭 알렌이 지은 『1929, 미국 대공황』의 352~353쪽에서 발췌했다.

그 결과는 어떻게 나타났을까? 당연히 경제가 살아나기는커녕 오히려 경제난이 점점 심각해지며 대공황으로 발전하고 말았다. 왜 이런 비극적인 일이 발생했을까? 경제란 자기실현성이 뛰어나므로 불안에 떨던 국민이 희망을 갖도록 노력한 것은 적절하고 올바른 정책이었을 터인데, 어쩌다 최악의 결과를 빚었을까? 만약 경제가 살아났다면 위의 발언은 최상의 구두 정책이라는 평가를 받았을 것이다. 그러나 경제는 살아나지 못했고, 국민은 더 불안한 눈으로 경제를 바라볼 수밖에 없었다. 정책당국이 신뢰를 잃었다. 기대가 컸던 만큼 실망은 더 컸고, 실망이 큰 만큼 절망감도 더 깊어졌으며, 비관적 분위기는 점점 짙어졌다. 그러자 소비자는 소비를 더 줄였고 생산자는 고용과 투자를 더 줄였으며, 경기하강은 가속화됐다.

당시 후버 정권(1929~1933년)은 처음부터 사태를 너무 안이하게 판단했다. 경기가 빠르게 하강하고 있었음에도 제대로 인식하지 못했다. 경기하강을 막아낼 효과적인 정책은 어느 것도 펼치지 않았다. 기껏해야 임금하락을 반대하고 곡물가격을 지지한 정도가 고작이었지만, 이 정책은 앞에서 살펴본 것처럼 경기회복을 지연시키고 오히려 경제난을 심화시키는 결과를 빚었다. 후버 정권은 막연히 경기가 살아날 것이라 기대했을 따름이었다. 너무 안이하게 생각했다가 경기가 하강을 지속하자 당황하여 더 나쁜 결과를 빚을 정책들을 줄줄이 선택했다. 특히, 국내 산업을 보호하고 고용을 유지한다는 명분을 내세워 관세를 인상하는 등 보호무역을 강화한 것이 가장 심각한 실책이었다. 경제학자들이 공통적으로 지적하듯이, 이 정책이 세계적인 경기침체를 불러 세계대공황을 일으키고 말았다. 이 문제는 바로 뒤에 자세히 살펴볼 것이다.

신뢰가 얼마나 중요한 역할을 하는가는 루스벨트 정권이 여실히 증명했다. 루스벨트는 취임연설에서 "우리가 무엇보다 두려워할 것은 두려움 그 자체일 뿐임을 명심하십시오. 비이성적이며 비합리적인 정체 모를 공포, 후퇴를 전진으로 돌리는 데 필요한 모든 노력을 마비시키는 두려움 말입니다."라고 호소했다. 이 연설은 마법 같은 효력을 발휘했다. 한 주 만에 45만 통의 편지와 카드가 백악관으로 쏟아져 들어왔다. 후버 시절 백악관으로 오는 편지를 관리하는 직원은 한 사람이었지만, 루스벨트에게는 70명이 필요했다. 루스벨트가 대통령에 취임한 뒤 첫 번째로 열린 기자회견에는 125명의 기자단이 몰려왔고, 끝났을 때는 우뢰와 같은 박수가 터져 나왔다.[93] 그만큼 국민은 루스벨트 정권을 신뢰했으며 경기회복에 대한 기대감도 커졌다. 경제공황을 극복하기 위한 여러 실천적인 법률들도 제정되었다. 특히 긴급은행법이 금융위기의 극복에 힘을 실었으며, 대대적인 재정투자 등을 가능하게 한 법률들도 속속 제정되었다. 이런 조치들은 경제를 악순환에서 건져낸 것은 물론이고 회복으로 전환시키는 데에 중요한 역할을 했다.

불행하게도 이 경기회복은 미약했고, 1937년부터는 다시 경기후퇴가 찾아왔다. 앞에서 언급한 것처럼 1937년에 펼쳐진 금융긴축과 재정긴축 정책이 미약하게나마 상승하던 경기를 다시

93 『부의 제국』 426~427쪽, 존 스틸 고든, 황금가지 2007년

하강으로 돌아서게 하는 데에 결정적인 역할을 하고 말았다. 이때의 경기후퇴는 비록 그 깊이는 상대적으로 얕았지만 실업률을 다시 상승시킴으로써 거의 모든 국민에게 혹독한 경제적 고통을 안겼다. 물론 뉴딜 정책을 내세운 정치적 선전이 크게 성공한 것은 사실이지만, 본격적인 경제회복은 세계대전이 발발할 때까지 이뤄지지 못했다.

내 이웃을 거지로 만드는 정책

미국의 경제공황이 왜 세계 거의 모든 지역에 전염되었고, 세계대공황은 왜 10년 넘게 이어졌을까? 이 의문에는 페인스틴과 테민 등이 함께 쓴 『대공황 전후 세계경제』가 다음과 같이 간단하게 답변해준다. "금본위제의 해체와 국제적인 통화협력의 단절로 인해 세계는 여러 개의 적대적 경제권역으로 나뉘어 정치적, 경제적 경쟁이 치달았다. 통화의 연쇄적 평가절하, 외환 통제의 도입, 다양한 형태의 무역장벽의 설치 등이 두드러지게 나타났다."[94] 한마디로, '내 이웃을 거지로 만드는 정책'이 서슴없이 시행됐으며, 그 결과로 나타난 것이 10년 넘게 지속된 세계대공황

94 『대공황 전후의 세계경제』 21쪽, 찰스 페인스틴 & 피터 테민 & 지아니 토니올로, 동서문화사, 2008년

이었다. 특히 미국이 1930년 6월에 '홀리-스무트 관세법'을 제정하고 관세를 대폭 올린 것은 보호무역의 세계적인 확산에 기폭제의 역할을 했다. 이것을 계기로 한 나라의 보호무역이 다른 나라의 보호무역을 부르는 보복적인 악순환이 연쇄적으로 벌어졌다.

공업국의 수입이 줄어들자 저개발국에서는 주종 수출품인 자원의 가격이 크게 떨어졌고 경상수지가 심각하게 악화되었다. 국제자본은 저개발국들을 떠나기 시작했다. 경상수지 적자를 메울 해외자본을 충분히 도입할 수 없게 된 저개발국은 긴축정책을 펼쳐 국제수지를 호전시키려 했지만 실업자 증가 때문에 곧 벽에 부딪쳤다. 국제수지 적자가 계속되자 금과 외환보유고가 급격히 감소했다. 1930년 4월에는 라틴 아메리카 여섯 나라와 캐나다, 호주, 뉴질랜드가 금본위제를 포기했다. 저개발 지역의 국제수지 악화는 결국 외환위기로 이어졌다. 1931년에는 칠레, 페루, 볼리비아, 브라질 등을 위시한 라틴 아메리카의 여러 나라가 연쇄적으로 지불중단을 선언했다.[95]

자본을 도입하여 전쟁배상금도 갚고 전후 복구를 위한 비용을 지출하던 독일은 물론이고 중부 유럽의 여러 나라 역시 외환위기와 금융위기의 타격을 크게 입었다. 자본 유입이 줄어들자 금과 외환보유고가 급속히 감소하였으며, 이에 따라 중부 유럽의

---

95 위의 책 120~121쪽

국가들은 금 태환을 계속 유지해나갈 수 없을지 모른다는 의구심이 국제금융계에서 생겨났다. 금 태환 포기와 평가 절하의 가능성이 점점 커지자 환차손을 회피하기 위한 자본의 해외 유출과 도피가 줄지어 일어났다. 중부 유럽 나라들의 국제수지는 더욱 악화되어 갔다. 여기에 설상가상으로 닥친 것이 1931년 금융공황이었다.[96]

중부 유럽의 금융위기는 오스트리아에서 두 번째로 큰 은행인 보덴크레디트안스탈트Bodencreditanstalt가 1929년에 파산하면서 이미 시작되었다. 정부의 압력으로 로스차일드 가문의 크레디트안스탈트가 합병에 동의했지만, 구제한 은행의 입지가 취약했다. 합병으로 규모가 커진 이 금융회사는 장기적인 해결책을 제시하지 못했다. 1931년 5월에 발생한 이 합병은행의 파산은 은행 전체에 대한 인출 쇄도와 실링(오스트리아 화폐)에 대한 공격으로 파급되었다. 오스트리아 정부는 금본위제를 고수하기 위해 노력했으나, 이것이 외환보유고를 순식간에 소진시켰다. 뒤늦게 외환통제가 실시됐다.[97]

그 여파는 독일로 확산되었다. 바이마르공화국의 재정위기와 비대해진 외채가 급격한 환율 변동을 초래했으며, 이것이 외환위기와 금융위기를 동시에 불렀다. 결국 독일 최대 은행인 다나트

---

96 위의 책 121쪽
97 위의 책 154~155쪽

는 1931년 7월에 영업을 정지했고, 베를린 증권거래소와 다른 은행들도 문을 닫았다. 당시 바이마르공화국의 재정상황은 그 해에 특히 심각한 불균형 상태였다. 조세수입은 감소하고 실업수당 지출이 증가했기 때문이었다. 1931년 초까지는 미국과 프랑스에서 차입해 적자를 메웠으나, 브뤼닝 수상이 오스트리아와의 관세동맹을 옹호하고 배상금 지불의 약속을 지키지 않을지도 모른다는 의구심을 자아내자 불안감이 심화됐으며, 독일로 들어오던 외국자금을 고갈시켰다. 독일은 1931년 7월말에 금본위제를 포기했다. 일련의 협상을 통해 마르크의 가치는 유지됐지만 금과 마르크의 자유로운 거래와 이동은 불가능해졌다.[98]

독일이 모라토리엄을 선언하면서 외국인의 예금인출은 중단되었고 단기채권도 동결되었다. 독일 내의 자산을 돌려받을 수 없다는 사실을 깨달은 다른 나라들도 외국인 자산의 인출을 제한했다. 많은 유럽 국가들이 예금인출과 외환위기로 고통을 겪었다. 헝가리는 국내 은행이 오스트리아의 은행과 밀접한 관계를 맺고 있어서 금융위기가 특히 심각했다. 외국인들이 막대한 예금을 인출해가자 헝가리는 대외채무에 대해 부분적인 모라토리엄을 실시하고 3일간의 '은행 휴업'을 선포했다.[99] 이로써 국제적인 신용파괴원리가 본격적으로 작동하기 시작했다.

98 위의 책 155~156쪽

99 위의 책 156쪽

독일이 금본위제를 포기한 직후부터 영국 파운드 역시 압박을 받았다. 대륙의 외환위기가 자본이탈을 야기했고 영국의 해외자산이 동결됨으로써 더욱 어려운 지경에 빠졌다. 1931년을 지나면서 신뢰도가 하락하자 영국은 파운드의 평가를 더이상 유지할 수 없다는 사실을 깨달았다. 7월과 8월에 프랑스와 미국에서 준비금을 차입한 이후에도 역부족으로 드러나자 영국은 9월 20일 금본위제를 포기했다.[100] 영국이 금본위제를 포기한 것은 특별한 의미를 가졌다. 이미 언급한 것처럼, 영국 런던은 국제금융시장의 중심지였고 파운드는 국제기축통화로 여겨졌으므로 그 충격은 더욱 컸다.

유럽의 금융공황은 대서양을 넘어 미국으로 전염되었다. 은행파산이 증가하고 연방은행이 보유한 금은 줄어들었다. 국내 유출도 있었고 해외 유출도 있었다. 그 후 잘못된 통화정책이 역사상 가장 생생한 장면을 펼쳐 보였다. 전 세계가 한 번도 경험해보지 못한 최악의 불황 속에서 허덕이던 1931년 10월에 연방은행은 달러 가치의 유지와 자본의 해외유출을 막기 위해 이자율을 대폭 인상했다. 이것은 금본위제 이데올로기가 대공황을 어떻게 심화시켰는지를 여실히 보여줬다. 디플레이션은 심화됐고 경기침체의 속도는 더 빨라졌다. 영국이 먼저 금본위제를 포기함으로써

---

100 위의 책 157~158쪽

1932년에 경기하강을 저지시킨 것과는 달리 미국은 경제난의 고통 속에서 1년을 더 기다렸다. 금본위제에 충실했던 나라는 포기한 나라보다 경제상황이 훨씬 나빴다.[101]

미국에서는 금본위제가 해체된 이후에도 경제가 좀처럼 회복되지 못했다. 경제정책이 경제회복을 방해했기 때문이었다. 특히 1930년 미국에서 홀리-스무트 관세법이 제정된 뒤부터 세계적인 관세전쟁이 지속적으로 벌어졌다. 영국은 오랫동안 유지해오던 자유무역 원칙을 1931년 말에 포기했다. 프랑스, 이탈리아, 네덜란드, 노르웨이, 스페인, 포르투갈, 그리스 그리고 다른 수많은 나라가 불황의 심화와 국제협력 시도의 좌절로부터 자국을 보호하기 위해 관세를 인상했다.[102] 이런 관세인상 경쟁과 보호무역은 세계무역을 더욱 축소시켰으며, 세계대공황은 좀처럼 회복되지 못했다. 세계무역은 1930년에 거의 20%, 1931년에 다시 29%, 1933년에는 다시 33%나 추가로 감소했다. 결국 세계경제는 전례없는 심각한 수요 감퇴에 시달렸다. 세계 전체의 산출은 3년 동안에 1929년의 3분의2 이하로 급락했다.[103] 이상과 같은 혹독한 경험은 보호무역주의에 대한 특별한 관심을 요구한다.

---

101 위의 책 160~162쪽
102 위의 책 162쪽
103 위의 책 147쪽

금본위제의 폐해

금본위제와 그 유지를 위한 환율정책 역시 세계대공황를 심화시키고 장기화시킨 중요한 원인 중 하나였다. 이 사실을 여실히 보여주는 것은 영국과 프랑스의 금본위제와 이를 유지하기 위한 환율정책이었다. 그중에서 영국의 경우는 전형적인 실패의 사례이고, 프랑스는 행운이 따른 성공에 이어 참혹한 실패가 일어났던 사례로 꼽힌다. 지금까지도 일부 경제학자와 정치인들 사이에서는 금본위제가 최상의 통화체제인 것처럼 여겨지고 있으므로, 그리고 금본위제가 세계대공황을 장기화시킨 중요한 원인 중 하나이므로, 두 나라의 성공과 실패를 좀 더 자세히 살펴볼 필요가 있다.

우선, 영국은 2차 세계대전 이전까지 인도 대륙과 아프리카

대륙 동부의 대부분 그리고 동남아시아의 일부와 호주 대륙 등 세계 최대의 식민지를 보유한 거대 제국이었다. 그만큼 군사적으로나 경제적으로나 초강대국이었다. 그러나 2차 세계대전이 터진 뒤에는 프랑스와 연합전선을 펼쳤음에도 프랑스는 물론이고 유럽대륙의 거의 대부분을 독일에 점령당할 정도로 영국은 무기력했다. 미국이 참전한 뒤에야 겨우 독일을 패퇴시킬 수 있었다. 왜 영국은 이처럼 허무하게 독일에 밀렸을까? 가장 결정적인 이유는 영국이 세계대전 이전에 심각한 경제난을 장기간 겪었던 데 있고, 영국이 심각한 경제난을 겪었던 가장 큰 원인은 금본위제의 집착과 그에 따른 환율정책의 실패였다.

다음으로, 프랑스는 1차 세계대전 당시에 독일의 침공을 받아 북동부 지방을 점령당했고 수도인 파리까지 위협받았다. 전쟁이 끝나고 종전협정을 체결할 때 프랑스는 독일이 군사적으로나 경제적으로나 다시는 강대국이 되지 못하도록 각종 제재조치를 강구했다. 특히 가혹한 배상금을 강요함으로써 독일의 재무장을 원천 봉쇄하려 했다. 하지만 그로부터 불과 20여년이 지나 2차 세계대전이 발발했을 때는 독일의 침략을 받아 불과 7개월 만에 전 국토를 점령당했다. 이미 침략당한 경험이 있었음에도 왜 프랑스는 독일의 침공에 대비하지 못했을까? 독일은 이미 1930년대 후반부터 재무장을 본격화했지 않았는가 말이다. 그 이유는 간단했다. 프랑스는 독일 재무장에 제재를 가하기는커녕 자신의 무장조차 엄두를 내지 못할 만큼 경제난이 심각했고, 정치적으로도 정권이 빈번하게 교체되는 등 혼란이 극심했기 때문이다. 왜 프랑스의 경제난은 그처럼 심각했을까? 두말할 것도 없이 금본위제에 집착했던 환율정책이 실패했기 때문이다. 지금부터 이 두 나라의 사례를 구체적으로 살펴보자.

가. 영국의 금본위제와 환율정책의 처참한 실패

1차 세계대전 직후 영국은 물가 불안에 시달렸다. 전쟁 중에 임금이 빠르게 상승했던 데다 전쟁이 끝나고 배급제가 해제되자 억눌렸던 소비까지 폭발적으로 증가하며 물가상승을 부추겼다. 전쟁 중에 이미 두 배 올랐던 물가는 종전 직후 1년여 동안에 추가로 50%가량 상승했다. 이런 물가상승은 기업의 이익을 증가시켜 생산을 촉진함으로써 경기를 빠르게 상승시켰다. 주식회사 설립이 줄을 이었고 주식 투자가 활기를 띠었다. 부동산 투기까지 가세하자 물가 불안은 더 심각하게 비쳐졌다. 물가 불안을 방치하면 독일처럼 초인플레이션으로 발전하여 파국적인 위기를 불러올 수 있는 상황처럼 보였다. 그래서 영국 정부는 물가 불안을 해소하기 위해 통화 긴축과 재정 긴축을 단행했다. 이런 긴축정책이 펼쳐진 이면에는 다음과 같은 이유가 하나 더 숨어있었다.

19세기까지 '태양이 지지 않는 제국'이었던 영국은 20세기 초부터, 아마도 그 이전부터 산업경쟁력이 쇠락의 길에 들어섰던 것으로 보인다. 가장 큰 원인 중 하나는 금융업의 지나친 팽창이었다. 영국 금융업의 발달이 경쟁국인 미국 등 다른 나라의 산업을 발전시켜 국제경쟁력과 성장성장력을 키워줬으며, 영국 제조업의 경쟁력과 성장력은 상대적으로 점점 약화되었다. 이에 따라 영국의 경제패권은 이미 오래 전부터 심각한 위협을 받았다. 그럼에도 불구하고 1차 세계대전이 끝난 뒤 영국이 가장 먼저 회복시키려 했던 것은 금융업이었다.

제조업의 경쟁력이 취약해진 상태에서는 금융업이 유일한 희망처럼 보였으므로, 런던을 국제금융시장의 메카로 회복시키고 파운드를 국제 기축통화로 다시 복원시키는 것이 영국 경제를 되살릴 유일한 방법으로 여겨졌다. 1차 세계대전 이전에는 금이 국제무역의 주요 결제수단이었으며, 영국의 파운드는 가장 안정적인 국제통화였으므로 전쟁 전의 평가에 입각한 금본위제의 복구는 영국 금융업이 세계적인 패권을 되찾는 유일한 길처럼 보였다. 그래서 영국은 금융업을 되살리는 데 정책적 노력을 집중했다. 그 결과로 나타난 것이 전쟁 전의 평가에 입각한 금본위제의 복구였다. 이를 위해서는 파운드의 가치를 전쟁 전의 금가격 수준으로 끌어올려야 했다.

금본위제는 1차 세계대전 직전까지 세계적으로 시행됐고 이것이 국제교역의 증대는 물론이고 국제금융시장의 안정에 기여했다고 믿어졌다. 런던은 국제금융시장의 중심이었으며, 국제금융거래의 안정에 중추적인 역할을 수행했다. 각국 중앙은행은 필요한 경우에 서로 긴밀히 협력했다. 이에 따라 국제교역과 금융업은 안정적으로 성장했으며, 세계경제는 물론이고 영국경제 역시 지속적인 발전을 이룩했다. 금본위제가 경제적 안정과 번영을 가능하게 했다는 이런 믿음은 다른 나라에서도 지배적이었지만, 영국이 특히 강했다.

1차 세계대전은 유럽대륙 교전국들의 산업시설을 파괴하고 금융시장을 혼란에 빠뜨렸으나, 영국은 전쟁터에서 멀리 떨어져 산업시설의 파괴나 금융시장의 혼란이 유럽대륙의 다른 경쟁국들만큼 심각하지 않았다. 영국이 금본위제를 복구하는 데는 큰 문제가 없을 것처럼 보였다. 전쟁 승리가 확실해진 1918년 1월에는 금본위제 복구를 위해 '컨리프 위원회Cunliffe Committee on Currency and Foreign Exchange After the War'가 설치됐다.[104] 이 위원회는 전쟁 전의 평가에 바탕을 둔 금본위제의 복구를 당면 목표로 확정하였다. 위원 중 누구도 이의를 제기하지 않은 만장일치였다. 물론 케인즈는 1925년 발간한 『처칠의 경제적 귀결』에서 금본위제 복귀를 강력히 규탄했지만, 이것은 금본위제의 경제적 폐해가 드러난 뒤의 일이다.

"전쟁 직후의 영국 금융업은 비교적 건전했고 은행시스템의

---

104 영란은행의 직전 총재였던 컨리프 경이 위원장이었기 때문에 이런 이름이 붙여졌다.

안정성 역시 최고 수준이었다. (중앙은행인) 영란은행The Bank of England은 그 존재만으로도 금융위기의 가능성을 배제할 수 있을 만큼 그 지위가 확고했다. 만약 금융위기가 발생하여 은행들이 지불불능 사태에 빠지더라도 영란은행은 최종대부자로서 그 은행들에 필요한 자금을 공급할 수 있으리라는 믿음을 주었다. 실제로 1890년대 이후 영국에서는 금융시스템 마비와 같은 심각한 금융위기는 일어나지 않았다."[105] 상업은행들 역시 불황기에도 수익성이 심각하게 악화되지 않았으며, 자기자본 비율이나 현금 보유도 비교적 양호했다. 금본위제 복구를 가로막을 제약은 아무것도 없는 것처럼 보였다.

불행하게도 이런 인식은 영국의 경제상황은 물론이고 강력한 경쟁자로 부상하던 미국을 외면하는 치명적인 실수를 낳았다. 우선, 영국은 1차 세계대전 중에 미국의 도움을 받아 영국 국채를 팔아서 미국 국채를 사들임으로써 외환보유고를 확충하고 파운드의 가치를 안정시켰는데, 재정적자와 물가 불안은 파운드 가치에 대한 불안감을 점점 키웠다. 종전 직후 미국이 이 신용 제공을 중단하자 파운드 가치는 폭락했다. 1년이 채 못 돼 파운드는 30% 넘게 평가절하되었다.[106] 이런 상황에서 금본위제로 돌아갈 것을 결정했다.

---

105 『대공황 전후 세계경제』 75쪽, C. 페인스타인 & P. 테민 & G. 토니올로, 동서문화사, 2008년
106 『달러제국의 몰락』 61쪽, 배리 아이켄그린, 북하이브, 2011년

1920년 초에 영란은행이 재무장관에게 보낸 메모는 당시 분위기를 다음과 같이 대변했다. "우리 앞에 놓인 가장 우선적이고 시급한 과제는 통화가치의 하락을 제거함으로써 금본위제로 돌아가는 것이다. 이 목표는 통화가치 하락이 유발된 과정 즉, 현금과 신용의 인위적인 창조를 역전시킴으로써만 달성할 수 있다. 그리고 이를 위한 적절한 수단은 이자율(인상)이다. 신용팽창이 중지되면 곧 뒤따를 것으로 예상되는 물가하락의 과정은 사회의 몇몇 계층에게는 분명히 고통스럽겠지만, 그것은 불가피하다."[107] 이 메모가 미리 내다본 것처럼 금본위제 복구는 가혹한 대가를 지불하게 했다. 사회의 몇몇 계층이 아니라 영국인 거의 모두가 혹독한 경제적 고통을 겪었다.

금본위제 복구를 위해서는 영국 파운드의 과대평가를 감수해야 하고, 이것은 수출산업을 위축시킬 것이었다. 파운드의 평가절상에 따른 국제경쟁력의 약화를 만회하기 위해서는 강력한 디플레이션 정책을 펼쳐 물가를 하락시켜야 하며, 그 결과로 국내경기는 하강하고 실업률은 상승할 것이었다. 임금도 하락할 것이고 전반적인 생활수준도 떨어질 것이었다. 하지만 이런 정도의 피해는 금본위제 복구를 위한 불가피한 비용으로 받아들여졌다. 금본위제 복구가 불러올 효과 즉, 파운드가 기축통화로서의 지위

107 『대공황 전후의 세계경제』 80쪽, C. 페인스타인 & P. 테민 & G. 토니올로, 동서문화사, 2008년

를 회복했을 때 나타날 경제적 효과에 대한 기대는 이런 희생을 불가피한 것으로 여기게 했다. 인간의 고정관념이 얼마나 위험하고 무서운가는 곧 드러났다.

금본위제를 복구하기 전, 영국 정부는 1920년에 금과 은의 유출을 통제하기 위해 금은법Gold and Silver Act을 제정했다. 파운드의 평가절상을 단행하면 영국이 보유한 금과 은이 국외로 유출될 우려가 컸기 때문이었다. 오히려 프랑스가 전쟁배상금을 지불하지 않는다며 루르 지방을 점령하고 독일에서 심각한 초인플레이션이 발생하자 유럽 대륙의 금이 영국으로 유입됐다. 1920년 말에 3.4달러였던 파운드의 가치는 1923년 봄에는 4.7달러로 상승했다. 파운드의 가치가 1차 세계대전 종전 후 불과 2년여 만에 이처럼 43%나 상승했으니 영국 수출은 심각한 타격을 받을 수밖에 없었다.

영국 정부는 금은의 유출을 통제한 뒤 파운드의 가치를 상승시키기 위해 강력한 디플레이션 정책을 실시했다. 물가는 1921년에 26%나 하락했다. 주당 평균 임금은 1921년부터 1922년 사이에 38% 하락했고 생계비는 50% 하락했다. 이렇게 디플레이션이 발생하자 국내경기는 빠르게 하강했으며, 실업률은 15%로 급상승했다. 당연히 반작용이 일어났다. 취업난을 극복하겠다는 공약을 내세운 노동당이 집권에 성공했다. 그러자 1923년 후반부터 영국의 자본이 해외로 유출되면서 파운드의 가치는 4.3달러로

떨어졌다.[108]

파운드 가치가 계속 하락하자 자본의 국외유출이 점점 심해졌고, 금융시장에서는 신용경색 현상이 벌어졌다. 이에 따라 국내경기가 심각하게 악화되었고 여론은 반대로 바뀌었다. 노동당 정부는 1924년 2월에 컨리프 위원회가 제안한 파운드의 평가절상을 받아들일 수밖에 없었다. 그러자 자본의 국외유출이 중단되고 파운드 가치도 안정을 되찾았다. 때를 맞춰 세계경제가 차츰 회복됨으로써 영국 국내경기를 상승시키는 데 힘을 실었고 실업률은 감소하기 시작했다. 드디어 금본위제 복귀를 위한 여건이 조성된 것처럼 보였다. 영란은행은 전문가위원회의 설치를 노동당 정부에 요청했다.

전문가위원회는 1924년 여름에 청문회를 개최했다. "케인스와 멕케나를 제외한 모든 증인이 파운드를 전쟁 전의 평가로 복귀시킬 수 있다는 데 낙관적이었다. 구매력 평가의 추정치는 영국의 물가가 약 10% 정도 높은 것으로 나타났으나, 영란은행의 몬태규 노먼 총재를 제외하고는 케인스를 비롯한 다른 전문가들은 미국의 물가가 상승하고 그 사이에 영국의 물가 수준이 일정하게 지켜지면 이러한 격차는 해소될 것이라 믿었다. 대다수 관측통들은 미국의 물가가 상승하지 않더라도 영국의 물가를 10% 더

108 『대공황의 세계』 58~59쪽, C. P. 킨들버거, 부키, 1998년

인하하는 것이 불가능한 일은 아니라고 생각하였다."[109] 그러나 이들은 물가의 하락이 얼마나 파괴적인 악순환을 일으킬지 미처 몰랐다. 물가 하락은 그들의 생각과는 다르게 다음과 같은 아주 심각한 문제를 일으켰다.

생산에는 일정한 시간이 필요하다. 생산을 위해서는 생산시설을 미리 건설해야 하고, 고용도 미리 해야 하며, 원자재 역시 미리 사야 한다. 생산시설과 고용과 원자재 등에 미리 비싼 값을 지불했는데, 판매 가격이 지속적으로 하락하면 기업의 이익은 줄고 결국은 손해를 입는다. 기업의 이익이 줄거나 손해가 늘어나면 생산과 투자와 고용은 위축된다. 이런 경기 위축은 수요를 축소시킴으로써 가격하락 압력을 더욱 키운다. 그리고 가격하락 압력은 위의 과정을 반복하면서 경기를 더 위축시킨다. 가격하락 압력과 경기위축이 상호작용을 하며 악순환을 일으키는 셈이다. 영국경제는 이런 디플레이션의 악순환에 빠져들고 말았다.

역사상 처음 집권했던 노동당 정부는 불과 9개월 만에 무너졌다. 보수당 정권이 다시 들어섰다. 금본위제 복구를 강력히 주장하던 윈스턴 처칠이 재무장관에 부임했다. 파운드 가치가 상승할 것이라는 기대가 일어났고, 실제로 파운드 가치는 상승을 시작했다. 여기에 투기바람이 가세하며 파운드는 4.795달러까지 뛰

---

109 위의 책 59쪽

어올랐다. 파운드 가치가 이렇게 상승하자 마침내 1924년 3월 2일 금본위제 복구가 최종적으로 결정되었고 4월 28일 발표되었다. 금본위제 법Gold Standard Act은 이듬해 5월 14일 입법됐으나 실제로는 발표 당일부터 시행되었다.[110] 그 결과는 너무 부정적으로 나타났다. 전쟁 전의 평가를 회복하기 위해서는 물가와 임금을 더 하락시켜야 했고, 이를 위해서는 고금리 정책을 비롯한 긴축정책을 더 강력히 펼쳐야 했다. 그 대가는 디플레이션이라는 혹독한 경제적 시련이었다.

"영국의 공업생산 증가는 1920년대 내내 고통스러울 정도로 더디었다. 실업률은 높은 수준이었으며, 1920년대 중반 이후에도 두 자릿수 아래로 떨어진 적이 없었다. 주요 산업의 심각한 불황은 경제성장을 끌어내렸다. 네 개의 주요 산업 즉, 석탄·철강·조선·섬유 산업 등은 국제경쟁이 어려웠다. 이 산업들이 4.86달러라는 전전戰前 평가로의 금본위제 복귀 때문에 어려움을 겪었다는 사실은 의심할 나위가 없다. 그것은 달러에 대해 10% 정도 과대평가된 수준이었다는 것이 일반적인 인식이었다. 파운드는 많은 유럽 통화들 특히 프랑스의 프랑, 벨기에의 프랑, 독일의 마르크, 이탈리아의 리라 등에 대해서는 훨씬 과대평가되었다."[111]

영국 수출은 크게 위축됐다. 1920년 수출액은 1913년에 비

110 위의 책 61쪽

111 위의 책 101쪽

해 30% 정도 감소했다. 1차 세계대전과 2차 세계대전 사이에 최고 수준을 기록했던 1929년조차도 영국 수출액은 1차 세계대전 전에 비해 20% 낮은 수준이었다.[112] 수출 부진이 불러온 경제적 타격은 심각했다. 영국 산업은 유럽의 다른 나라보다 수출 비중이 높았기 때문에 그 타격은 더욱 컸다. 제조업 전체로는 45%를 수출에 의존했다. 그중에서 면직물은 75%를, 방모사와 소모사와 조선과 기계류는 50%를, 철강은 약 1/3을 해외시장에 의존했다.[113] 해외의존도가 이렇게 높았으므로 영국 경제는 다른 나라의 경제적 변화에 민감했고 취약했다. 캐나다, 호주, 인도, 유럽 등 영국의 전통적인 해외시장에서는 이미 전쟁 중에 수입대체가 진전을 이뤘고, 전쟁이 끝난 뒤에는 각국이 국내산업 보호를 위해 높은 관세를 부과했다. 미국과 일본을 비롯한 다른 나라들과의 경쟁도 점점 치열해졌다. 영국 경제는 이래저래 점점 악화되기만 했다.

세계경제는 1920년대 초부터 회복되기 시작해 1920년대 후반에는 호경기를 맞았으나, 영국경제는 이런 세계적인 호황을 함께 누리지 못하고 1920년대 내내 부진에서 벗어나지 못했다. 파업사태까지 가세했다. 특히 석탄산업의 파업이 격렬했다. 물가를 하락시키기 위해 임금을 억제한 것이 파업사태를 불렀다. 1920년

---

112 『대공황 전후의 세계경제』 101쪽, C. 페인스타인 & P. 테민 & G. 토니올로, 동서문화사, 2008년
113 위의 책 101~102쪽

대 말에 석탄산업은 물론이고 철강, 조선, 섬유, 주택건설 등의 산업이 심각한 불황에 빠져들었고 실업률은 높아지기만 했다. 영국 경제에서 1920년대는 '잃어버린 10년'이었다. 이런 현실에 대해 케인즈는 1928년에 "금융적으로 보수적이며 신뢰할 만했던 영국에 비해 건전 금융원칙을 위반하여 디플레이션의 희생을 피하고 있었던 프랑스의 대조적인 운명에 대해 논평했다. 즉, 전쟁 전의 평가를 포기하고 환율 상승을 용인했음에도 불구하고 프랑스은행이 영란은행보다 훨씬 강한 것으로 드러났다는 것이다. 그는 건전해서 좋을 것이 하나도 없다고 단호하게 결론지었다."[114]

영국 경제의 가장 심각한 문제는 프랑스 프랑이 지나치게 과소평가된 데 있었다. 프랑스는 전쟁 전 가치의 1/5 수준에서 프랑을 안정시키기로 한 반면에, 영국은 파운드의 가치를 30% 이상 절상시켜 전쟁 전의 평가로 회복시킨 것이 가장 큰 문제를 야기했다. 프랑스의 정치적 혼란이 가중되면서 프랑의 가치가 그 뒤로도 계속 하락하자 문제는 한결 심각해졌다. 프랑스는 지리적으로 가깝고 산업적으로도 경쟁관계에 있었으므로 영국의 수출은 큰 타격을 입었다. 영국의 국제경쟁력은 프랑스에 비해 약화되었고, 양국 사이의 국제수지는 심각한 불균형을 일으켰다. 금과 은이 프랑스로 모여들었으며 영국의 준비금은 마냥 감소했다. 그

114 위의 책 81쪽

럼에도 영국은 금융 중심지로서의 위상을 되찾으려고만 했다. 금융 중심지의 위상을 되찾아 세계 경제패권을 유지하려 했으나, 이 의도는 뜻대로 이뤄지지 못했다. 경상수지가 지속적으로 적자를 기록했으므로 해외 자본이 계속 유입되어야 그것이 가능했는데, 이것은 지속가능한 일이 아니었다.

해외 자본의 유입은 영국 금융업에 재원을 공급하는 역할을 했지만, 동시에 영국 금융업에 대한 신뢰도를 떨어뜨리는 역할을 했다. 영국에 유입된 자본의 대부분은 단기자본이었다. 영국 파운드는 그 신뢰도에 작은 상처만 생겨도 심각한 타격을 입을 수밖에 없었다. 특히 호주를 비롯한 1차산품 생산국들은 세계적인 경기하강에 따른 가격하락 때문에 경상수지 적자가 점점 커져갔으며, 이것이 영국 금융업에 치명적인 타격을 가했다. 그 나라들은 경상수지 적자를 영국에 예치한 자금을 인출하여 보전했다. 영국의 금을 비롯한 외환보유고는 빠르게 감소했다. 1930년 중반에 영국의 금을 포함한 외환 준비금은 약 1억7천5백만 파운드였고 기타 유동자산은 약 5천만 파운드였던 반면에, 단기부채는 약 7억5천만 파운드에 달했다. 파운드에 대한 신뢰도가 높게 유지되는 경우에만 영국 금융시스템은 유지될 수 있었다. 그러나 외환보유고가 점점 줄어들자 그 신뢰도는 떨어졌고, 다른 나라들은 영국에 예치했던 금을 비롯한 외환을 빠른 속도로 인출했다. 1931년 8월까지 영국은 금본위제를 유지하기 위해 프랑스와 미국에서 준비금을 차입했으나 역부족이었다. 금 등의 외환보유고가 나날이 감소하자 영국 정부도 더이상 금본위제를 유지할 수 없다는 사실을 비로소 깨달았다.[115] 이때는 금보유고가 고갈 직전에 이른 뒤였다. 결국 금본위제를 포기하지 않을 수 없었다.

하지만 금본위제의 폐기는 영국 경제를 살려냈다. 과연 어떻게 살려냈을까? 우선, 금본위제를 포기하자마자 파운드의 가치가 크게 떨어짐으로써 수출산업의 국제경쟁력이 살아나기 시작했다. 바로 뒤에 살펴볼 것처럼 1932년부터 통화정책을 완화했던 것도 경기상승에 힘을 보탰다. 그 결과로 영국은 대공황의 심각한 타격을 받았던 다른 나라들과는 다르게 경기가 하강하지 않았다. 당시 영국의 경기회복이 미미했음에도 높은 평가를 받는 이유는 미국을 비롯한 다른 나라들이 대부분 공황의 늪에 점점 깊이 빠져들었던 데 있다.

주요 국가들 중에서 공업생산이 1929년 수준을 최초로 넘어선 것은 영국이었다. 공업 생산지수는 1929년 4/4분기의 114(1924년 기준)에서 1934년 4/4분기에 116으로 상승했다.[116] 부분적으로는 1920년대 내내 경기 확장이 미약한 것을 반영했지만, 금본위제 포기와 그에 따른 평가절하에 더 큰 영향을 받았다. 특히 금본위제를 포기함으로써 금리를 본격적으로 인하할 수 있었으며 이것

115 『대공황의 세계』 59쪽, C. P. 킨들버거, 부키, 1998년
116 위의 책 59쪽

이 경기를 상승시키는 데에 결정적인 역할을 했다. 영국의 금리는 2%까지 떨어졌고, 이런 낮은 금리는 1930년대 후반까지 지속되었다.

위와 같은 사실만 보더라도 영국이 세계 금융패권을 탈환하려 했던 정책 즉, 파운드 가치를 절상시켜 금본위제를 회복하려 했던 정책이 얼마나 심각한 후유증과 부작용을 빚었는지 쉽게 알 수 있다. 한마디로, 1차 세계대전 직후에 펼쳐졌던 영국의 환율정책은 처참하게 실패했다. 이 실패가 영국경제로 하여금 1920년대 내내 심각한 경제난을 겪게 했으며, 결국 금본위제를 포기할 수밖에 없게 했다. 그 덕분에 세계대공황이 발발했던 때는 영국경제가 다른 나라보다 상대적으로 호조를 보였다.

반면에, 환율정책의 실패로 영국이 심각한 경제난을 겪고 있던 1920년대 중후반에 프랑스의 환율정책은 운 좋게 큰 성공을 거둠으로써 국내경기를 빠르게 회복시킬 수 있었다. 그렇지만 경제가 호조를 지속하자 프랑스는 경제패권을 노리고 영국의 뒤를 따라 금본위제를 유지하는 데 집착했다. 결국 프랑스의 국내경기는 영국이 그랬던 것처럼 급락했다. 지금부터는 어찌하여 그런 일이 벌어졌는지 당시 프랑스의 환율정책을 중심으로 살펴보자.

나. 프랑스 환율정책의 성공과 실패 그리고 금본위제

1차 세계대전 직후 프랑스는 승전국으로서 패전국인 독일로부터 전쟁배상금을 받을 권리를 확보하고 있었다. 1815년에 나폴레옹이 워털루 전쟁에서 영국 등 연합국에 패배한 뒤 그리고 1871년에 프러시아와의 전쟁에서 패배한 뒤에 거액의 전쟁배상금을 지불한 바 있으므로 프랑스가 독일로부터 전쟁배상금을 받는 것은 의심할 여지가 없었다. 그래서 중앙정부는 물론이고 지방정부까지 재정지출을 확대해 1차 세계대전으로 피해를 입은 각종 기간시설과 산업시설의 복구에 나섰다. 재정지출 확대에 따른 재정적자는 독일로부터 전쟁배상금이 들어오면 갚을 심산이었다. 재정지출의 이런 확대는 프랑스의 평균생산성과 한계생산성을 떨어뜨림으로써 경기를 급격히 하강시켰다. 재정지출은 생산성과 수익성이 낮아서 민간분야가 외면하는 분야에 주로 이뤄지기 때문이다.

그뿐만 아니라, 독일경제가 사상 유례가 없는 천문학적인 인플레이션을 겪으며 심각한 경제난에 처함에 따라 전쟁배상금의 지불이 점점 더 어려워졌다. 승전국들은 전쟁배상금을 계속 줄여주지 않을 수 없었다(1932년 로잔 회의에서는 나머지 배상금을 면제해줬다). 프랑스는 당연히 심각한 재정적자에 점차 시달리게 됐으며 국내외의 신뢰도는 점점 떨어졌다. 여기에다 프랑스는 70억 달러에 달하는 전쟁채무를 미국과 영국 등에 지고 있었으므로 이것을 상환해야 하는 처지였다. 이 전쟁채무의 대부분은 단기 형태여서 채권자가 언제든지 현금화할 수 있었다. 그래서 프랑의 가치가 빠르게 떨어지기 시작했고, 외국 자본은 물론이고 국내 자본까지 환차손을 피해 외국으로 대거 빠져나갔다. 프랑스는 신용경색에 빠져들었으며 경제난은 점점 심각해졌다.

경제난이 가중됨에 따라 정권에 대한 국민의 신뢰가 땅에 떨어졌다. 1924년 9월부터 1926년 7월 사이에 정권이 아홉 차례 바뀌었고 재무장관은 열 번이나 갈렸다. 하원으로부터 예산안을 승인받지 못하고 프랑스은행Banque de France이 융자를 거절하면, 재무장관은 실각하고 내각도 대개 무너졌다.[117] 이런 정정불안은 프랑에 대한 신뢰를 더 떨어뜨렸다. 1925년 초에 파운드 당 90프랑이던 환율이 1926년 4월 중순에는 145프랑까지 상승했고, 5월 중순에는 다시 175프랑으로 올랐다. 1년여 사이에 프랑의 가치가 절반 가깝게 떨어진 셈이었다. 환율이 이처럼 폭등하고 경제가 불안해지자 브리앙 내각은 물러났고 그 뒤에 등장한 에리오 내각도 나흘 만에 무너졌다. 브리앙 내각이 무너진 1926년 7월 17일에는 환율이 220프랑으로 치솟았으며, 에리오 내각이 무너진 7월 21일에는 243프랑으로 더 올랐다.[118] 불과 1년 반 만에 90프랑이던 환율이 2.7배나 상승한 셈이었다. 이에 따라 물가가 앙등하는 등 경제는 더 불안해졌고 정권이 또 바뀌었다.

에리오 내각의 뒤를 이어 푸앵카레 내각이 들어섰다. 재무장

---

117 위의 책 64쪽

118 위의 책 65쪽

관을 겸임한 푸앵카레는 첫 업무로 감세조치를 단행했다. 경제전문가들이 권고했던 세금 증액을 정면으로 배척한 것이었으나, 이 조치가 오히려 자산계급의 신뢰를 가져다주었다. 환율이 지나치게 상승하여 장차 떨어질 게 빤히 내다보였던 것이 외국으로 탈출했던 프랑스 자본을 되돌아오게 만든 결정적인 원인이었지만, 감세조치가 그 계기를 만든 것도 사실이었다. 그러자 환율은 떨어지기 시작하여 7월 26일에는 190프랑을 기록했다. 프랑의 가치가 이처럼 상승함에 따라 외국으로 떠났던 자본이 더 많이 돌아왔다. 이것이 선순환을 일으켜 프랑의 가치를 더 상승시켰다. 10월 말에는 이미 160~170프랑으로 떨어졌던 환율이 다시 추가로 하락하기 시작했다.[119]

환율이 이렇게 계속 떨어지자 프랑스 국내산업은 가격경쟁력 약화에 직면한 것처럼 보였다. 산업계 특히 신흥 산업이던 자동차 업계는 환율 하락을 막기 위해 치열한 로비를 벌였다. 노동계 역시 강력히 항의했다. 경제전문가들도 프랑의 가치가 너무 상승하면 영국처럼 디플레이션을 유발하고 국내 산업이 전반적으로 괴멸 지경에 처할 것이라 경고했다. 결국 푸앵카레 내각은 120프랑에서 환율을 안정시키기로 결정했다. 하지만 이 수준도 여전히 높았다. 1년여 전에는 환율이 90프랑이었으므로 25% 이상 상승

119 위의 책 65쪽

함 셈이었다. 더욱이 전쟁 전에 비해서는 환율이 약 다섯 배나 올랐다. 이렇게 과소평가된 프랑의 가치는 프랑스의 수출품은 물론이고 수입품과 경쟁하는 내수품의 생산에 보조금을 지급한 꼴이었다. 경상수지는 지속적으로 대규모 흑자를 기록했으며, 환율 하락에 대한 기대가 점점 커졌다. 환차익이 예상되자 해외로 유출됐던 프랑스 자본은 물론이고 외국계 자본까지 프랑스로 이동했다. 프랑스 자본은 1925년부터 1926년 초까지 거의 대부분 돌아왔다. 프랑의 가치는 더욱 상승했다.

프랑스은행은 환율 하락을 억제하기 위해 외환을 매입했다. 1926년 11월부터 서서히 매입을 시작하여 1927년 초까지 그 규모를 계속 키웠다. 그럼에도 불구하고 환율 하락의 압력은 점점 커졌다. 버티기가 어려워지자 프랑스은행은 1927년 4월 말에 영란은행의 차관을 상환했다. 영란은행은 프랑의 가치가 계속 오를 것으로 확신하고 프랑의 보유를 늘렸다. 다른 외국 자본도 외환투기를 시작했다. 자본수지 흑자는 더욱 커졌다. 프랑스은행의 외환보유고는 1926년 11월의 530만 파운드에서 1927년 2월 말에는 2천만 파운드로 증가했고, 5월 말에는 더욱 커져 1억6천만 파운드에 달했다.[120] 외환보유고가 불과 6개월 사이에 30배나 증가한 셈이었다.

---

120 위의 책 83~84쪽

프랑의 가치가 상승한 반면에 파운드의 가치가 하락하자 프랑스은행의 외환보유고는 환차손을 입었다. 프랑스은행은 보유 중이던 파운드를 금으로 교환하기 시작했다. 프랑스은행과 영란은행은 이 문제로 심각하게 대립했다. 영란은행은 외환 투기를 억제하기 위해 프랑의 가치안정을 선언하라고 요구했고, 프랑스은행은 영국이 자본유출을 막기 위해 금리를 인상해야 한다고 주장했다. 프랑스는 외국으로부터의 자본유입이 국내경기 활성화에 도움을 준다고 판단하여 프랑의 가치가 더 상승하기를 바랐다. 반면에 영국은 경기하강을 염려하여 금리를 인상하기가 어려웠다. 그렇지 않아도 영국은 금본위제 유지를 위해 긴축정책을 실시함으로써 경제난이 아주 심각했다.

영국 경제의 어려운 처지와는 다르게, 프랑스는 프랑의 상대적 저평가로 수출이 촉진됐고 이에 따라 무역수지는 대규모 흑자를 기록했으며, 외환보유고는 점점 많이 쌓여갔다. 프랑스 국내경기는 다른 나라에 비해 훨씬 호조를 보였고 재정수지까지 흑자를 기록했다. 이런 경제력을 바탕으로 프랑스는 전 세계를 강타한 대공황을 비교적 잘 버텨냈다. 세계대공황이 터졌던 1920년대 말의 프랑스 경제는 세계대전 직전인 1913년이나 직후인 1924년과 비교해도 더 나았을 뿐 아니라 지속적이기도 했다. 프랑스 공업생산은 미국에서 경기후퇴가 시작된 1929년이 아니라 대공황이 본격적으로 진행한 1930년 상반기에 정점에 도달하였으며,

1931년까지는 감퇴하지 않았다. 1929년에 도달했던 기록은 2차 세계대전 이후에도 오랫동안 깨지지 않았다. 생산지수는 1927년의 110에서 1929년에 139.5로 상승하였다.[121]

프랑의 가치가 안정되면서 경기호조가 지속되자 정부 재정은 거액의 흑자를 시현했고, 프랑스은행에 대한 정부채무가 모두 변제되었다. 주식 가격도 두 배로 등귀하였다. 재무장관 앙리 세롱은 "1926년 7월에 100만 프랑이었던 재정 잉여금이 그로부터 3년이 지난 1929년에는 170억 프랑이나 국고에 쌓여 있다."고 발표했다.[122] 프랑스 경제의 이런 호조가 나중에 비극의 씨앗이 될 줄은 아무도 몰랐다. 지금부터는 그 사연을 살펴보자.

프랑스의 외환보유고가 급증하자 통화팽창과 물가 불안에 대한 우려가 대두했다. 그래서 외환보유고를 런던 금융시장에 예치했고, 이것으로도 부족하여 파운드 선물을 대규모로 매입했다. 프랑스은행이 보유했던 현물 및 선물의 외환보유고 총액은 1928년 5월에 14억5천만 달러를 기록했다. 프랑스은행은 채권을 보유한 나라들에 대해 막강한 영향력을 지니게 되었다. 당시 프랑스은행과 영란은행은 유럽의 약소 통화의 안정화 정책에 누가 주도권을 행사해야 하는가 라는 별로 중요치 않은 문제를 둘러싸

121 위의 책 80쪽
122 위의 책 80쪽

고 서로 싸웠다.[123] 정치적 패권을 둘러싼 이런 인식이 결국은 프랑스에 심각한 경제난을 초래했고, 나중에는 독일에 점령당하는 비극을 불렀다.

외화 자금의 해외 예치는 국내 소득의 해외이전을 의미했으며, 이것은 국내수요의 부진을 초래했다. 수출이 호조를 지속하는 가운데에서도 국내경기는 부진해질 수밖에 없었다. 그뿐만 아니라 프랑의 저평가는 언제까지나 지속될 수 없었다. 수출이 계속 호조를 보이고 외환보유고가 점점 많이 쌓이자 프랑의 가치는 당연히 줄기차게 상승했다. 1931년 하반기를 넘어선 뒤에는 프랑이 파운드에 대해 과대평가되기 시작했다. 프랑스 경제학자 소비는 프랑스와 영국의 소매가격을 비교하여 프랑의 과대평가를 다음과 같이 설명했다. 즉, 1931년 연초에는 프랑스의 소매가격이 영국보다 14% 낮았는데, 그 후 차츰 상승하여 9월부터는 두 나라의 소매가격 수준이 거의 비슷해졌고, 연말에는 프랑스 소매가격이 18%나 더 비싸졌다는 것이다.[124]

프랑의 이런 과대평가는 1934년 2월에 26%로 정점에 달했다. 프랑스 수출에 대한 압력은 심각했다. 월평균 수출액은 1930년의 36억 프랑에서 1932년에는 15억 프랑으로 그리고 1935년에는

123 위의 책 87쪽
124 위의 책 313쪽의 표에서 통계 인용

13억 프랑으로 감소했다.[125] 대공황에 따른 세계무역의 부진이 여기에 중요한 원인을 제공했지만, 프랑의 과대평가는 훨씬 더 중요한 역할을 했다. 수출이 이렇게 부진해지자 국내경기는 더욱 부진해졌고 수입도 급감했다. 월평균 수입은 1930년 44억 프랑에서 1932년 25억 프랑, 1935년에는 17억 프랑으로 감소했다. 특히 1932년부터 1935년에 걸친 감소는 세계무역이 증가로 돌아섰음에도 불구하고 일어난 일이었다. 섬유와 의류와 피혁제품의 수출은 철강과 자동차보다 훨씬 큰 타격을 받았다. 소비재는 세계적인 관세 인상과 쿼터 규제로 인해 심각한 타격을 받았기 때문이었지만, 그보다는 환율 하락에 따른 가격상의 불리함이 더 컸다.[126]

프랑의 과대평가는 그만큼 심각했다. 1931년 중반에는 프랑의 가치가 파운드에 대해 한꺼번에 40% 가까이 상승하기도 했다. 그 뒤로도 프랑의 가치는 상승 행진을 1936년 말까지 5년 이상 지속했다. 이에 따라 국제수지가 악화됐으며, 외환보유고도 점점 줄었다. 프랑의 가치를 정상화시키고 외환보유고의 고갈을 막기 위해서는 금본위제를 포기하는 것이 순리였지만, 프랑스는 영국의 실패를 뒤따랐다. 국내 물가를 떨어뜨려 국제수지 호전을 도모하려 했고, 이런 디플레이션 정책이 경제난을 더욱 심각해지

125 위의 책 313쪽
126 위의 책 314쪽

게 하였다.

도매물가는 매년 하락하여 1931년의 462에서 1935년에는 347로 하락했다.[127] 디플레이션이 이처럼 진행하자 경기가 부진해지고 재정수지까지 악화됐다. 역대 정권은 재정지출의 삭감, 특히 연금 생활자와 퇴역 군인에 대한 지출과 공무원 급여를 축소함으로써 재정균형을 이루려 했다. 이런 노력은 강력한 반대에 봉착했다.[128] 연금 생활자와 퇴역 군인과 공무원은 물론이고 노동자까지 반발하고 나섰으며, 사회적 결속력이 약화됐다. 이것이 빈번한 정권교체를 초래했다. 1932년부터 1934년까지 사이에 11차례나 정권이 교체되었다. 이런 정치적 불안은 경제를 더욱 불안정하게 했고, 국내자본이 해외로 탈출하면서 경제난은 더더욱 심각해졌다.

노동자들은 디플레이션 정책에 항의하여 대대적인 시위를 벌였다. 1935년에는 사회주의자와 공산주의자가 손을 잡고 인민전선Popular Front을 결성했다. 일반 노동조합은 공산당 계열의 노동조직과 합병했다. 조선소와 항만과 트럭 공장 등 여러 곳에서 파업이 일어났으며, 파리에서는 금속산업을 중심으로 총파업이 벌어졌다. 노동자들은 점거농성에 돌입했다. 사회불안이 극심해지자 1월에 집권했던 사로 정권은 무너졌다. 정국 불안이 이처럼 심각

127 위의 책 314쪽
128 위의 책 314쪽

해지는 와중에 히틀러의 독일군은 라인란트에 진주해 요새를 구축했다.

1936년 총선에서 승리하여 정권을 접수한 인민전선은 당면한 경제난을 해결하기 위한 정책을 충분히 갖추지 못했다. 기껏해야 디플레이션의 포기, 독점의 강력한 관리, 농산물 투기의 억제, 부정부패 척결, 탈세 방지 등의 정책과 함께 의무교육 기간 연장, 연금 생활자 및 퇴역 군인의 권리 존중, 사회보장의 유지, 주 40시간제 도입 등을 내세웠을 뿐이었다. 경제난 악화의 결정적 원인이었던 프랑의 과대평가와 그에 따른 국제수지 악화에 대해서는 실천적인 대책을 아무것도 마련하지 않았다. 물론 디플레이션의 포기를 내세운 것은 사실이지만, 이것만으로는 심각해진 경제난을 해소하기에 불충분했다. 오히려 노동자들의 점거 농성이 일어나자 국내자본의 해외 탈출이 이어졌다. 국내자본의 해외 유출이 지속되면 경제가 더 악화될 것이 뻔했지만, 이런 심각한 문제에 대해서조차 정책적 관심은 충분히 기울여지지 않았다.

인민전선이 최초로 취한 조치는 임금 인상과 3주간의 유급휴가와 주당 40시간 노동을 규정한 마티뇽 협정Accord de Matignon을 내세워 고용주에게 서명토록 강요하는 일이었다. 마티뇽 협정은 고용주에게 굴욕이었으며, 모든 사람에게는 재난이었다. 임금은 최하층 노동자가 15%, 최상층 노동자는 7% 인상되는 등 대부분의 공장에서 평균 12% 인상됐다. 유급 휴가제와 주40시간 근무

제 역시 비용을 상승시켰다. 도매물가지수는 1936년 5월의 375에서 9월에는 410으로 상승하고(1913년=100), 소매물가지수는 76.4에서 80.5로 상승했다(1930년=100). 불과 4개월 사이에 소매물가는 5% 그리고 도매물가는 10% 상승한 셈이었다. 그 결과로 수출은 파업이 끝났어도 회복되지 않았다. 주가는 하락하고 자본 유출은 심화됐다. 결국 평가절하를 단행할 수밖에 없었다.[129] 이에 따른 물가 불안은 그렇지 않아도 프랑의 과대평가로 취약해진 프랑스의 국제경쟁력을 더 약화시켰다. 국제경쟁력 약화로 인한 프랑의 평가절하는 다시 물가를 불안하게 하는 악순환을 일으켰다.

세계경제는 1932년부터 회복을 시작했고 그 회복세는 미약하지만 1937년 초반까지 유지됐다. 반면에 프랑스의 경제난은 날이 갈수록 심각해졌다. 제조업 생산의 증가율은 주요 공업국 중에서 가장 낮았다. 1932년부터 1938년까지 6년 사이에 독일과 미국의 공업생산은 거의 두 배 증가했고, 일본 역시 1.8배가 증가했다. 경제회복이 상대적으로 느렸던 영국과 이탈리아조차 약 1.6배 증가했다. 그러나 프랑스는 겨우 1.2배가 증가했을 뿐이었다.

주요 공업국의 1932년~1937년 제조업생산 증가배수

구분	프랑스	독일	영국	미국	이탈리아	일본
증가배수	1.17	1.97	1.55	1.98	1.58	1.78

자료: 강대국의 흥망 411쪽 표에서 재작성, 폴 케네디, 한국경제신문사

129 위의 책 320쪽

프랑스처럼 금본위제에 집착했던 네덜란드와 스위스는 벨기에가 먼저 그런 것처럼 평가절하를 통해 과대평가를 시정함으로써 세계경제의 추세에 동참하여 급속히 회복되었다. 네덜란드에서는 무역이 활기차게 살아나, 수출이 1936년의 첫 9개월 동안 월간 4천5백만 길더에서 1937년 6월에는 9천만 길더로 급증했다. 스위스의 경제회복도 대폭적이어서, 수출이 6천8백만 프랑에서 1937년 9월에는 1억2천3백만 프랑으로 증가했다.[130] 그 이전에 벨기에에서는 1935년 집권한 반 젤란트 정권이 경제회복을 위해 3월 의회에서 비상대권을 받아내고, 4월 2일에는 28%의 평가절하를 단행했다. 환율은 3월의 54.5에서 68로, 1년 후에는 75로 올랐다. 생산과 수출이 증가하고 벨기에 국립은행의 금 보유고도 회복되었다. 반면에 프랑스는 움직이지 않았다.[131] 이런 사실만 보더라도 금본위제 지탱을 위한 프랑의 가치 유지 그리고 이를 위한 디플레이션 정책이 얼마나 처참한 실패를 불렀는지 쉽게 알 수 있다.

프랑스 경제가 심각한 지경에서 벗어나지 못하고 정권교체마저 빈번했던 1938년에 히틀러는 독일과 오스트리아의 합병을 선언하고 군대를 오스트리아에 진주시켰다. 프랑스의 블룸 내각은 긴급명령에 의한 통치를 요구했고, 의회가 받아들이지 않자 무너

---

130 위의 책 320~321쪽

131 위의 책 318쪽

졌다. 그 뒤를 이은 쇼탕 내각도 비상대권을 요구했으나 좌절되자 무너졌으며, 그 뒤 재차 등장한 블룸 내각 역시 똑같이 무너졌다. 달라디에 정권에 이르러서야 의회가 비상대권을 허용하였다. 달라디에 정권은 프랑의 평가절하를 단행하고 주 5일제를 폐지했으며, 재정 건전성의 회복을 위해 새로운 세금을 부과하고 예산을 절감했다. 노동계는 총파업을 결의하는 등 강력히 반발했지만, 심각한 경제난 때문에 국민의 지지를 받지 못했다. 소리만 요란했던 총파업의 위협은 어느 사이엔가 사라졌다. 사회가 안정을 되찾자 60억 프랑의 자본이 해외에서 돌아왔다. 산업생산은 껑충 뛰어 1938년 11월부터 이듬해 6월 사이에 15% 증가했다.[132] 그러나 이때는 너무 늦었다. 프랑스의 경제사정이 너무 오랫동안 악화된 상태였다.

그 사이에 독일은 재무장을 착착 진행했다. 프랑스는 심각한 경제난 때문에 독일의 재무장을 마냥 쳐다볼 수밖에 없었다. 아래 표에서 보듯이, 경제난이 심각해지기 시작했던 1930년에는 프랑스의 군사비 지출이 독일에 비해 세 배 이상 많았다. 히틀러가 집권한 직후인 1933년에는 거의 비슷했다. 그러나 프랑스의 정권 교체가 빈번했던 1935년부터 독일의 군사비가 프랑스보다 앞서기 시작했고, 전쟁이 터지기 직전인 1938년에는 독일의 군사비가

132 위의 책 321~322쪽

프랑스보다 8배 이상 많아졌다. 1937년의 독일 군사비는 1930년에 비해 20배 이상 증가했으나, 프랑스 군사비는 전년도에 비해 오히려 줄었다. 그만큼 프랑스는 1930년대 내내 심각한 경제난을 겪었다. 이런 모든 원인은 금본위제에 대한 집착 즉, 환율정책이 실패한 데 있었다.

1930년대 프랑스와 독일의 군사비지출(단위; 백만 달러, 1987년 시가)

구분	1930	1933	1934	1935	1936	1937	1938
프랑스	498	524	707	867	995	890	919
독일	162	452	709	1,607	2,332	3,298	7,415

자료: 강대국의 흥망 407쪽 표에서 재작성, 폴 케네디, 한국경제신문사

물론 당시에 독일이 상대적으로 높은 성장률을 기록했던 것은 지속가능한 일이 아니었다. 전쟁물자 생산을 위한 동원경제 체제가 성장률을 일시적으로 상승시켰을 따름이었다. 2차 세계대전 직후에 소련과 중국 등의 공산권이 비교적 높은 성장률을 기록했던 것도 동원경제 체제의 성과였다. 그러나 동원경제 체제는 성장률을 일시적으로 높일 수 있지만, 유휴 노동력과 유휴 자원이 고갈되면 곧 한계를 드러내기 마련이다. 소련은 1960년대 중반부터, 중국은 1960년대 말부터 심각한 경제난에 봉착하기 시작했다. 히틀러의 동원경제 체제도 실패하고 전쟁 역시 패배할 수밖에 없는 운명을 안고 있었다.

4

임상사례 2

초장기 경기침체

특이한 경제질병; 일본의 장기침체

일본경제는 세계대전 이후 1990년까지 온 세계가 경이롭게 바라볼 정도로 고속 성장을 지속했다. 특히 주목할 점은, 1985년 중반에 달러 당 240엔을 넘었던 환율이 플라자 합의가 이뤄진지 불과 2년여가 지난 1987년 말에는 120엔대로 떨어져 거의 반 토막 났어도 수출은 여전히 호조였고 경상수지 역시 대규모 흑자를 기록했으며 성장률도 높았다는 사실이다. 이랬으니 온 세계가 어찌 경탄하지 않을 수 있었겠는가. 그랬던 일본경제가 1990년대에 들어선 직후부터 30년 이상 초장기 경기부진을 겪었는데, 그 이유는 무엇일까? 성장잠재력과 국제경쟁력이 막강했던 일본이 왜 이처럼 전락했을까? 지금부터 그 사연을 파헤쳐보자.

가. 미국 경제를 추월했다가 다시 추월당한 일본경제

일본경제는 1991년부터 하강을 시작했다. 1990년에 5.6%를 기록했던 성장률은 1991년 3.3%, 1992년 0.8%, 1992년 0.2% 등으로 계속 떨어지면서 경기부진이 점점 심각해졌다. 1995년과 1996년에는 경기가 잠시 상승세로 돌아섰으나, 1997년에 다시 하강해 1998년부터는 2년 연속 마이너스 성장을 했다. 그 반사작용으로 2000년에는 2.3%의 성장률을 기록했지만, 2001년부터 0%대 성장률로 되돌아갔다. 2003년에는 경기가 상승해 2007년까지 5년 동안 매년 1~2%대의 성장률을 기록하여 상대적으로 양호한 성적을 기록했는데, 이것마저 과거의 영광에 비하면 만족할 만한 수준은 아니었다. 불행히도 그 뒤부터는 또 경기가 빠르게 하강하여 2008년 성장률은 -1.0%를 기록했고, 2009년에는 -5.5%라는 최악의 성적을 남겼다. 그 반사작용으로 2010년 성장률은 4.7%로 급등했지만, 2011년에 다시 뒷걸음쳐 -0.5%를 기록했다. 2012년과 2013년에는 성장률이 다소 회복되어 각각 1.7%와 1.6%를 기록했으나 2014년부터는 다시 0%대 성장률로 돌아서고 말았다.

위와 같이 일본경제는 1991년 이후 30년 이상의 초장기 경기부진과 급격한 경기변동에 시달렸다. 경제공황이 벌어지지 않았음에도 불황이 이처럼 장기화된 것은 세계경제사에서 비슷한 사례를 찾아보기 어려울 정도로 특이한 경제질병이다. 일본의 경기부진이 얼마나 심각했는지는 미국의 성장률과 비교해보면 쉽게 알 수 있다. 1980년대까지는 일본의 성장률이 1970년대 중반과 1980년대 중반 등의 짧은 기간을 제외하면 미국에 비해 월등히 높았다. 그러나 1990년대 이후에는 2007년과 2010년의 두 해를 제외하고는 일본 성장률이 미국보다 훨씬 더 낮았다. 더욱이 2009년의 일본 성장률은 -5.5%를 기록하여 세계 금융위기의 진앙인 미국이 기록한 -2.8%보다 훨씬 낮았다. 이런 사실은 일본경제가 어떤 상태인지를 대변한다. 한마디로, 외부 충격이 가해지면 경기가 급강하할 정도로 일본경제의 체력은 극도로 약화된 셈이다.

일본과 미국의 성장률(%) 추이

구분	91	92	93	94	95	96	97	98	99	00	01	02	03	04	05	06	07	08	09
일본	3.3	0.8	0.2	0.9	1.9	2.6	1.6	-2.0	-0.2	2.3	0.4	0.3	1.7	2.4	1.3	1.7	2.2	-1.0	-5.5
미국	-0.1	3.6	2.7	4.0	2.7	3.8	4.5	4.5	4.7	4.1	1.0	1.8	2.8	3.8	3.3	2.7	1.8	-0.3	-2.8

자료: 한국은행 통계시스템 2015년 8월 11일

국민소득을 비교해보면 일본의 경기부진이 더 두드러지게 나타난다. 일본의 1인당 국민소득은 1980년대 중반에 미국을 넘어섰고, 이후 격차를 더 벌이기 시작하여 엔의 가치가 급등했던 1995년에는 미국보다 1.5배 더 많은 4만2천 달러를 기록했다. 그 후부터 격차가 점점 줄더니 1998년에는 서로 비슷해졌고, 2001

년부터 추월당했으며 2007년에는 미국의 70%에도 미치지 못하게 되었다. 어쩌다 이런 일이 벌어졌을까? 한때 세계적으로 '일본을 배우자.'라는 열풍을 불러일으켰던 일본경제가 왜 이처럼 처참하게 전락했을까? 이 비극은 1980년대 말에 주식과 부동산 투자의 광기가 거품을 일으켰고 이 거품이 1990년 하반기부터 꺼지면서 발생했다는 게 일반적인 분석이다. 이것은 틀림없는 사실이다. 이 문제부터 먼저 살펴보자.

나. 일본 경제의 추락을 일으킨 부동산과 주식 거품의 붕괴

닛케이 주가지수는 1970년대 말의 6천 대부터 상승을 시작하여 1989년 말에는 3만9천을 넘어섰다. 10년 동안 여섯 배 이상 상승한 셈이었다. 1987년부터 1989년까지 2년 동안에만 두 배 넘게 올랐다. 부동산 가격도 상승하여 1980년대에 아홉 배나 올랐다. 그래서 기업이 보유한 토지의 평가금액은 상승했고, 이것이 주가를 더 끌어올렸다. 기업은 주가 상승을 배경으로 전환사채나 신주인수권부 사채 등을 발행하여 다시 토지나 주식에 투자했다.[133] 여기에는 대장성이 1984년에 투자금융 계정(토이킨 계정)의 별도 설치를 기업에 허용한 것이 중요한 역할을 했다. 일본 기업들은 자본 이득세를 한 푼도 물지 않고 주식과 채권과 부동산 등에

133 『사라진 일본경제의 기적』 152쪽, 다카하시 조센, 다락원, 2002년

투자할 수 있게 되자, 주식과 부동산 등의 가격은 하늘 높은 줄 모르고 치솟았다.

정점에 이른 때의 일본 부동산 가치는 미국 부동산 가치의 두 배에 달했고, GDP 대비 부동산 가치의 비율로는 미국의 4배나 됐다.[134] 일본 주식시장의 시가총액 역시 미국의 두 배에 달했다. 이 시기에 세계 10대 은행 중 7개가 일본 은행이었다. 최대 투자은행인 노무라의 자본금은 미국 5대 투자은행의 자본금 총액보다 더 컸다.[135] 전형적인 거품 현상이 발생했던 셈인데, 이 거품이 완전히 꺼진 뒤인 2015년에는 일본의 은행 중 어느 곳도 세계 10위권에 들지 못했다. 20위권 이내에 겨우 하나, 노무라만 최하위권을 맴돌고 있을 뿐이었다. 이 사실은 일본경제의 추락을 단적으로 대변한다. 이런 거품은 왜 발생했고, 왜 붕괴됐을까? 먼저 그 배경부터 살펴보자.

세계대전 이후 미국은 재정적자 정책을 비교적 오랜 세월 유지했고, 이것이 1970년대에 스태그플레이션을 유발했다. 이 스태그플레이션은 국제경쟁력을 약화시키고 성장잠재력까지 크게 떨어뜨렸다. 1980년대 중반부터 미국은 최대 채무국으로 전락했다. 그 바람에 달러 가치가 하락하며 기축통화의 지위를 상실할 위험에 직면한 것처럼 보였다. 이 위험을 완화하기 위해서 미국은

---

134 『광기, 패닉, 붕괴』 202~203쪽, 찰스 P. 킨들버거 & 로버트 Z. 알리버, 굿모닝북스, 2007년
135 위의 책 243쪽

국제수지를 개선해야 했다. 앞에서 언급한 바처럼 1985년 9월에는 미국이 주도한 '플라자 합의'가 주요 국가들 사이에서 이뤄졌다. 이에 따라 엔의 가치는 단기간에 급등했고, 일본 수출이 큰 타격을 입을 것처럼 보였다.

수출 위축에 따른 경기하강을 염려한 일본은행은 1986년 1월에 이어 3월, 4월, 11월 그리고 1987년 2월에 잇달아 공정금리를 2.5%까지 내렸다. 지금으로서는 믿기 어려운 얘기이지만, 당시에는 사상 최저 금리였다.[136] 일본의 저금리 정책은 엔고 불황의 처방이었던 동시에 미국에 대한 협조정책이라는 의미가 강했다. 엔고 불황이 심각했던 것은 1986년뿐이고, 1987년 봄부터는 경제가 회복세로 돌아섰다. 1986년에 2.8%를 기록했던 성장률이 1987년에는 4.1%로 상승했다. 이 상승추세는 지속되어 1988년에는 7.1%라는 아주 높은 실적을 기록했다. 그럼에도 불구하고 1987년 이후에 저금리를 장기간 유지했던 것은 달러 약세 때문이었다. 일본 정부가 미국 정부에 협조하여 달러 가치의 하락을 막으려고 했던 것이다.

플라자 합의 이후 달러 약세가 좀처럼 멈추지 않자 1987년 2월에는 '환율을 현재 수준에서 안정시킨다.'라는 '루브르 합의'가 주요 국가들 사이에서 이뤄졌다. 달러 가치가 여기에서 더 하락

136 『사라진 일본경제의 기적』 145쪽, 다카하시 조센, 다락원, 2002년

하면 국제 기축통화인 달러에 대한 신뢰가 무너짐으로써 세계경제에 심각한 금융위기가 닥칠 수 있었으므로 이것은 불가피한 선택이었다. 일본은 저금리를 유지해 달러 시세를 지탱해줬다. 이 정책은 엔 강세를 억제하기 위해서도 바람직한 것으로 여겨졌다. 그러나 저금리가 지나치게 오래 유지됨에 따라 그렇지 않아도 장기간 상승세를 보였던 부동산과 주식 시장은 더 활황을 보였고 그 거품은 더욱 부풀어 올랐다.

엔 강세에 겁을 먹은 일본기업은 설비투자에 몸을 사렸다. 국내 생산설비를 외국으로 옮기는 일까지 벌어져 '산업 공동화'라는 화두가 호소력을 발휘했다. 그 영향으로 기업의 국내 투자가 부진해지자 은행은 자금을 운용할 곳이 줄었다. 예금은 계속해서 쌓였으므로 대출 출구를 새롭게 찾아야 했는데, 그곳이 바로 부동산시장과 주식시장이었다. 그러는 사이에도 일본의 국제수지 흑자는 마냥 커졌고, 엔 가치는 계속 상승 압력을 받았다. 엔 가치를 유지하기 위해서는 일본은행이 달러를 사들여야 했으며, 이렇게 풀려나간 돈은 또 부동산시장과 주식시장으로 흘러갔다.

이런 거품경기의 영향으로 일본경제는 1980년대 후반에 붐을 만끽했다. 부동산 투자로 벌어들인 수익률은 대략 연평균 30%에 달했다. 기업은 부동산 투자의 수익이 철강이나 자동차 혹은 TV 등의 제조에서 얻는 이익보다 훨씬 높다는 사실을 알게 되자, 은행 차입금을 이용해 부동산 투자자로 변신했다.[137] 부동산 거품은 1989년에 정점까지 부풀어 오른 뒤 1990년부터 순식간에 꺼지기 시작했다. 그 결과로 신용파괴원리가 작동하면서 심각한 금융위기가 닥쳤고 경기는 계속 하강했다.

왜 일본 정책당국은 이런 경기하강에 대비하지 못했을까? 1980년대 후반에는 엔 강세에 힘입어 주요 자원의 수입 가격이 계속 하락함으로써 물가는 안정적이었기 때문이다. 물가만 안정되면 경제성장은 지속가능하다는 미국식 인식이 정책당국을 비롯해 경제전문가 사회를 지배했으므로 위기감이나 문제의식을 특별히 느끼지 못했다. 불행히도 부동산과 주식 시장의 거품은 언젠가는 붕괴될 수밖에 없다. 수요가 시간이동을 한 때가 반드시 닥치기 때문이다. 일본 정부는 부동산과 주식 가격이 하락하여 거품이 붕괴되면, 신용파괴원리가 작동한다는 사실을 간과했다. 아니, 몰랐다.

137 『광기, 패닉, 붕괴』 75쪽, 찰스 P. 킨들버거 & 로버트 Z. 알리버, 굿모닝북스, 2007년

그동안 일본 정부는 무엇을 했을까?

일본 주식시장의 시가총액은 1989년에 611조 엔을 기록한 뒤 1990년에는 감소세로 돌아섰다. 1990년부터 1996년까지 6년 동안의 주식 평가손실액은 약 434조 엔에 달했다. 땅값이 하락을 시작한 1991년부터 1995년까지 5년 동안의 부동산 평가손실액은 616조 엔에 이르렀다. 1990년대 전반에 주식과 토지의 자산총액이 1천조 엔 넘게 줄어든 셈이다. 당시 일본의 GDP는 약 5백조 엔이었으므로 국민소득 2년분에 해당하는 자산가치가 1990년대 5~6년 사이에 사라졌다.[138] 거품경기가 이처럼 꺼지자 자산효과가 역으로 작동하여 경기를 하강시켰다. 여기에 금융위기까

138 위의 책 254쪽

지 가세했다.

부동산회사와 종합건설업체 등에 돈을 빌려준 은행들은 부동산 경기가 추락하면서 엄청난 규모의 부실채권을 떠안았다. 그 회사들이 개발하고 건설한 빌딩과 주택, 골프장과 리조트 등은 제대로 팔리지 않거나 가격이 하락하여 손실이 커졌으므로 금융기관에서 빌린 거액의 대출금을 상환할 수 없게 됐다. 그러자 주식과 부동산 가격은 더 빠르게 떨어졌다. 채무 상환은 점점 더 어려워졌고 은행권의 부실채권은 눈덩이 구르듯이 커졌다. 은행 등 금융회사가 보유 중이던 주식과 부동산의 자산가치도 크게 떨어졌다. 당연히 금융회사의 경영수지는 지속적으로 악화되었다. 이에 따라 신용파괴원리가 본격적으로 작동하기 시작했으며, 통화량이 크게 줄어드는 효과가 나타났다. 결국 심각한 금융위기로 발전하였고, 일본경제는 경기침체의 늪으로 빠져들었다.

일본 정부도 이런 경제위기를 방관하지는 않았다. 아니, 경기가 본격적으로 하강한 뒤부터 눈물겨운 노력을 처절하게 기울였다. 아래 표에서 보듯이, 대규모 경기진작 정책을 1992년부터 2000년까지 아홉 차례에 걸쳐 펼쳤다. 그 사업규모는 총 132조 엔, 우리 돈으로는 2천조 원, 달러 기준으로는 1.2조 달러에 육박했다(당시 기준). 1998년 한 해에만 경기부양을 위한 재정지출 규모가 40조 엔을 훌쩍 넘어 GDP의 8%에 육박했다. 이런 대규모 재정을 주로 사회간접자본 건설에 투입했다. 고속도로는 1990년대에 4천 km에서 7천 km로 두 배 가까이 늘어났다. 관료들 사이에서는 더 이상 건설할 다리나 확·포장할 도로를 찾기 어렵다는 푸념이 나왔다.

이런 대규모의 경기부양 정책은 주식시장과 부동산 시장의 거품 붕괴와 그에 따른 신용파괴원리의 작동이 초래할 뻔했던 금융위기의 진행을 차단할 수 있었다. 하지만 이 정책은 일본경제가 초장기 경기부진의 늪에 빠져드는 계기를 만들고 말았다. 그 재정지출은 생산성과 수익성이 낮아서 민간부문이 외면하는 부문에 주로 투입되기 때문이었다. 다시 말해, 재정지출이 장기

1990년대 일본의 경기부양책

명칭	정책시기	사업규모(조엔)	주요 내용
경기종합대책	1992년 8월	10.7	공공투자 8.6조 엔
경기종합대책	1993년 4월	13.2	공공투자 약 11조 엔
긴급경제대책	1993년 9월	6.2	엔고 차익 환원
긴급엔고 경제대책	1995년 6월	2.7	긴급 엔고대책, 지진 복구
경기대책	1995년 9월	14.2	공공투자 약 7조 엔
경기종합대책	1998년 4월	16.7	특별 감세 약 4조 엔
긴급경제대책	1998년 11월	23.9	감세 6조3천억 엔 등
경제신생대책	1999년 11월	18.0	사회자본 정비 6조8천억 엔
일본 신생을 위한 신발전 대책	2000년 10월	11.0	사회자본 정비 4조7천억 엔
사업 규모 누계		131.8조 엔	

자료: 『사라진 일본경제의 기적』 181쪽, 다카하시 조센 편저, 다락원

간에 걸쳐 증가하자, 국가경제의 평균적인 생산성은 점차 떨어졌고, 한계생산성은 마이너스로 돌아섬으로써 성장률이 장기간에 걸쳐 낮아졌던 것이다.

그뿐만이 아니었다. 일본은행은 경기후퇴를 역전시키기 위하여 1991년 7월에는 공정할인율을 6%에서 5.5%로 인하했으며, 그래도 경기하강이 멈추지 않자 1995년 9월까지 여덟 차례에 걸쳐 금리인하를 추가로 단행하여 0.5%라는 당시까지는 세계사에서 유례가 없는 수준으로 낮췄다. 0.5%는 대공황 때나 나타날 이자율이었다.[139] 그러나 과거의 영광은 끝내 되살리지 못했고, 경기부진의 기간은 점점 길어졌다. 감세정책도 펼쳐봤고 규제완화도 시행해 봤지만 2003년까지는 경기를 되살리는 데 실패했다. 2003년 이후의 경기회복마저 과거에 비해 훨씬 더 미약했다. 위와 같이 다양한 노력들을 기울였음에도 일본경제가 장기 부진에서 벗어나지 못한 이유는 무엇일까? 그 이유를 밝히기 위해서는 일본경제가 장기침체에 빠져든 과정을 먼저 살펴볼 필요가 있다.

139 위의 책 83쪽

일본경제가 초장기 침체에 빠져든 과정

부동산과 주식 시장의 거품 붕괴는 경기를 하강시킨 원인일 뿐, 경기부진을 장기화시킨 원인일 수는 없다. 일본 국내경기는 1990년대 중반에 제법 오랜 기간 미약하나마 상승했기 때문이다. 일본 정책당국이 위에서 언급한 것처럼 적극적인 경기부양 정책을 펼친 결과 2년 연속 0%대를 기록하던 성장률이 1995년에 1.9%로 올랐고, 1996년에는 2.6%를 기록하여 모처럼 경기부진에서 벗어나는 모습을 보였다.

1990년대의 일본 성장률(%) 추이

구분	1991	1992	1993	1994	1995	1996	1997	1998	1999
성장률	3.3	0.8	0.2	0.9	1.9	2.6	1.6	-2.0	-0.2

자료: 강대국의 흥망 407쪽 표에서 재작성, 폴 케네디, 한국경제신문사

주식시장도 회복세를 보였다. 니케이지수는 1989년 말에 3만 9천을 기록한 뒤 계속 하락하여 1992년에는 1만8천을 기록했지만, 1993년과 1994년에는 거의 2만 선까지 상승했으며, 1995년에는 1만7천으로 떨어졌다가 1996년에 2만 선을 다시 회복했다. 여기에는 증시부양 정책이 한몫을 했다. 1992년부터 시작된 증시부양 조치에 1998년까지 총 8조5천억 엔이 투입됐던 것이다. 모처럼의 경기회복도 여기에 가세했다. 부동산 시장도 하락을 멈추고 상승으로 전환할 기미를 보였다. 부동산 거래가 증가했고, 가격도 강세를 보이기 시작했다. 그렇다면 그 뒤에 새롭게 나타난 경기부진은 거품의 붕괴가 아닌 다른 원인에 의해 일어났다고 보는 게 타당하다.

1991년 이래의 일본 니케이 주가지수(단위; 만) 추이

구분	91	92	93	94	95	96	97	98	99	00	01	02	03	04	05	06	07
주가	2.42	1.81	1.91	1.99	1.74	2.11	1.84	1.54	1.68	1.38	1.05	0.86	1.07	1.15	1.61	1.72	1.53

자료: 국제통계연감 각호, 통계청

1995년과 1996년에 잠시 상승했던 경기는 1997년부터 하강으로 바뀌어 성장률이 1.6%로 떨어졌다. 하필이면 경기가 이처럼 하강하던 때에 태국과 인도네시아에서 외환위기가 발생하여 일본경제는 큰 타격을 입었다. 이 동남아시아 외환위기는 일본의 경기부진과 밀접한 관련이 있다. 아니, 일본의 금융위기가 동남아시아 외환위기를 일으키는 데에 중요한 역할을 했다. 사실 태국을 비롯한 동남아시아 국가들의 거품은 일본의 거품 붕괴 이후에 도쿄로부터 유입된 자본이 주도적으로 형성했다. 국내 투자에 한계를 느낀 일본 금융업계가 동남아시아 투자에 나서자 거품경기가 본격적으로 일어났으며, 국제수지도 크게 악화되었던 것이다. 이 거품경기가 꺼지고, 국제수지 악화가 외환보유고를 줄어들게 하자 태국과 인도네시아 등에서 외환위기가 발발했다.

그 직전에 하시모토 당시 일본총리는 경기가 살아났다고 판단하여 1996년 11월에 '21세기형 금융시스템 구축'을 내세워서 '일본판 빅뱅 구상'을 외치며 2001년을 목표로 '금융 대 개혁'의 기치를 높이 쳐들었다. 이 '빅뱅 선언'은 은행들에게 부동산회사와 종합건설업체에 대한 지원을 중단하도록 촉구하는 결과를 빚었다.[140] 그 바람에 1997년 초부터 종합건설업체의 도산사태가 벌어졌다. 도카이흥업, 다다건설, 다이토공업 등 중견 종합건설업체가 꼬리를 물고 도산했다. 그 파장은 금융기관 전반에 미쳤다. 1997년 4월에는 닛산생명이 그리고 11월에는 산요증권이 파산했다. 이런 금융위기에 따른 신용경색은 동남아 투자금의 회수를 불렀으며, 이것이 동아시아 외환위기에 기폭제로 작용했다. 그 뒤부터 일본경제는 더 심각한 경기침체에 빠져들었다.

---

140 『일본경제 왜 무너졌나』 108~109쪽, 사이토 세이치로, 들녘, 1999년

그럼 동아시아 외환위기가 일본경제를 장기침체에 빠뜨린 결정적인 원인이었을까? 그 영향을 받은 것은 사실이다. 일본은 1998년에 -2.0%의 성장률을 기록했는데, 이 경기하강에는 동아시아 외환위기가 중요한 역할을 했다. 하지만 외환위기를 겪었던 다른 동아시아 국가들이 1998년에는 혹독한 경기후퇴를 겪었어도 1999년부터는 경기상승으로 바뀌었다. 반면에 일본의 경기회복은 그보다 1년 이상 늦었다. 1999년 성장률은 -0.2%를 기록했고, 2000년에야 겨우 2.3%의 성장률을 기록했다. 반면에, 당시 심각한 외환위기를 겪은 우리나라는 1999년에 11.3%, 2000년에는 8.9% 등 높은 성장률을 기록했다.

더 심각한 문제는 그 뒤에 일어났다. 일본 성장률은 2001년과 2002년에 각각 0% 대로 다시 떨어졌으며, 2003년에도 겨우 1.7%의 성장률을 기록하는 데 그쳤다. 이때의 경기후퇴는 미국의 나스닥시장 붕괴와 9·11사태 등에 영향을 받은 것이 사실이나, 일본의 성장률은 평균적으로 미국보다 낮았다. 그 뒤에는 경기가 회복되어 2004년 성장률이 2.4%를 기록했지만 곧이어 1% 대로 떨어졌다. 2008년에 세계 금융위기가 발생한 이후에도 일본의 경기하강은 다른 선진국보다 폭이 깊었고 길이도 길었다. 2008년과 2009년에는 연속 마이너스 성장률을 기록했으며, 2010년에 그 반사작용으로 다소 높은 성장률을 기록했다가 2011년에는 마이너스 성장률로 돌아섰다. 사정이 이렇다면 일본의 장기침체를 불러온 근본 원인은 다른 데 있다고 보는 게 옳다.

2000년대의 일본 성장률(%) 추이

구분	2000	2001	2002	2003	2004	2005	2006	2007	2008	2009	2010	2011	2012	2013	2014
일본	2.3	0.4	0.3	1.7	2.4	1.3	1.7	2.2	-1.0	-5.5	4.7	-0.5	1.7	1.4	0.0

자료: 한국은행 통계시스템 2015년 8월 11일

도대체 무엇이 일본경제를 장기침체의 늪에 빠뜨렸을까? 이 문제에 대해서는 일본 경제학계에 크게 두 가지 견해가 있다. 그 하나는 내생변수에서 원인을 찾는 것이고, 다른 하나는 제도에서 원인을 찾는 것이다. 내생변수에서 원인을 찾는 대표적인 것으로는 미야자기 요시카즈가 주장한 '복합불황론'을 들 수 있다. 그는 1992년에 발간한 『복합불황』이라는 책에서 '유효수요 부족에서 오는 순환적 실물경제의 후퇴와 금융부문의 신용경색에 의한 유동성 부족이 겹친 중층적 불황'을 일본경제가 겪게 되었다고 밝혔다.[141]

이것은 경기침체의 원인으로는 타당할지 모르지만, 경기침체를 장기화시킨 원인으로는 설득력이 약하다. 실물경제의 후퇴와 신용경색이 겹쳤다고 하더라도 경기침체의 기간이 지나치게 길었다. 무엇보다, 경기가 잠시 회복했다가 다시 하강하는 일이 반복

141 위의 책 124쪽

적으로 일어났다는 사실에 주목할 필요가 있다. 예를 들어 1995년과 1996년에는 각각 1.9%와 2.6%의 성장률을 기록하여 2년 연속 상대적으로 높은 성장률을 기록했으나 그 뒤부터 다시 경기가 하강했다. 2000년에도 2.3%의 성장률을 기록하여 경기가 잠시 회복됐으나 곧이어 연평균 0% 대의 성장률을 기록하고 말았다. 따라서 복합 불황은 1994년까지의 경기후퇴에만 해당한다고 봐야 한다.

반면에, 구조론자들은 일본경제의 문제점을 제도와 문화에서 찾았다. 대표적으로 사이토 세이치로는 '일본경제가 역사의 공백에 빠진 진정한 원인은 캐치업 체제에서 당연한 전제로 삼아온 국가적·국민적 목표가 1985년경에 거의 달성되었고, 일본 전체가 목표 상실의 상태에 빠졌기 때문이다.'라고 단언했다.[142] "과거에는 세 가지 사회적 구조가 성장장치로 자리를 잡아 캐치업 체제를 강력하게 뒷받침했다. 첫째는, 은행은 무너지지 않는다는 신화로 집약되는 안정적이고 확고한 전후 금융체제의 성립이었다. 이른바 호송선단 방식이다. 둘째는, 일본식 경영 신화로 일컬어지는 확고한 일본식 기업시스템의 형성이었다. 셋째는, 민·관 협조 신화와 정·관·재의 일본 사령탑 체제의 확립이었다."라고 그는 주장했다.[143] 간단히 말해, 선진국을 따라잡는 캐치업이 끝났을 때는

142 위의 책 151쪽
143 위의 책 152~153쪽

이런 옛 체제가 경쟁력을 잃었다는 게 그의 주장이다. 정부 주도형 경제가 아니라 시장 주도형 경제로 탈바꿈해야 했고, 안정성보다는 역동성을 추구해야 했으며, 탈락 없는 공존 형 사회에서 적자생존을 허용하는 사회로 진화해야 했다는 것이다. 그리고 작은 배와 큰 배, 속도가 빠른 배와 느린 배를 가리지 않고 함께 끌고 가는 호송선단형이 아니라 적자생존형의 신축적인 경제운영이 이뤄졌어야 했다는 것이다.

사이토는 1998년에 발간한 『일본경제 왜 무너졌나』에서 다음과 같이 주장하며 구조적 불황이라는 점을 강조했다. "일본경제의 증상을 궁극적으로 어떻게 진단해야 하는가? 한 가지 분명한 사실은 1990년대의 일본경제는 예사 감기나 복통 혹은 두통에 걸린 것은 아니라는 점이다. 예사 질병이라면 대담한 정책과 같은 처방으로 충분히 잡을 수 있기 때문이다. 그러나 최근 5~6년 동안 전통적인 처방을 썼지만 일본경제는 캠퍼 효과로 일시적인 회복을 도모할 수 있어도 정상궤도에 복귀하는 것은 불가능하다는 사실이 충분히 실증되었다. 그렇다면 1990년대 일본경제의 증상은 기존의 처방으로는 치유할 수 없는 구조적 질환이라고 단정해야 한다."[144]

그밖에 일본의 모방형 경제는 정보통신혁명 시대에는 한계를

---

144 위의 책 98쪽

보일 수밖에 없다는 극단적인 비관론까지 등장하기도 했다. 그렇지만 이런 구조론은 근본적인 한계를 안고 있다. 경제 기적을 일으켰던 체제와 문화가 어느 날 갑자기 위기를 불러온다는 것은 설득력이 떨어진다. 만약 캐치업 시대에 유용했던 체제와 문화가 문제라면, 일본경제가 미국경제에 다시 뒤떨어진 뒤에는 그 위력을 또 발휘하여 같은 성과를 낳았어야 했지만 이런 일은 벌어지지 않았다. 따라서 구조론이 일면 타당성을 갖는 것은 틀림없으나, 이것이 일본경제를 장기침체로 몰아간 결정적인 원인이라고 보기는 어렵다.

오히려 사이토의 다음 견해가 훨씬 더 설득력 있어 보인다. "1990년대 일본경제는 환자를 진지하게 대하고 인격도 그런대로 괜찮은 돌팔이 의사들에게 맡긴 꼴이었다고 비유할 수 있다. 그들은 진지하게 진단에 몰두했다. 그러나 돌팔이 의사이기 때문에 오진을 했다. 진단이 정확하지 않았기 때문에 처방과 투약이 엉뚱한 방향으로 흐르고 말았다. 따라서 치료 효과가 있더라도 일시적인 데 그쳤고, 좀처럼 완치할 수 없었다."[145] 진단 오류와 그에 따른 정책 실패가 일본경제의 장기침체를 불렀다고 봐야 한다는 것이 그의 주장이다. 그리고 일본정부가 거품 붕괴를 지나치게 과소평가했다는 점을 지적했다. 즉, 거품붕괴에 따른 후유

145 위의 책 84~85쪽

증이 일시적이고 경미하다고 판단한 게 문제였다는 것이다.[146]

그런데 경제위기가 1991년 이래 30년 이상 지속됐어도 일본경제의 산업경쟁력과 국제경쟁력은 최근까지 세계 최강에 속했다. 초장기 불황 속에서도 경상수지는 대규모 흑자를 기록했을 정도였다. 국내경기가 모처럼 살아날 기미를 보이던 1996년에는 내수가 살아나면서 경상수지 흑자가 658억 달러로 줄어든 적도 있지만 곧 1천억 달러를 넘어섰다. 2001년에는 세계적으로 경기가 부진하고 일본 생산설비의 해외이전이 활발해지면서 그 흑자 규모가 878억 달러까지 줄었으나 그 뒤에는 다시 증가세로 돌아섬으로써 2003년부터는 1천억 달러를 넘어섰고 2007년에는 2천억 달러까지 넘어섰다. 2013년에는 경상수지가 몇 개월 동안 일시적으로 적자를 기록하기도 했지만 2014년부터는 다시 안정적인 흑자로 돌아섰다(2015년에는 1,356억 달러 흑자).

일본의 연도별 경상수지 추이(단위; 억 달러)

연도	1996	1997	1998	1999	2000	2001	2002	2003	2004	2005	2006	2007	2008	2009	2010	2011
수지	658	968	1,187	1,146	1,197	878	1,124	1,362	1,721	1,658	1,705	2,105	1,594	1,470	2,039	1,191

자료: 한국은행 통계시스템 2012년 11월 3일

146 위의 책 113쪽

따라서 일본경제가 초장기 경기침체의 늪에서 헤어나지 못한 원인은 구조적인 데 있는 게 아니라, 다른 데 있다고 봐야 한다. 만약 그렇지 않다면 세계 최고의 경쟁력을 유지하던 기업들의 동력에 의해서라도 일본경제는 진즉 성장가도에 다시 올라섰어야 했다. 기업들이 세계 최고의 경쟁력을 보유하고 있는데, 국가경제가 침체의 늪에서 헤맬 이유는 하나를 빼놓고는 아무것도 없다. 그것은 바로 경제정책이 실패를 거듭했던 데 있다. 정책 실패가 잠시 회복되던 경기를 다시 후퇴로 돌아서게 하곤 했던 것이다.

경제정책이 실패를 거듭했다면 새로운 정책을 다양하게 모색하는 것이 정상이고, 그중에서 어느 하나는 성공을 거뒀어야 하는데, 왜 성공할 정책을 지금껏 찾아내지 못했을까? 그 이유도 딱 하나, 관념적으로 바람직하다고 여겨지는 일이 현실에서는 오히려 더 나쁜 결과를 빚는다는 사실을 알아채지 못했던 데 있다. 만약 그렇지 않다면 수만 명에 이를 것으로 추정되는 일본의 경제학자들이나 경제전문가들이 경제를 회생시킬 정책을 찾아내지 못했을 리가 없다. 경제에 바람직하다고 굳게 믿었던 정책이 사실은 경기후퇴를 불러오지 않고는 이런 일은 벌어지기 어렵다. '사고의 벽'이 작동한 셈이다. 지금부터는 그것이 무엇인지 찾아보기로 하자.

국제수지 흑자가 결정적으로 초장기 침체를 빚다

일본경제가 장기침체에 빠진 이유를 산업경쟁력 또는 실물부문에서 찾는 것은 어리석은 짓이다. 앞에서 언급한 바처럼 지금까지 일본 기업은 세계 최강의 경쟁력을 유지했고, 경상수지도 대규모 흑자를 계속 기록했기 때문이다. 그렇다면 어디에서 그 이유를 찾아야 할까? 국가경제는 크게 실물부문과 통화금융부문으로 나뉘는데, 실물부문이 튼튼함에도 경제가 어려움을 겪는다면 그것은 당연히 통화금융부문에서 찾아졌어야 한다. 그렇다면 왜 다른 경제학자나 경제전문가는 이런 일을 하지 않았을까? 그 이유는 간단하다. 화폐 그림자관 즉, 화폐는 실물의 그림자에 불과하다는 관념이 경제학계를 강하게 지배하고 있기 때문이다. 그 이유는 또 무엇일까? 근대 경제학이 태어나고 발달한 서구사회에서는 상업으로 취득한 국부는 전쟁이나 약탈로 취득한 국부보다 열등하다고 믿어졌기 때문이다. 이것은 고대 그리스 시대 이래의 전통적 믿음이었다. 그래서 경제에서 실물부문과 함께 존재하는 통화금융부문은 경제학계에서 흔히 외면당해 왔던 것이 사실이다. 서구의 경제학을 무비판적으로 받아들였던 일본 경제학계 역시 통화금융부문을 흔히 외면하곤 했으며, 일본경제가 장기정체에 빠진 원인을 찾으려 할 때도 마찬가지였다. 통화금융부문 중에서도 특히 문제가 되는 것은 대규모 국제수지 흑자였다는 것이 경제병리학의 진단이다.

일본의 국제수지 흑자 중 일부는 외환보유고로 국내에 쌓였고, 나머지는 해외자산으로 쌓였다. 외환보유고는 1980년의 246억 달러에서 10년 뒤인 1990년에는 그 세 배가 넘는 785억 달러로 증가했다. 그 뒤로도 계속 증가하여 1994년에는 1천억 달러를 돌파했고, 2천년에 3천억 달러, 2003년에는 6천억 달러를 돌파했으며, 2008년에는 1조 달러까지 넘어섰다. 이런 외환보유고의 급증은 소중한 국가자원의 퇴장과 통화금융정책의 경직성을 부름으로써 경기회복에 부정적인 영향을 끼쳤다. 하지만 이것을 제외

일본의 연도별 외환보유고 추이(단위; 억 달러)

연도	1990	1994	1996	2000	2001	2002	2003	2004	2005	2006	2007	2008	2009	2010	2011
외환	785	1,258	2,179	3,560	3,962	4,624	6,646	8,352	8,355	8,810	9,541	10,306	10,494	10,962	12,958

자료: 한국은행 통계시스템 2012년 11월 3일

하면 아주 심각한 부작용이나 후유증을 남기지는 않았다.

진짜로 심각한 문제를 일으킨 것은 해외자산의 급증이었다. 일본의 순 해외자산을 보면, 1992년까지는 대체로 마이너스를 기록했다. 경상수지가 계속 흑자를 기록했어도, 해외자본의 일본 투자가 그보다 더 많이 증가했던 것이다. 그러나 1993년부터는 일본의 해외투자가 급증하며 순 해외자산도 빠르게 증가했다. 1993년에 32조 엔이었던 순 해외자산이 1998년에는 100조 엔을 넘었고, 2001년 말에는 127조 엔으로 증가했다. 문제는 해외자산이 반드시 수익을 올려야 한다는 데 있다.

일본의 연도별 순 해외자산 추이(단위; 조 엔)

연도	1980	1990	1993	1998	1999	2000	2001
해외자산	-2.7	-30.5	31.8	109.5	103.2	110.6	127.3

자료: 통계청 홈페이지(IMF 통계 재인용) 2002년 6월 15일

만약 해외에 투자한 자산의 수익률이 자금을 조달하기 위해 지불한 비용을 넘지 못하면 심각한 사태가 벌어진다. 이해하기 쉽게 비유를 들어보자. 어떤 사람이 꾸준히 저축하여 빌딩을 하나 샀다고 치자. 처음에는 임대료 수입이 더 많은 소득을 벌어주었는데, 어느 순간부터 빌딩의 가치가 크게 떨어지고 수선비와 관리비가 임대료 수입보다 많아지면 어떤 일이 발생할까? 당연히 소득은 줄어들고 파산할 수도 있다. 이런 일이 일본경제에서

실제로 벌어졌다. 대표적인 사례를 몇 개 살펴보자.

소니는 1995년 3월의 결산에서 사상 처음으로 2,934억 엔의 적자를 냈다. 미국 영화사의 영업권 2,652억 엔을 일괄 상각했던 것이 적자의 주요 원인이었다. 마쓰시타전기는 100% 출자한 미국 종합오락업체인 MCA의 주식 80%를 약 57억4백만 달러에 캐나다의 음료업체인 시그램사에 매각함으로써 1,650억 엔(약 17억 달러)의 손실을 입었다. 파이오니어도 그해 3월 결산에서 미국 영화사업을 담당하는 캐롤코 픽쳐스 등 2개 회사에 대한 투자와 융자를 재평가해 9천만 달러를 평가손으로 계상했다.[147] '미국 영혼을 샀다'는 비난을 받았던 미쓰비시의 록펠러센터 취득자금은 13억 달러에 이르지만 1997년의 자산가치는 10억 달러에도 못 미쳤다.[148] 위와 같이 일본 기업과 금융회사가 사들인 해외자산이 줄줄이 대규모 손실을 기록했으며, 이것이 신용파괴원리를 작동시켜 금융위기를 심화시켰다.

일본경제의 이런 위기는 그 역사가 비교적 오래전부터 시작됐다. 일본경제가 최고조에 달했던 1980년대 말부터 비극은 이미 시작됐다. 외환보유고가 1986년 422억 달러에서 1987년에 810억 달러로, 1988년에는 967억 달러로 급증하자 일본은행은 통화팽창과 물가상승 압력에 직면한 것으로 받아들였다. 이 압력을 줄

---

147 『추락하는 일본경제』 38~39쪽, 이봉구, 한국경제신문사 1997년
148 위의 책 39~40쪽

이기 위해 일본정부는 기업과 금융회사의 해외투자를 적극적으로 권장하고 유도했다. 엔 강세를 저지하기 위해서는 이게 반드시 필요하다고 여겼다. 그 결과 경상수지가 계속 흑자를 기록했음에도 불구하고 1990년대 초에는 외환보유고가 줄어드는 일까지 벌어졌다. 예를 들어, 외환보유고는 1990년에 785억 달러로 줄었고 1992년에는 716억 달러로 줄었다.

일본의 1980~90년대 초 외환보유고 및 경상수지(단위; 억 달러)

구분	1987	1988	1989	1990	1991	1992	1993
외환보유고	809.8	967.3	839.6	785.0	720.6	716.2	985.2
경상수지	870.2	796.1	569.9	358.7	682.0	1,125.70	1,316.40

자료: 통계청 홈페이지(IMF 통계 재인용) 1995년 11월 3일

그만큼 일본 기업과 금융회사 들은 해외 부동산과 기업의 사냥 그리고 유명 화가의 그림을 매입하는 데 혈안이 되었다. 해외투자 규모는 경상수지 흑자와 외환보유고 감소를 합산하면 대강 추정할 수 있는데, 1989년부터 1992년까지 불과 4년 사이에 그 규모가 무려 3천억 달러에 이르렀다. 이런 대규모 해외투자는 1990년대 초반에 미국 경기가 후퇴로 돌아서자, 앞에서 언급한 바처럼 큰 손실로 귀결되었다. 그래서 일본 금융회사들과 기업들의 재무지표가 심각하게 악화됐으며 매입했던 각종 부동산과 영화사 등을 대부분 다시 매각하지 않을 수 없었다. 대규모 손실로

귀결된 위와 같은 매입 열풍은 미국과 유럽의 경계심을 키워 각종 무역분쟁을 일으키기도 했다.

여기에서 주목할 점이 '지속가능성'이라는 개념이다. 즉, 지속가능성이라는 측면에서 경상수지 흑자의 경제적 기능을 재검토해볼 필요가 있다는 것이다. 경상수지 흑자의 누적은 외환보유고 증가와 그에 따른 통화팽창 압력으로 작용하고, 이를 피하기 위해서는 해외자산을 취득해야 하는데, 해외자산 취득은 수익성이 보장돼야 한다. 하지만 일본의 사례에서 보듯이 그게 쉽지는 않다. 또한 경상수지 흑자와 그에 따른 외환보유고와 해외자산의 증가는 환율의 하락을 부르기 마련인데, 이것은 해외자산의 평가손을 부른다. 예를 들어 환율이 120엔일 때 구입한 1억 달러짜리 해외자산의 가치는 120억 엔이지만, 환율이 100엔으로 떨어질 경우에는 100억 엔으로 그 가치가 20%나 떨어진다. 그래서 일본 기업과 금융회사의 재무지표는 더욱 악화됐고, 이에 따라 금융기관의 부실이 쌓여 금융위기를 가속화시켰다.

무엇보다 중요한 사실은, 위와 같은 국내 자본의 해외 투자는 국내 소득의 해외 유출을 뜻한다는 것이다. 국내 소득이 이처럼 해외로 유출되면 내수는 부족해지고, 이것은 국내경기의 부진을 부른다. 국내경기가 부진해지면 부진해질수록 기업은 수출 증대에 더욱 목맬 수밖에 없다. 이에 따른 수출의 증가는 다시 경상수지 흑자를 키움으로써 환율의 하락 압력을 가중시키고, 환율 하락은 수출의 가격경쟁력을 떨어뜨린다. 수출의 가격경쟁력을 유지하기 위해서는 환율을 안정시켜야 하고, 이를 위해서는 외환의 해외 유출을 촉진할 수밖에 없다. 결국 악순환이 반복되는 셈이다. 이 악순환은 일본경제가 장기침체에서 벗어나지 못하게 한 가장 근본적이고 결정적인 원인이다.

하지만 수출 증가와 경상수지 흑자는 클수록 좋다는 것이 경제학계의 일반적인 인식이다. 이런 인식이 '사고의 벽'을 형성하여 악순환의 고리를 끊지 못하게 했다. 하지만 경상수지 흑자는 장기적으로 결코 바람직한 게 아니다. 경상수지 흑자가 장기간 지속되어 축적되면 일본경제처럼 초장기 경기침체를 불러오기 때문이다. 외국자본의 국내 투자가 감소하는 경우에는 이런 경향이 특히 두드러지게 나타난다. 비유하자면, 경상수지 적자의 누적이 급성질환을 일으킨다면, 경상수지 흑자의 누적은 만성질환을 일으킨다.

재정정책도
장기침체에 기여

일본의 재정정책 역시 초장기 경기침체를 불러온 중요한 원인 중 다른 하나였다. 일본정부가 대대적인 재정지출을 통해 경기부양에 나섰지만, 그리고 재정지출의 증가는 일시적으로 경기를 상승시키는 작용을 한 것이 사실이지만, 그해의 성장률에만 주로 반영될 뿐이었다. 그다음 해의 추가적인 경제성장을 위해서는 재정지출 증가율이 전년도보다 더 커지거나 최소한 유지돼야 하는데 재정지출은 국내총생산을 넘어설 수가 없다. 재정지출 확대는 일시적일 수밖에 없고, 재정지출 증가율이 감소하면 재정의 역승수 효과가 나타나 성장률은 빠르게 떨어지고 만다.

그뿐만 아니라, 재정지출 증가는 국가경제의 한계생산성을 낮춤으로써 중장기적으로는 성장률을 오히려 하락시키는 압력으로 작용한다. 여기에는 어떤 경제원리가 작동할까? 재정지출은 생산성과 수익성이 낮아서 민간부문이 투자를 외면하는 분야에 주로 투입된다. 따라서 재정지출의 대GDP 비중이 커지면 커질수록 국가경제 전체의 평균적인 생산성은 떨어지고, 한계생산성은 마이너스를 기록한다. 한계생산성은 성장률을 의미하기도 하므로, 재정지출이 증가할수록 성장률은 낮아지는 것이다.

물론 경기의 악순환이 벌어지려고 할 경우에는 재정지출을 증가시켜 선순환으로 전환시키는 게 필수적이다. 일본의 재정정책도 이런 의미에서는 평가해줄 만하다. 일본정부가 재정지출을 증가시키는 등 적극적인 경기부양 정책을 펼친 결과, 성장률은 1995년에 1.9%와 1996년에 2.6%를 기록하는 등 경기가 상승함으로써 모처럼 장기침체에서 벗어나는 모습을 보였다. 하필이면 이런 때 일본정부는 경기를 하강시키는 정책을 선택했다.

재정지출 증가와 함께 공정할인율 인하 그리고 1996년 6월에 시행한 주센(주택금융 전문회사)의 처리 즉, 재정투입으로 부실채권을 정리했던 정책 등이 경기를 상승시켰는데, 일본 정부는 경기가 자생적으로 그리고 본격적으로 회복된 것으로 오판했다. 그래서 재정확대의 영향으로 엄청나게 커진 국가부채를 줄이기 위한 정책을 펼쳤다. 적자공채의 발행을 금지하고 재정적자를 GDP의 3% 이내로 제한하는 등의 내용을 담은 「재정구조 개혁법」을 1997년 9월에 제정했던 것이다. 이 법에 따라 재정 건전성의 재건을 위해 소비세를 3%에서 5%로 인상하고 소득세도 2조 엔을 증가시켰다. 이것이 경기회복세에 찬물을 끼얹고 말았다. "소비세 인상과 아울러 특별소득세 감세 폐지와 의료비 등의 부담 증가로 가계소득은 거시적으로 보아 약 9조 엔이 줄었다."[149] 그만큼 경기는 후퇴 압력을 받았다.

여기에 금융정책 실패까지 가세했다. 대장성은 '금융대개혁'의 일환으로 1996년 11월 한와은행阪和銀行에 업무정지 명령을 내려 사실상 도산시켰다. 그 결과 2만 선을 유지하던 주가는 연말이 되자 하락 속도가 빨라졌다. 1997년 1월에는 은행주를 중심으로 매도 주문이 쇄도하여 '셀 저팬'이 일어났다. 일본 채권신용은행의 금융채에 큰 폭의 리스크 프리미엄이 붙었고, 호카이도 다쿠쇼크은행에서는 예금인출이 일어났다. 금융위기가 이처럼 부분적으로 진행되기 시작하자, 금융기관 전체로 파급되는 것을 두려워한 대장성과 일본은행은 1997년 3월 말과 4월 초에 서둘러 구제책을 발표하여 금융위기를 진정시키려고 했지만 실패했다.[150] 1997년 가을에는 연초의 '셀 저팬'을 뛰어넘는 금융위기가 도래하여 도쿄 주식시장에서 금융주와 건설주의 대량 매도가 쇄도했다. 이런 상황에서 1997년 11월에는 홋카이도 다쿠쇼크은행이 무너졌다. 세계대전 이후 처음으로 도시은행(우리나라의 시중은행)이

149 위의 책 100쪽
150 위의 책 94~95쪽

도산한 것이다. 그 직전에 준대형 증권회사인 산요증권이 파산했고, 11월 24일에는 4대 증권회사 가운데 하나인 야마이치증권이 자진 폐업했다.[151] 이처럼 금융위기가 번져나가자 일본경기는 더 빠르게 냉각되었다.

결국 일본정부는 1997년 11월에 규제완화를 주요 내용으로 한 '긴급경제대책'을 발표했으며, 1998년 4월에는 경기부양을 위해 16조7천억 엔 규모의 경기종합대책을 발표했다. 하지만 경기를 상승으로 반전시키지는 못했다. 성장률은 1997년에 1.6%로 떨어졌고, 1998년에는 동아시아 외환위기까지 겹치면서 -2.0%를 기록했다. 1999년에도 성장률은 -0.2%에 불과했다. 그 사이에 재정지출 확대를 통한 경기부양 정책이 이어졌다. 일본 정부는 1998년 11월에 23조9천억 엔의 긴급경제대책, 1999년 11월에 18조 엔의 경제신생대책, 2000년 10월에 11조 엔의 신발전대책 등을 집행했으며, 2001년 3월에는 금융기관 부실채권 처리와 증권시장 활성화 등의 긴급경제대책을 연속 집행했다. 그러나 일본경제는 살아나지 못했다.

경기가 장기간 부진해짐에 따라 각종 후유증이 여러 곳에서 나타났다. 그 중에서도 가장 심각한 것은 금융회사의 경영수지 악화로서 언제든지 금융공황으로 발전하여 일본경제를 파멸적

151 위의 책 97쪽

상황으로 몰고 갈 가능성을 열어두었다. 또한 장기 경기침체는 세계 최강의 경쟁력을 보유하던 일본 기업의 경영수지까지 악화시켰고, 이것이 다시 금융기관의 경영수지 악화로 이어졌다. 실제로 일본 금융기관의 부실채권은 계속 증가했다. 부실채권 잔액은 1998년에 29조8천억 엔에 달했고, 1999년 29조6천억 엔, 2000년 30조 엔, 2001년 32조5천억 엔 등으로 계속 증가했다. 부실채권이 될 가능성이 높은 소위 '분류여신'이라 불리는 '요주의 여신'은 부실채권보다 2배나 더 많았다.

1990년대 말의 은행부실채권 현황(단위; 조 엔)

구분	1998. 3 말	1999. 3 말	2000. 3 말	2001. 3 말
부실채권	29.8	29.6	30.4	32.5
처리액	13.3	13.6	6.9	6.1
1992년 이후 누계	45.1	58.8	65.7	71.8

자료: 일본 금융청, 한국개발원 〈일본경제의 10년 불황에서 배워야 할 교훈〉에서 재인용

결국 금융경기가 실물경기의 침체를 더욱 부채질하는 양상으로 발전하였다. 실물경기의 장기침체는 금융업의 부실화를 불렀고, 금융업의 부실화가 다시 실물경기의 침체를 더욱 깊게 하는 등 악순환이 벌어지고 말았다. 이런 악순환의 고리를 깨기 위해서는 외환위기 당시에 우리나라가 크게 성공을 거둔 바처럼, 과감하게 공적자금을 투입하여 대대적인 구조조정을 단행해야 했

지만 일본의 대규모 국가부채가 이것마저 어렵게 했다.

1980년대까지 세계경제를 호령하던 일본경제가 어쩌다 이 지경이 됐을까? 지금까지 언급한 것처럼 그 원인은 경제정책의 거듭된 실패에 있었다. 그렇다면 어떤 경제정책을 선택했어야 이런 위기적 상황을 예방할 수 있었을까? 역사에 가정이란 있을 수 없다지만, 이 문제는 장래를 위해 반추해볼 필요가 있다. 우리나라에서는 일본경제의 이런 비극적인 일이 벌어져서는 안 되기 때문이다. 사후약방문死後藥方文이지만, 다음과 같은 정책을 선택했더라면 일본의 경제질병이 그처럼 심각해지지 않을 수도 있었을 것이다.

우선, 1980년대 후반의 호황을 지속가능한 정도까지 조절할 필요가 있었다. 1988년에 기록한 7.1%라는 과도한 성장률이라도 진정시켰어야 했다. 만약 이때 경기과열을 진정시키는 정책을 선택했더라면 일본경제의 침체기간은 크게 줄었을 것이다. 이게 신의 영역이더라도, 1980년대 말에 주가와 부동산가격의 폭등을 일으켰던 금융완화 정책이라도 펼치지 않았다면, 경제위기는 훨씬 약화되었을 것이다. 이것이 거품경기를 크게 일으켰고, 거품경기가 꺼지자 신용파괴원리가 작동해 경기를 결정적으로 후퇴시켰기 때문이다.

무엇보다, 신용파괴원리의 작동이 불가피해졌을 때는 재정긴축과 고금리 정책을 채택하여 금융기관의 구조조정을 촉진하고,

부실기업이 시장에 의해 정리되도록 했었어야 했다. 그 과정에서 공적자금을 충분히 준비해 둠으로써 금융시스템이 붕괴되지 않도록 예방해야 했음은 두말할 나위가 없다. 그랬더라면 단기적으로는 더 심각한 경기침체를 겪었을 테지만, 장기적으로는 경제를 살려낼 수 있었을 것이다. 한국경제는 이 정책으로 환란을 성공적으로 극복한 바 있다. 이 문제는 뒤에 자세히 다룰 것이다.

만약 일본 정부가 긴축정책을 채택하여 총공급 능력을 크게 줄였다면, 비록 총수요도 줄고 있었지만, 총공급의 감소 속도를 총수요보다 더 빠르게 만들었을 것이다. 그러면 공급자시장이 형성되었을 것이고, 이에 따라 살아남은 기업은 불경기 속에서도 이익을 남겼을 것이다. 기업의 이익이 증가하면 생산도 늘어나고 이에 따라 고용과 원자재 구매가 늘어났을 것이며 설비투자도 증가했을 것이다. 그러면 기업부문의 부실화가 더 이상 진행되지 않게 함으로써 금융부문의 부실화가 가속화하는 것을 억제할 수 있었을 것이다. 그러나 경상수지 흑자를 줄이지 않으면, 이런 정책적 노력마저 장기적으로는 큰 성과를 거두기 어려웠을 것이다. 경상수지 흑자의 누적이 장기부진을 불러온 가장 근본적인 원인이기 때문이다.

2012년에 아베 정권이 재출범한 이후 일본은 금융완화 정책과 함께 엔 절하 정책을 동시에 추진했고, 잠시 괄목할 만한 경제성과를 거뒀다. 2012년에는 경기가 모처럼 상승하면서 1.7%의 성장률을 기록했으며, 이런 경기상승은 2013년 초까지 이어졌다. 이에 대해 많은 경제전문가는 엔 절하정책이 수출을 촉진하고 기업 경영수지를 개선시켰기 때문이라고 분석했지만, 이것은 틀렸다. 과거에 수출이 지속적으로 호조를 보였던 때도 장기간 경기부진에 시달렸기 때문이다. 실제로 2013년 2/4분기 이후에는 일본 국내경기가 계속 하강했다. 결국 2014년과 2015년에는 성장률이 0%대를 기록했다.

일본의 최근 성장률(%) 추이

구분	2008	2009	2010	2011	2012	2013	2014	2015
성장률	-1.0	-5.5	4.7	-0.5	1.7	1.4	0.0	0.5

자료: 한국은행 통계시스템 2016년 8월 11일

왜 이런 일이 벌어졌을까? 일본경제를 장기 부진으로 몰아넣었던 결정적 원인인 경상수지 흑자가 2010년에는 2천억 달러를 다시 넘었으나 2011년에는 1,260억 달러로 감소했고, 이후에는 더욱 크게 줄기 시작하여 2013년에는 411억 달러로 그리고 2014년에는 240억 달러로까지 감소했지 않은가. 일시적으로는 적자로 돌아섰던 적도 있지 않은가(2015년에는 다시 1,356억 달러로 급증했다). 경기가 2013년 이후에 더욱 부진해진 이유는 도대체 무엇일까? 간접적인 이유로는 첫째, 초장기 경기부진으로 인해 일본 기업의 경영수지가 악화되어 투자가 부진해지면서 경쟁력과 성장력이 크게 떨어졌고 둘째, 200조 엔을 넘어선 국가부채가 국가경제에 부담으로 작용했으며 셋째, 정책당국의 과도한 시장 개입이 국가경제의 성장잠재력과 국제경쟁력을 크게 떨어뜨린 것 등을 들 수 있다.

직접적인 원인 중 하나는, 아래 표에서 보듯이, 2009년 이후에 성장률이 들쭉날쭉함으로써 기업 경영수지에 악영향을 끼쳤고, 이것이 성장지속력을 크게 떨어뜨린 것을 꼽을 수 있다. 예를 들어, 2009년 2/4분기와 4/4분기는 성장률이 7%를 넘었고, 2011년 3/4분기는 무려 10.7%를 기록했으나, 그 직후에는 경기가 빠르게 하강하는 등의 사태가 반복적으로 일어났다. 이처럼 국내경기가 급등과 급락을 반복하면 기업은 투자와 고용을 안심하고 증가시킬 수 없으며, 기업 경영수지도 악화되지 않을 수 없다. 그

일본의 2008~2013년의 분기별 성장률(%) 추이

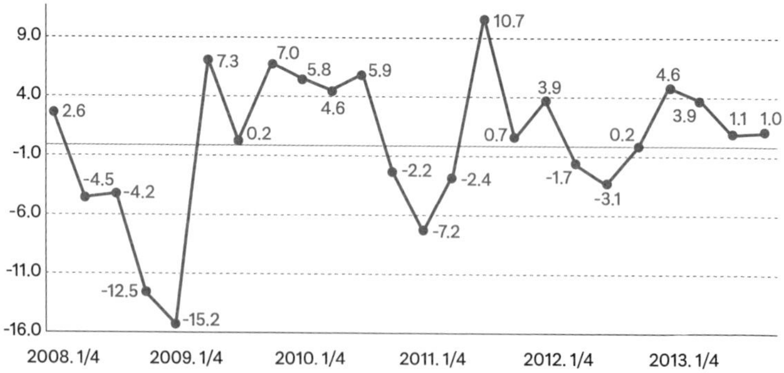

자료: 일본은행 홈페이지 2013년 9월 7일

리고 기업의 경영수지가 악화되면 생산과 투자와 고용이 모두 정체되거나 감소하고 만다.

다른 하나는, 생산자물가와 소비자물가 상승률의 격차가 기업경영수지 악화에 큰 영향을 끼침으로써 투자와 고용을 부진하게 하여 성장지속력을 떨어뜨렸다는 점을 들 수 있다. 아래 표에서 보듯이 2013년 이후 소비자물가 상승률은 생산자물가 상승률보다 줄기차게 낮았다. 물가가 하락할 때나 상승할 때나 모두 마찬가지였다. 이런 경우에는 기업경영수지가 악화되지 않을 수 없다. 생산가격보다 판매가격이 더 낮아지기 때문이다. 그러면 투자와 고용이 좀처럼 증가하기 어렵고, 경기부진에서도 벗어나기 어렵다.

일본의 2013년 소비자물가와 생산자물가 상승률(전년동월비, %) 추이

구분	1	2	3	4	5	6	7	8	9	10	11	12
소비자	-0.3	-0.6	-0.9	-0.7	-0.3	0.2	0.7	0.9	1.1	1.1	1.6	1.6
생산자	-0.4	-0.1	-0.5	0.1	0.6	1.2	2.2	2.3	2.2	2.5	2.6	2.5

자료: 일본은행 홈페이지 2014년 3월 2일

그럼 일본경제의 밝은 미래는 기대하기 어려울까? 경제를 살려낼 방법이 전혀 없을까? 다소 복잡하기는 하지만, 그 방법이 전혀 없는 것은 아니다. 첫째, 국내경기의 급등과 급락이 일어나지 않도록 관리하는 일이 급선무이다. 그래야 경제성장이 지속력을 확보할 수 있다. 이를 위해서는 경기흐름에 대한 정확한 진단과 적시의 금리 및 재정 정책 등이 요구된다. 둘째, 환율방어와 재정투입 등의 시장개입을 최소한으로 축소시킬 필요가 있다. 그래야 시장기능이 살아날 수 있다. 셋째, 대대적인 개혁을 통해 공공부문을 축소시킬 필요가 있다. 그래야 성장잠재력과 국제경쟁력을 강화할 수 있다. 넷째, 과도한 국가부채가 국가경제의 회생을 가로막고 있으므로, 이것을 일본은행이 인수하여 재정 부담을 줄여줄 필요가 있다. 이 경우에는 화폐발행이 점진적으로 증가하여 소비자물가 상승률이 생산자물가 상승률을 초과하게 함으로써 기업의 경영수지를 개선시킬 것이다. 다만 일본은행의 국채 인수는 점진적으로 이뤄져야 물가 폭발을 예방할 수 있다. 그리고 경기가 본격적으로 회복되면 긴축정책을 제때 펼쳐야 할 것이다.

끝으로, 경상수지가 약간의 적자를 기록하도록 환율 하락을 점진적으로 유도할 필요가 있다. 그래야 해외로 유출됐던 일본의 자본이 되돌아올 것이고, 이에 따라 국내수요가 증가하여 성장률도 상승할 것이다. 이처럼 성장률이 높아지면 수입이 증가하여 경상수지 적자는 더 커져 외환보유고가 계속 줄어들 것이고, 이것은 일본은행이 국가부채를 인수하는 부담을 줄여줄 것이다. 그러면 혹시 발생할지도 모를 물가 불안을 잠재울 수 있을 것이다. 경상수지 흑자가 장기침체의 근본 원인이므로, 이것은 가장 핵심적인 정책이다. 물론 경상수지 적자가 지나치게 커져 환율이 폭등하거나 외환위기가 발생하는 것은 미리미리 막아야 한다. 만약 외환위기가 발생하면 또 다른 종류의 금융위기가 터짐으로써 경제난은 더 악화될 것이다.

5

임상사례 3

외환위기

우리나라의 외환위기

우리나라가 1997년 말부터 겪은 외환위기는 아직까지도 그 원인은 물론이고 전개과정과 극복과정이 정확하게 알려지지 않았다. 바꿔 말해, 널리 알려져 있는 외환위기의 원인과 전개과정에 대한 분석은 오류라는 게 내 판단이다(이 문제는 바로 뒤에 자세히 살펴볼 것이다). 그렇다면 외환위기 같은 파국적인 경제난은 앞으로 얼마든지 반복될 수 있다. 이미 벌어진 사태의 원인에 대해 경각심을 갖지 않으면 언젠가는 반드시 다시 터지고 만다.

무엇보다 심각한 문제는 외환위기의 극복 과정에 대한 일반적인 평가가 옳지 못하다는 데 있다. 우리나라의 외환위기 극복은 세계사적으로 가장 성공적이었는데, 경제전문가 사회조차 대부분 그것이 실패한 것으로 여기고 있는 것이 우리의 불행한 현실이다. 세계사를 다 뒤져도 우리나라보다 더 성공적으로 외환위기를 극복한 사례가 없음에도 불구하고 이런 일이 벌어졌다는 것은 무엇을 의미할까? 성공한 정책이 실패한 정책으로 둔갑했다면, 장차 벌어질지도 모를 경제위기를 극복하는 과정에서 성공할 정책은 외면당할 것이다. 결국은 실패할 경제정책이 채택될 것이다. 현실에서는 성공의 길은 대부분 유일하거나 그 선택의 폭이 아주 좁지만, 실패의 길은 사방에 널려 있고 그 선택의 폭도 넓다. 성공의 길을 외면하면 남는 것은 실패의 길뿐이다. 따라서 외환위기를 올바르게 이해하는 일은 우리 경제의 장래를 위해 어느 무엇보다 중요하다.

외환위기를 극복한 당시의 경제정책이 성공적이라면 이것은 후손에 물려줘야 할 소중한 유산이다. 또한 외환위기의 위험을 안고 있는 여러 나라에 가르쳐줘야 할 훌륭한 지적재산권이다. 이게 널리 알려지면, 외환위기와 같은 경제파국이 벌어졌을 경우에도 파멸적인 타격을 피할 수 있다. 그러나 우리나라 경제전문가 사회는 물론이고 국민도 이런 사실을 거의 모른다. 그래서 나는 글을 쓰거나 책을 펴낼 기회가 있을 때마다 이 문제를 반복하여 거론하곤 한다. 내가 외환위기를 거듭 언급하는 데는 다음과 같은 다른 이유도 있다.

1997년에 외환위기가 터진 태국에서는 부동산시장과 주식시장이 거품을 형성한 뒤에 붕괴됨으로써 금융위기로 발전했다. 킨들버거가 강조한 '광기 → 패닉 → 붕괴'라는 금융위기의 전형적인 과정을 거쳤던 셈이다. 반면에, 우리나라에서는 외환위기가 터지기 전에 부동산과 주식의 가격이 주목해야 할 정도로 혹은 거품을 일으킬 정도로 상승하지는 않았으며, 가격의 붕괴는 외환위기가 터지기 전까지 일어나지 않았다. 우리나라는 자산 거품과 그 붕괴가 발생하지 않았음에도 불구하고 심각한 금융위기를 겪었던 것이다.

그렇다면 우리나라의 외환위기가 왜 일어났는지, 그 원인을 파악하는 일은 경제학계의 급선무이기도 하다. 이것은 '광기 → 패닉 → 붕괴'의 과정을 거치지 않고도 금융위기가 발생할 수 있는 사례이므로, 이에 대한 고찰은 경제병리학의 관점에서 매우 중요하며 그 발전을 위해서도 필수적이다. 그럼 우리나라 외환위기는 왜 발생했을까? 지금부터 이 문제를 살펴보도록 하자.

가. 외환위기의 직접 원인은 외환보유고 고갈

폴 크루그먼(MIT대 교수), 제프리 삭스(하버드대 교수), 마틴 펠트스타인(하버드대 교수), 신장섭(싱가포르 국립대 교수) 등을 비롯하여 수많은 국내외 경제학자와 대부분의 경제관료는 당시에 한국경제의 펀더멘털이 튼튼했으며, 외환위기는 일시적인 유동성 위기였다고 주장했다. 그러나 이것은 틀렸다. 원인이 뒤에 나타날 수는 없다. 유동성 위기는 외환위기가 진행되는 과정에서 나타난 현상일 따름이다. 그보다 먼저 직접적인 변수가 나타났다면, 이것을 원인으로 봐야 옳다. 일부의 다른 경제전문가는 압축 성장의 폐해가 한꺼번에 터진 게 외환위기라고 주장하지만, 이것도 틀렸다. 이 주장은 '태어났기 때문에 질병에 걸렸다.'라고 말하는 것이나 다름없다.

가장 단순하게 말하자면, 우리나라 외환위기는 외환보유고 고갈이 부른 참혹한 사태였다. 따라서 외환보유고 고갈을 일으킨 원인이 무엇이었던가를 찾아내면 외환위기의 직접적인 원인은 쉽게 밝혀진다. 현실을 보면 외환위기는 이미 예정돼 있었다. 외환위기 직전 4년 동안의 경상수지 적자가 435억 달러에 달했기 때문이다. 특히 1996년 1년 동안에만 경상수지 적자가 230억 달러에 이르렀다. 1990년대 중반까지의 외환보유고는 200억 달러를 조금 넘는 수준이었는데, 1996년 한 해의 경상수지 적자가 그와 맞먹었고, 1994년부터 1997년까지의 누적 적자는 그 두 배에 가까웠으니, 외환보유고는 당연히 고갈될 수밖에 없었다. 이게 바로 외환위기의 직접적인 원인이다.

외환위기 직전의 경상수지 동향(단위; 억 달러)

구분	1993	1994	1995	1996	1997
경상수지	9.9	-38.7	-85.1	-230	-81.7

자료: 조사통계월보 2006년 10월호, 한국은행

물론 경상수지가 대규모 적자를 기록하자 당시 김영삼 정권은 외환보유고 고갈을 막기 위해 외채를 적극적으로 도입했다. 그 결과로 1993년에 4백억 달러를 약간 넘었던 외채가 4년 뒤인 1997년에는 네 배나 증가하여 1,742억 달러를 기록했다. 평균적으로 매년 40% 이상 증가한 셈이다. 심지어 경상수지 적자가 230억 달러였던 1996년에도 자본수지 흑자는 233억 달러를 기록해 그 보다 더 컸을 정도였다. 그래서 외환보유고는 1996년 말에 330억 달러로 증가했지만, 눈덩이 구르듯이 커진 외채가 외환위기를 가속시켰다.

외환위기 직전의 경상수지와 외환보유고 동향(단위; 억 달러)

구분	1993	1994	1995	1996	1997
경상수지	9.9	-38.7	-85.1	-230	-81.7
외환보유고	202.6	256.7	327.1	332.4	204.1

자료: 조사통계월보 2006년 10월호, 한국은행

1997년에는 경상수지 적자가 1996년의 230억 달러에서 82억 달러로 크게 줄어든 것은 사실이지만, 당시는 국내경기가 빠르게 후퇴했다는 점을 감안해야 한다. 경기가 후퇴하여 수입이 줄었고 경상수지 적자도 줄었으므로, 만약 경기가 살아나면 경상수지 적자는 다시 커질 것이 뻔했다. 경기 하강이 외환위기의 위험을 잠시 은폐시켰을 뿐, 결국은 외환위기가 터지고 말았다. 설령 동남아시아에서 외환위기가 터지지 않았더라도 우리나라는 머지않아 외환보유고가 고갈될 위기에 처할 수밖에 없었을 것이며, 그 경제적 타격은 오히려 더 커졌을 것이다.

반복하거니와, 외환위기 직전 4년 동안의 경상수지 적자가 1990년대 중반의 외환보유고보다 두 배 가까이 커졌는데, 외환보유고 고갈사태가 일어나지 않았으면 이게 오히려 이상한 일이었을 것이다. 외채를 도입하여 종합수지를 흑자로 전환시키더라도, 외채가 계속 누적되면 결국은 외환위기를 피할 수 없다. 외채 규모가 커질수록 외채의 롤오버(외채 상환을 위한 외자 도입) 규모도 점점 커지는데, 이를 위한 외자 도입은 언젠가는 어려워지고 만다. 외채는 무한정 증가할 수 없기 때문이다. 이것은 중남미 국가들이 여러 차례 증명했다. 불행하게도 우리나라는 중남미 국가들의 전철을 그대로 밟았다.

실제로 외환위기가 본격적으로 진행되던 1997년의 자본수지 흑자는 13억 달러를 기록함으로써 전년도의 233억 달러와 비교할 수 없는 수준으로 줄었다. 외채 도입이 그만큼 어려워졌던 셈이다. 결국 외채의 추가 도입은 물론이고 기존 외채를 갚기 위한 롤오버마저 어려워졌다. 국제금융시장은 우리나라의 외채규모가 지나치게 커졌다고 인식했으며, 이에 따라 외채를 더 이상 빌려올 수 없게 되자 외환보유고는 빠르게 고갈되어 갔다. 간단히 말해, 외채의 급증이 외환위기를 불렀고, 경상수지 적자의 누적이 외채의 급증을 불렀던 셈이다. 그리고 경상수지 적자는 뒤에 자세히 살펴볼 것처럼 국내경기가 과열되었기 때문에 나타난 현상이었다.

일부 경제전문가는 우리나라를 비롯한 동아시아의 빠른 성장에 위협을 느낀 국제자본이 이를 견제하기 위해서 투자했던 자금을 일시에 회수했기 때문에 유동성 위기가 벌어졌다는 주장을 펼쳤다. 하지만 이것은 아래와 같은 사실로 간단히 부정된다. 즉, 외환보유고가 고갈돼 가던 1997년에도 자본수지는 13억 달러의 흑자를 기록했다. 외국자본의 회수가 일어난 것이 아니라, 외국자본의 유입이 그만큼 증가했던 셈이다. 더욱이 자본수지가 적자를 기록한 것은 외환위기가 본격적으로 한참 진행한 뒤였다. 나는 이미 1997년 초 한보사태가 터진 직후에 '이제 경제파국은 피할 수 없다.'라고 한탄해 마지않았다.

이처럼 외환위기는 1997년 초부터 진행되었는데, 그 뒤에 나타난 국제자본의 투자회수 혹은 자본수지 적자를 원인으로 삼는 것은 전형적인 오진이다. 실제로 외환보유고 고갈위기가 본격적으로 진행되기 시작한 이후인 11월과 12월 두 달 동안에만 자본수지 적자는 100억 달러를 넘었다. 그 이전에는 자본수지가 100억 달러 이상의 흑자를 기록했던 셈이다. 이런 통계조차 확인하지 않고 국제자본이 우리나라를 견제하기 위해 외환위기를 일으켰다고 주장하는 것은 어이없는 일이다. 이것은 내 탓을 남 탓으로 돌리는 짓으로서 결코 바람직하지 않다. 그런 주장은 외환위기를 일으킨 정책에 대한 반성을 못하게 할뿐만 아니라, 차후에 나타날지도 모를 경제위기를 진단하거나 예방하는 데 방해가 될 따름이다.

외환위기 직전의 자본수지와 외채 추이(억 달러)

연도	1993	1994	1995	1996	1997
자본수지	27.4	103.0	167.9	233.3	13.1
외채	438.7	568.5	784.4	1,047.0	1,742.3

자료: 조사통계월보 2006년 10월호, 한국은행

이제 경상수지 적자가 갑자기 커진 이유만 찾아내면 외환위기의 원인은 찾아진 것이나 다름없다. 그게 과연 무엇이었을까? 경상수지 적자가 증가하는 이유는 두 가지로서, 수출이 부진해지거나 수입이 더 빠르게 증가하는 경우이다. 그런데 1990년대 중반은 우리나라 최대 수출시장인 미국과 중국을 중심으로 경기 호조가 지속되어 해외시장 여건은 나쁘지 않았다. 경상수지 적자가 갑자기 커졌던 1990년대 중반에도 수출은 호조를 보였다. 아래 표에서 보듯이 1994년과 1995년의 수출증가율은 각각 16.8%와 30.3%를 기록함으로써 이례적으로 매우 높았다.

다만 1996년에는 수출 증가율이 3.7%를 기록함으로써 부진해졌는데, 그 원인은 국내경기가 과열양상을 보이고 물가가 상승

외환위기 전의 수출입 증가율(%) 추이

연도	1993	1994	1995	1996	1997
수입증가율	2.5	22.1	32.0	11.3	-3.8
수출증가율	7.3	16.8	30.3	3.7	5.0

자료: 조사통계월보 2006년 10월호, 한국은행

함에 따라 수출보다는 내수의 수익성이 높아졌던 데 있었다. 그러므로 경상수지 적자가 갑자기 커진 이유는 수입이 급증한 때문이라고 보는 게 옳다. 실제로 수입은 수출보다 훨씬 빠르게 증가하여 경상수지 적자를 키웠다. 1994년과 1995년의 수입증가율은 수출증가율보다 각각 5.3%와 1.7% 포인트가 더 높았고, 1996년에는 그 격차가 더 커져 7.6%에 이르렀다. 따라서 수입이 갑자기 크게 증가한 이유를 찾으면, 외환위기의 근원은 찾아진 것이나 다름없다.

나. 대규모 국제수지 적자의 근본 원인은 경기과열

수입이 수출보다 더 크게 증가한 이유는 과연 무엇이었을까? 한마디로, 국내 생산능력보다 소비를 훨씬 더 많이 했던 것이 가장 직접적이고 결정적인 원인이었다. 그럼 이런 일은 어떤 경우에 벌어질까? 국내경기가 느닷없이 과열되거나 정부가 경기부양 정책을 과도하게 펼치면 이런 일이 흔하게 벌어진다. 과연 어떤 일이 우리 경제에서 벌어졌을까?

김영삼 정권이 출범하던 1993년에는 경제성장률이 6.8%를 기록했는데, 이때는 수입증가율이 수출증가율보다 더 낮았고, 경상수지도 흑자였다. 그 직후인 1994년과 1995년에는 성장률이 각각 9.2%와 9.6%라는 높은 실적을 기록하자, 이때부터 수입 증가율이 수출 증가율보다 더 커졌으며, 경상수지 적자도 눈덩이 구르듯이 커졌다. 경제성장률 9.2%와 9.6%는 당시 우리 경제의 잠재성장률보다 훨씬 높았고, 이것이 경기과열을 일으켜 생산능력보다 더 많은 소비가 이뤄지게 했던 것이다. 경기과열이 일어나면 물가 불안이 먼저 나타나는 것이 일반적이지만, 국내시장이 점점 더 많이 개방되는 경우에는 물가가 조금만 상승해도 수입이 먼저 빠르게 증가하는 일이 벌어진다. 당시 김영삼 정권은 국제화와 세계화를 내세워 국내시장을 적극적으로 개방했다. 이에 따라 값싼 수입품이 물밀듯이 들어와 물가를 안정시켰다. 이것이 국제수지를 악화시키는 데 결정적인 역할을 했다.

외환위기 전의 주요 경제지표 추이(단위; %, 억 달러)

연도	1993	1994	1995	1996	1997
성장률	6.8	9.2	9.6	7.6	5.9
수입증가율	2.5	22.1	32.0	11.3	-3.8
수출증가율	7.3	16.8	30.3	3.7	5.0
경상수지	8.2	-40.2	-86.7	-231.2	-82.9

자료: 한국은행 경제통계시스템 2016년 11월 1일

만약 우리 경제의 성장잠재력과 국제경쟁력이 높은 수준을 계속 유지했더라면, 경기과열은 일어나지 않았을 것이며, 수입이 급증함으로써 경상수지 적자가 대규모로 누적되는 일도 일어나지 않았을 것이다. 1980년대 후반에는 성장률이 3년 동안이나 매년 11%를 상회했던 적이 있었는데, 이때는 경상수지가 대규모 흑자를 기록했다. 당시는 성장잠재력이 이처럼 높은 성장률을 감당해낼 수 있었다. 하지만 1980년대 말부터 부동산 투기가 극성을 부림으로써 국내의 한정된 자원이 비생산적인 분야로 흘러갔고, 그 결과로 우리나라의 국제경쟁력과 성장잠재력은 점점 떨어졌다.

다. 성장잠재력을 떨어뜨린 근본원인은 공공부문 팽창

더욱 심각한 문제는 공공부문의 급격한 팽창이었고, 이것이 국제경쟁력과 성장잠재력을 결정적으로 떨어뜨렸다. 국가경제에서 공공부문이 차지하는 비중이 계속 커짐으로써 민간부문이 부양할 수 없는 한계상황에 이르렀던 것이다(고급 공무원의 은퇴 후 일자리만 늘었다). 그래서 재정팽창률이 경제성장률보다 조금만 더 높아져도 국가경제는 비틀거리고 경기는 하강할 수밖에 없었다. 이런 상태에서 억지로 성장률을 높게 유지하려 했으니 당연히 외환위기라는 경제파국을 피할 수 없었다. 그럼 공공부문은 얼마나 비대해졌을까?

우리 경제가 악화되기 시작했던 1987년부터 외환위기 직전인 1996년까지 10년 동안에 경상 GDP는 약 3.5배 증가한 데 비해, 재정지출은 순계 기준으로 약 4.8배 증가했다. 재정지출이 경상 GDP보다 1.4배나 더 빠르게 증가한 셈이다. 당시 관변 경제전문가들은 우리나라 담세율이 20% 전후로서 선진국 수준에는 미치지 못하므로 큰 문제가 되지 않는다고 흔히 말했지만, 이것은 재정구조를 외면한 헛소리였고, 경제에서 진짜 중요한 것은 총액이 아니라 증가율이라는 점을 모른다는 사실을 자백한 것에 불과했다.

노태우 정권 이래 정책당국은 재정팽창을 은폐하기 위해 온갖 수단을 동원했다. 각종 특별회계와 기금을 양산하고, 산하기관을 신설하여 정부가 하던 일을 위임했다. 그래서 재정구조를 뒤틀릴 대로 뒤틀리게 만들었으며, 재정의 효율성과 신축성과 형평성에도 문제를 일으켰다. 결국 재정의 생산성까지 크게 떨어졌다. 중앙정부 일반회계는 1987년 이래 1997년까지 4.3배 증가했는데, 특별회계는 9.2배나 증가했다. 그 결과로 일반회계의 1/5 수준에 불과하던 특별회계가 외환위기 직전에는 일반회계의 절반 수준을 넘어섰다. 재정팽창을 눈속임하기 위해 각종 특별회계를 새로 증설했던 것이 이런 결과를 빚었다. 공공기금은 더 가관이었다. 자산규모로 따져보면 1988년부터 1996년까지 6.3배 증가했는데, 같은 기간에 팽창을 거듭했다는 재정지출은 4.8배 증가했다. 기금의 운용액은 1996년 기준으로 62조 원에 달해 일반회계

예산보다 4조 원이나 더 많았다.

문제가 가장 심각한 곳은 법률에 의해 정부업무를 위임받아 수행하는 정부 산하기관이었다. 개인적으로 3년여 동안 조사하여 1998년 대통령직인수위원회에 보고했던 내용에 따르면, 그 숫자는 1996년 말 현재 총 583개였고, 자산은 약 570조 원, 예산 규모는 162조 원, 재직 인원수는 41만 명에 이르렀다. 그 예산은 정부 예산의 2.8배를 넘었다. 산하기관 팽창률을 보면 문제가 얼마나 심각했는지 쉽게 알 수 있다. 1980년 이래 1996년까지 16년 동안에 그 예산은 24배, 인원수는 48.7배 증가했다. 이 기간에 GDP는 10.6배 증가하는 데 그쳤으니, 경제규모가 성장한 것보다 산하기관의 규모가 2배 이상 빠르게 팽창한 셈이었다. 참고로, 위의 통계를 비교하는 기준 연도가 각각 다른 것은 내가 1996년부터 작성했던 서로 다른 보고서에 근거했기 때문으로, 그만큼 여러 차례 외환위기를 경고했다는 것을 의미한다.

외환위기가 발발한 근본 원인은 다른 데 있지 않았다. 위에서 살펴본 것처럼 공공부문의 팽창이 가장 근본적인 원인을 제공했다. 환란은 이미 10여 년 전부터 잉태됐던 셈이다. 환란 같은 재앙이 어찌 하루아침에 벌어지겠는가. 우리 경제는 재정팽창을 비롯한 공공부문 팽창으로 경제체력과 면역력이 극도로 약해져 있었다. 한마디로, 외환위기라는 암 덩어리는 노태우 정권이 만들었고, 그때부터 자라나 김영삼 정권 때에 터지고 말았다.

라. 경기 과열을 일으킨 것은 통화 팽창과 재정 팽창

위에서 살펴본 바처럼 공공부문이 크게 팽창했고 여기에 부동산 투기까지 가세함으로써 잠재성장률이 과거보다 훨씬 낮아졌는데, 1994년과 1995년에 실현한 성장률은 그보다 훨씬 높았다. 그랬으니 경기과열이 발생하지 않을 수 없었다. 심지어 1996년에는 성장률이 전년도의 9.6%에서 7.6%로 2% 포인트나 떨어져 경기가 하락으로 돌아섰음에도 불구하고 경상수지 적자는 사상 최대인 231억 달러를 기록했을 정도였다. 이 해의 수입증가율은 11.3%로 떨어졌지만, 수출증가율은 3.7%로 더 떨어졌다. 그동안 성장잠재력과 국제경쟁력은 그만큼 약화됐고, 그래서 성장률이 7.6%라는 상대적으로 낮은 수준에 머물렀음에도 심각한 경기과열 현상이 일어났다.

그럼 무엇이 경기과열을 일으켰을까? 경기과열의 첫째 원인은 통화 팽창이었다. 1991년과 1992년 말의 화폐발행 증가율은 각각 10.6%와 7.7%에 그쳤는데, 1993년 말에는 그 증가율이 무려 41.6%를 기록했다. 과거에는 화폐발행 증가율이 통상적으로 성장률의 세 배를 좀처럼 넘지 않았고, 이것마저 역사적으로 계속 낮아져 1990년대 후반에는 두 배를 넘지 않았다. 실제로 1980년대에는 화폐발행 증가율이 20% 전후였고, 1990년대 후반에는 10% 전후였다. 이런 점을 감안하면, 1993년 말의 화폐발행 증가율이 얼마나 무모한 것이었나를 쉽게 알 수 있다. 따라서 당시에 화폐발행을 이처럼 크게 늘렸던 정책당국자가 외환위기의 1차 책임자라고 할 수 있다. 그러나 이 문제에 관한 한 누구도 책임을 묻지 않았고, 누구도 책임을 지지 않았다. 국회에서 외환위기 청문회가 열렸지만 마찬가지였다. 외환위기가 터진 뒤에 그것을 타개하기 위해 열심히 노력한 사람들만 국회 청문회에 불려나가 곤욕을 치렀을 뿐이었다. 이것은 어이없는 일이었다. 외환위기 발생에 책임을 져야 할 사람들은 외면하고, 그것을 막아내기 위해 노력한 사람들만 비난을 받은 꼴이니 말이다.

외환위기 전의 화폐발행 증가율(연말기준 %)

구분	1991년	1992년	1993년	1994년	1995년
증가율	10.6	7.7	41.6	8.7	14.8

자료: 경제통계연보 2004년, 한국은행

위와 같은 화폐발행의 급증은 신용창조의 과정을 거쳐 협의통화와 광의통화와 광의유동성 등을 급증시키는 압력으로 작용했다. 국내경기는 당연히 과열됐다. 대대적인 수입 자유화조치로 물가 불안은 잠재울 수 있었지만, 그 대신 수입이 급증했다. 무모한 정책이 통화팽창으로 그쳤다면 외환위기 같은 파국적인 상황만은 피할 수 있었을지도 모른다. 그러나 이것만으로 그치지 않았다. 경기과열을 일으킨 또 다른 직접적인 원인은 재정팽창이었다.

화폐증발에 의해 잠시 상승했던 국내경기가 1994년 하반기부터 하강할 조짐을 보이자, 김영삼 정권은 재정을 대대적으로 팽창시켜 경기를 부양시켰다. 공공자금 관리기금을 설치해 각종 연기금의 여유자금을 모두 재정에 끌어들였고, 그 결과로 1995년의 재정지출 증가율은 42.5%에 달했다. 이것이 국내경기의 과열을 결정적으로 부추겼다. 재정지출 증가율은 경상성장률을 넘지 않는 게 바람직하다고 보면, 당시의 재정팽창이 얼마나 무모했던가를 쉽게 알 수 있다. 재정팽창률이 경상성장률의 4배에 가까웠으니 말이다. 심지어 사상 최악의 국제수지 적자를 기록했던 1996년에도 재정팽창률은 17.8%를 기록했을 정도였으니 그 무모함은 말로 표현하기조차 어렵다. 참고로, 위와 같은 내 지적이 제기되자 정책당국은 재정지출 증가율을 산정하는 기준을 변경하여 이 문제를 은폐하려 했으며 결국은 성공했다.

외환위기 전의 재정팽창률과 경제성장률(단위; %)

구분	1993년	1994년	1995년	1996년	1997년
재정팽창률	12.6	-0.2	42.5	17.8	7.9
경제성장률	6.8	9.2	9.6	7.6	5.9

자료: 성장률은 한국은행 경제통계시스템 2016년 11월 1일
재정팽창률은 한국은행 경제통계연보 2000년, 세출 및 대여금 순계 기준

위에서 살펴본 바처럼 재정팽창이 초과수요를 일으켰고 수입 증가율을 크게 높였으며, 이에 따라 국제수지는 더욱 악화되고 말았다. 외환위기의 두 번째 원인은 이처럼 재정팽창에 있었으므

로, 그것을 주도한 정책당국자가 외환위기의 핵심 책임자였지만, 이 문제에 관해서도 누구 하나 책임을 지지 않았고, 아무도 책임을 묻지 않았다. 국회가 외환위기에 대한 국정조사위원회를 설치하고 열심히 활동했음에도 불구하고 결과는 달라지지 않았다. 오히려 세월이 흐른 뒤 이들 중 상당수가 노무현 정권과 이명박 정권에서 중용되었으며, 이들은 우리 경제를 2000년대 중반 이후에 장기 부진의 늪으로 빠뜨리는 데에 중추적인 역할을 하였다. 그중에서 한 사람은 10여년이 지난 뒤 공기업의 책임자로 임명되어 국가경제에 큰 손실을 끼치기까지 했다. 책임을 묻고, 책임을 지는 일은 이래서 중요하다.

마. 환율이 제 역할을 하지 못한 것도 중요한 원인

국제수지가 악화의 길을 줄곧 걸었다면 환율이라도 조정자의 역할을 했었어야 했지만 제 역할을 하지 못했다. 예를 들어, 경상수지 적자가 1994년 38.7억 달러에서 1995년에는 그 두 배가 넘는 85.1억 달러로 급증하던 때의 환율은 804원에서 771원으로 오히려 떨어졌다. 경상수지 적자가 230억 달러로서 1990년대 중반의 외환보유고에 필적할 정도로 커진 1996년에는 환율이 805원을 기록하여 1994년과 비슷했다. 이처럼 환율이 국제수지 동향을 반영하지 못하면 국제수지 악화는 피할 수 없다. 환율이 이렇게 제 역할을 하지 못했던 것도 외환위기의 중요한 원인 중 하나이므로 무엇이 환율상승을 제약했던가를 살펴볼 필요가 있다.

외환위기 전의 연평균 환율과 경상수지 추이(단위; 원/달러, 억 달러)

연도	1993	1994	1995	1996
환율	802.7	803.6	771.0	804.8
경상수지	8.2	-40.2	-86.7	-231.2

자료: 조사통계월보 2006년 10월호, 한국은행

1990년대 초까지 종합금융회사(이하 종금사)는 소위 '황금알을 낳는 거위'라고 불렸다. 싼 이자의 외채를 들여와 국내에서 비싼 이자로 돈장사를 할 수 있었고, 1980년대 후반에는 환율까지 점진적으로 떨어져 환차익을 누릴 수 있었기 때문이다. 그래서 너도나도 종금사 신설을 희망했고, 김영삼 정권이 출범한 직후인 1994년에 9개, 이듬해인 1995년에는 추가로 15개의 투자금융회사가 종금사로 전환했다. 그래서 종금사는 6개에서 갑자기 30개로 늘어났다. 신설 종금사는 부산경남 지역에 연고를 둔 숫자가 압도적으로 많았다.

그런데 환율이 빠르게 오르면 종금사는 손실을 입기 마련이다. 환차손이 이자 차익보다 훨씬 커지기 때문이다. 예를 들어, 환율 8백 원에 10억 달러의 외자를 들여왔다면, 환율이 1천 원으로 오를 경우 그 달러가치는 8억 달러로 줄어든다. 종금사로서는 2억 달러가 연기처럼 사라지는 셈이다. 김영삼 정권은 환율을 결사적으로 방어할 수밖에 없는 운명을 안고 태어났으며, 외환위기도 피할 수 없었다. 그리고 외환위기의 경제적 타격이 가장 심각했던 곳도 부산과 경남일 수밖에 없었다. 국회의 외환위기 국정조사위원회는 이 문제에 대해 관심조차 보이지 않았다.

또 하나, 김영삼 정권이 국정목표로 내세운 '국민소득 1만 달러'와 '임기 내 OECD 가입'도 환율고착에 영향을 끼쳤다. 환율이 오르면 '국민소득 1만 달러'가 불가능해지고, 이에 따라 'OECD 가입'은 무산될 수 있었다. 이 국정목표를 달성하기 위해서는 성장률을 높여야 했고, 성장률을 높이기 위해서는 화폐발행을 늘리고 재정지출을 팽창시켜서라도 경기를 부양해야 했다. 이처럼 무리하게 위의 국정목표에 집착했던 원인은 정치적 인기에만 영합하려 했던 김영삼 정권의 정치행태에 있었다.

바. 금융위기가 외환위기와 함께 터진 이유: 신용파괴원리 작동

외환위기를 겪은 다른 대부분의 국가와 마찬가지로, 우리나라도 외환위기와 금융위기라는 전형적인 쌍둥이 위기twin crises를 겪었다. 외환보유고가 고갈될 위기에 처한 것은 물론이고, 금융기관이 붕괴위기로 치달았다. 간단히 말해, 외환위기를 일으킨 격발자는 한보사태였다. 한보사태가 터진 뒤부터 신용파괴원리가 본격적으로 작동하면서 외환위기가 더욱 빠르게 전개되었던 것이다. 이 문제는 앞에서 금융위기의 일반원리를 다루면서 충분히 거론했으므로, 자세한 내용은 생략하기로 한다.

간단히 반복하자면, 한보사태의 부실채권 규모는 약 6.6조 원이었다. 이것의 신용파괴 압력을 이론적으로 계산해보면, 화폐발행액에 대한 광의유동성 신용승수가 약 30배였으므로 그 금액은 약 200조 원에 이른다(한보 부실채권 6.6조 원 X 신용승수 30배 = 198조 원). 이것은 광의유동성의 1/3 규모였다. 이 정도라면 금융위기가 심각하게 전개되지 않을 수 없었다. 마치 우리 몸의 혈액 1/3이 빠져나가는 것 같은 상태였다. 그래서 우리 경제는 과거에 볼 수 없었던 처참한 경제난을 겪었던 것이다.

사. 외환위기가 IMF 때문인가?

한때 IMF의 정책권고가 가혹했다거나, 정부가 그것을 너무 충실히 따름으로써 흑자 기업을 도산시키고 실업자를 양산했다는 비난이 국내에서는 물론이고 국제적으로도 난무한 적이 있었다. 대표적인 사례를 몇 개 살펴보자. 프린스턴대학 교수이자 뉴욕타임스 컬럼니스트인 폴 크루그먼은 1998년 9월 「포춘」에 기고한 글에서 "비판자들은 IMF가 해당 국가들에 요구한 높은 금리 때문에 심각한 불황과 금융 피해가 생겼으며, 그 결과로 재무 상태가 좋은 은행들과 회사들도 결국 무너질 것이라고 주장했는데 이는 옳았다. 그러므로 IMF가 해당 국가들에게 금리를 올려 외환을 방어하도록 하는 대신에 금리를 낮게 유지하여 실물경제를 계속 성장시켰어야 했다고 그들은 주장했다. 이 조언은 상당히 좋게 들린다."[152]라고 밝혔다.

하지만 금융위기는 IMF가 구제금융을 해주고 긴축적인 경제 정책을 권고하기 전에 이미 벌어졌다. 실제로 1997년 연초에 한보가 부도를 당했고 그 직후부터 상당수 재벌들이 무너졌으며, 중소기업들도 줄줄이 도산사태를 이뤘다. 금융위기와 기업 도산사태가 터진 뒤에 IMF의 구제금융이 이뤄졌는데, IMF의 구제금융 조건을 금융위기와 경제난의 원인으로 삼는 것은 전형적인 오진이다. 참고로, 그는 아시아의 경제기적에 회의적 견해를 거듭 밝힌 바 있다. 1994년 「포린 어페어스Foreign Affairs」에 '아시아 기적의 신화, The Myth of Asia's Miracle', 1998년 3월에 '아시아는 재기할까? Will Asian bounce back?' 그리고 4월에 '아시아에 무슨 일이 벌어졌나? What happened in Asia?'라는 글을 쓰기도 했다. 아시아 경제를 폄하하기 위해 이런 글을 쓴 것은 아닌지 의심스럽다.

하버드대학 교수이자 여러 나라의 경제고문으로 활약한 제프리 삭스는 1999년 봄에 미국 PBS방송 「프론트라인」 인터뷰에서 "아시아 국가들은 채권자들에게 지불할 달러가 없었기 때문에 채무불이행 상태에 빠져들었다. 통화가치는 폭락했고, 금리는

152 『패닉 이후』 129쪽, 마이클 루이스 편저, 21세기북스, 2008년

치솟았다. 유동성 자산은 자취를 감춰버렸고, 제조업은 올스톱되었다. 아시아 지역 전체가 경제 붕괴상태에 빠진 것이다. 비극적이게도 이 과정은 부분적으로 IMF에 의해 조장되고 부추겨졌다. 아시아 위기에 개입한 IMF가 수십 개 은행과 금융기관의 폐쇄를 주장하는 등 자극적인 조치를 취하면서 경제공황의 많은 부분을 유발했으며, IMF가 개입하지 않았을 경우보다 모든 것을 더 악화시켰다."[153]라고 주장했다.

당시 세계은행 수석 경제학자 겸 부총재로 재직했던 조지프 스티글리츠는 10년이 지난 2007년에도 여전히 비판을 멈추지 않았다. 「프로젝트 신디케이트」에 실린 글에서 "IMF와 미국 재무부가 들어와 경제주권을 박탈하고 채권국들에 대한 채무상환을 늘리는 데에 필요한 정책을 요구했다. 그 결과 그 나라들의 경제는 깊은 침체와 불황의 늪에 빠졌다."[154]라며 "1997년 위기에서 IMF가 겪은 실패는 IMF의 신뢰도를 더욱 떨어뜨렸다."[155]라고 비판했다. 그는 이미 1998년 3월 마닐라에서 열린 아시아개발은행ADB 주최 세미나에서 "거시경제에 부정적인 영향을 주는 개혁은 오히려 금융 분야를 악화시키고 남은 개혁과정을 더 힘들게 한다.(중략) 지나친 고금리나 긴축재정정책은 거시경제의 안정성을 해칠

153 『패닉 이후』 159~160쪽, 마이클 루이스 편저, 21세기북스, 2008년
154 위의 책 198쪽
155 위의 책 200쪽

위험이 있다."[156]라고 주장한 바 있다.

하버드대학 교수이자 미국 최대 연구기관인 NBER National Bureau of Economic Research의 원장이던 마틴 펠트스타인도 IMF의 처방에 대해 강도 높게 비판했다. 그는 1998년 「포린 어페어스 Foreign Affairs」에 기고한 'IMF 재조명, Refocusing the IMF'이라는 글에서 특히 한국에 대한 IMF의 처방은 그 직분을 넘어서는 것이자 가혹한 것이었고, 그 결과도 좋지 않을 것이 빤하다고 주장했다.

그러나 위의 여러 비판은 하나 같이 현실은 물론이고, 기초적인 경제원리조차 간과했던 것들일 따름이다. 우선, 현실에 나타난 통계로 따져보면 우리나라는 외환위기를 세계사에서 가장 짧은 기간에 가장 성공적으로 극복했다. 빈부격차 심화, 국부 유출, 부도 사태, 실업률 급증, 물가 불안 심화, 국가부채 급증, 사회적 결속력 약화 등의 후유증과 부작용도 가장 적었다. 다음으로, 경제원리 상으로 보면 급격한 경기후퇴가 오히려 금융위기와 외환위기를 성공적으로 극복하는 데 결정적으로 기여했다. 그럼 여기에는 어떤 경제원리가 작동했을까?

아. 외환위기를 성공적으로 극복한 과정

외환위기의 극복은 다음 두 가지를 반드시 포함해야 한다. 그

---

156 『IMF체제 하의 한국경제1』 222쪽, 장형수·왕윤종, 대외경제정책연구원 1998년

하나는 외환보유고 고갈사태를 벗어나는 것이고, 다른 하나는 경기침체를 벗어나는 것이다. 이 두 가지 면에서 그들은 모두 틀렸다. 물론 그들의 분석이 틀린 이유는 그들이 무능해서가 아니라, 전개과정을 묻지 않게 만드는 주류경제학의 한계 때문이지만 말이다. 지금부터 우리나라가 세계사에서 가장 성공적으로 외환위기를 극복했던 과정을 경제병리학에 입각하여 살펴보자.

먼저, 외환위기를 벗어나기 위해서는 외환보유고 확충이 시급하다. 만약 외환보유고가 고갈되고 국가경제가 파산에 이르면, 석유와 식량 등을 사올 수 없어서 국민은 추위와 배고픔을 벗어나기 어렵다. 다른 자원들도 수입할 수 없게 되어 거의 모든 산업이 정지 상태에 들어가고 만다. 그래서 외환위기를 당한 나라는 IMF의 구제금융을 받아야 하고, 구제금융을 받았으면 언젠가는 반드시 상환해야 한다. 구제금융 상환을 위해서는 국제수지가 흑자로 돌아서야 하는데 이를 위해서는 수입이 줄어야 한다. 해외시장은 마음대로 조종할 수 있는 대상이 아니므로 수출을 단기간에 늘리는 일은 쉽지 않다. 따라서 수입의 감소를 유도해야 하고 이를 위해서는 긴축정책이 필수적이다.

1998년 성장률이 -5.5%를 기록했을 정도로 국내경기는 급격히 하강했는데, 이것이 수입의 빠른 감소를 부름으로써 그해 경상수지는 404억 달러의 흑자를 기록했다. 이런 대규모 흑자는 당초 예정됐던 구제금융 585억 달러를 189억 달러로 대폭 축소시켜서 국가경제의 부담을 완화시켜주는 효과까지 낳았다. 무엇보다 주목할 점은, 외환위기가 터진지 불과 1년여가 지난 1998년 말에는 외환보유고가 520억 달러를 넘어섬으로써 과거 최고 수준보다 두 배 가까이 더 많아졌다는 사실이다. 이로써 우리나라는 외환보유고 고갈사태에서 완전히 벗어났으며, 외환위기를 극복할 결정적 전기를 마련했다.

이제 남은 문제는 국내경기를 어떻게 단기간에 회복시켰느냐를 밝히는 일이다. 사실 우리나라의 외환위기 극복이 세계사적으로 높은 평가를 받아야 하는 이유는 외환위기가 발발한 지 '불과 1년 만에' 고도성장 가도에 다시 들어섰기 때문이다. 1997년 말에 IMF 구제금융을 받았는데 그 1년여 뒤인 1999년에는 성장률이 무려 11.3%를 기록했고, 2000년에도 8.9%라는 아주 훌륭한 실적을 남겼다. 장차 다시 찾아올지도 모를 경제위기를 성공적으로 극복하기 위해서는 이런 기적 같은 일이 어떻게 이뤄졌던가를 밝혀 세상에 널리 알리고 역사기록으로도 남겨둘 필요가 있다.

경기가 회복되기 위해서는 기업의 생산과 투자와 고용이 살아나야 하며, 이를 위해서는 기업의 이익이 증가해야 한다. 이익이 증가하지 않으면 생산과 투자와 고용을 자발적으로 그리고 장기적으로 증가시킬 기업은 어디에도 없다. 그런데 외환위기가 발발한 직후에 우리 경제는 극심한 경기후퇴를 겪고 있었다. 이런 때에 기업의 이익이 늘어나는 경우는 오직 하나로서 공급자시장Supplier's Market이 조성될 때뿐이다. 일반적으로는 경기가 호조를 보일 경우에 공급자 시장이 조성되지만, 경기가 부진할 경우에도 총수요가 하강하는 속도보다 총공급이 더 빠르게 하강하면 이런 일이 벌어진다.

공급자 시장이 조성되면 심각한 불황 때문에 가격은 올리지 못하더라도 비교적 큰 이익을 남길 수 있다. 우선, 공급자 시장에서는 구매자가 먼저 찾아오므로 영업을 위해 뛰어다닐 필요가 줄어 판촉비용과 수송비용이 절약되며, 광고나 기타 판매비용도 절약된다. 그리고 재고를 쌓아둘 틈이 없으므로 재고비용도 감소한다. 여기에다 불황이라서 원자재 값은 싸고, 임금을 올려달라는 소리도 좀처럼 나오지 않는다. 간단히 말해, 경기침체가 지속될 경우에 도산할 수밖에 없는 기업을 미리 재빠르게 퇴출시키는 경우에 공급자 시장이 조성되는데, 1998년의 성장률 -5.5%가 이런 역할을 했다.

많은 경제전문가들이 주장한 바처럼 당시에 긴축정책을 채택하지 않았거나 너무 빨리 완화했더라면, 1980년대에 중남미 국가들이 그랬던 것처럼 우리나라 외환위기도 수년 혹은 십수년 동안 지속되었을 것이다. 만약 외환위기가 불러온 경기후퇴가 유효수요의 부족을 일으켜 공급과잉 현상이 지속됐더라면, 만성적인 수요자시장Demander's Market이 이어졌을 것이다. 이것은 기업의 경영수지를 지속적으로 악화시켰을 것이다. 그러면 생산과 투자는 계속 위축되고 경기는 더욱 하강했을 것이며, 결국은 더 많은 수의 기업이 도산했을 것이다. 국민의 경제적 고통과 국가경제의 폐해도 더 커졌을 것이다. 일본이 1990년대 이래 초장기 경기침체를 겪었던 중요한 원인 중 하나도 이것이다. 즉, 만성적 수요자시장이 지속됨으로써 기업의 경영수지를 지속적으로 악화시켰고, 이에 따라 투자와 고용은 증가할 수가 없었다. 이런 일이 우리 경제에서도 벌어졌어야 했다는 말일까? 그것은 아닐 것이다.

우리 경제가 외환위기를 성공적으로 극복한 뒤에는 해외 경제전문가의 대부분은 비판적인 견해를 회수하고 입장을 바꿨다. 우리나라가 외환위기를 성공적으로 극복했음을 증명하는 통계를 파악하지 않은 일부 경제전문가만 비판적인 자세를 견지했을 따름이다. 이런 전문가는 인도네시아가 IMF의 긴축정책 권고를 즉각적으로 받아들이지 않았다가 다른 나라보다 훨씬 심각한 경제난에 처했고, 정치적 소요가 발생하여 폭력적인 정권교체까지 일어났던 사실을 뒤돌아봤어야 했다. 더욱이 러시아는 IMF의 정책 권고를 외면했다가 1998년에 지불유예를 선언하였으며, 결국은 동아시아 어느 나라보다 훨씬 혹독한 경제난을 겪었지 않은가 말이다.

스티글리츠 교수는 한발 더 나아가 "위기의 가장 중요한 교훈은 이해되지 못했다. 첫 번째 교훈은 자본시장 자유화, 즉 개도국의 금융시장을 단기자금인 핫머니의 물결에 개방하는 것이 위험하다는 것이다. 유일하게 위기를 겪지 않은 주요 개도국인 인도와 중국이었다는 것은 우연이 아니었다."[157]라고 주장했다. 그러나 인도와 중국은 외환위기를 심각하게 겪은 동아시아 국가들과는 다르게 경상수지가 흑자를 기록했다는 사실을 그는 간과했다. 중국과 인도에서는 외환보유고 고갈위기가 벌어질 이유가 없었던 것이다. 무엇보다, 외국자본에 대한 시장 개방이 이 나라들의 경제번영을 이끌었는데, 그는 이것을 하지 말았어야 한다고 주장한 꼴이다. 외국자본을 더 열심히 유치하는 나라일수록 경제번영을 누리고 있는 현실에 그는 눈을 감아버렸다. 이처럼 비과학적인 주장을 했음에도 불구하고 스티글리츠 교수 등의 주장이 국내 경제전문가 사회를 여전히 지배하고 있는 게 우리 현실이다. 이것은 여간 심각한 문제가 아니다. 장차 경제파국이 혹시라도 또 닥친다면 이런 잘못된 평가가 더 심각한 사태를 불러올 가능성이 아주 크다.

참고로, 외환위기가 1997년 말에 터진 직후, 외국의 한 경제학자는 "한국은 20년 안에 외환위기를 극복하면 다행이다"라는 악담을 퍼부었다. 그만큼 당시의 외환위기는 심각했다. 실제로 IMF 등의 구제금융 규모는 당시까지 역사상 최대규모였다. 그리

157 위의 책 199쪽

고 국내 한 언론에서는 "5년 안에 외환위기만 극복해도 역사는 위대한 업적을 남겼다고 기록할 것이다."라는 사설을 썼을 정도였으며, 단군 이래 최대 난리라며 환란이라고 부르기도 했다. 이런 위기를 우리나라는 세계사에서 가장 단기간에, 그 부작용과 후유증도 세계사에서 가장 적었을 정도로 가장 성공적으로 극복해냈던 것이다. 하지만 이처럼 위대한 성공을 거둔 경제정책이 폄하되어 외면당했고, 이미 여러 차례 실패했던 정책이 오히려 각광을 받아 채택되는 일이 벌어지고 말았다. 그래서 지금 우리나라의 경제난은 해가 갈수록 심화되고 있는 실정이다.

자. 똑같은 정책으로 반복된 외환위기

우리 국민은 거의 모두 1997년 말부터 1998년 사이에 진행된 외환위기를 역사상 처음 터진 최악의 사태로 알고 있다. 그래서 '단군 이래 최대 난리'라며 환란이라 불렀다. 하지만 외환위기는 1956년, 1962년, 1968년, 1971년, 1974년, 1979년, 1982년, 1997년 등 무려 여덟 번이나 터졌다. 우리나라가 외환위기를 이처럼 여러 차례 겪었다고 말하면 어느 누가 믿겠는가? 일반 국민은 물론이고, 지식인 사회도 마찬가지이며, 아주 뛰어나다고 평가받는 경제학자 역시 예외가 아니다. 오직 1997년 말의 외환위기만 널리 알려져 있을 뿐, 매우 심각했던 1979년 말과 1982년의 외환위기조차 극소수 관계자만 알고 있을 뿐이다. 외환위기가 터질 때마다 민초들은 심각한 경제적 고통을 겪었고, 매번 미국 재무부와 IMF의 경제신탁통치를 받았어야 했는데도 말이다.

우리나라에서 외환위기가 처음 발생한 것은 1956년이었다. 그 이전에는 우리나라 경제가 미국의 무상원조에 거의 의존했으므로 외환위기를 걱정할 필요가 없었다. 하지만 무상원조는 무한정 지속될 수 없었다. 미국 원조가 무상에서 유상으로 전환되어 가자, 1956년에 처음으로 외환보유고가 고갈될 위기에 처했다. 그렇지 않아도 우리나라 재정은 그 절반 이상을 미국 원조물자의 매각대금에 의존했던 터라 국가경제의 경영에 대한 미국의 영향력이 컸었는데, 외환위기가 터진 직후에는 한미합동경제위원회가 설립되었고 본격적인 경제신탁통치가 이뤄졌다. 불행한 일이지만 이 결과는 오히려 바람직했다. 그 후부터 국가경제에 필수적인 생산시설이 본격적으로 건설되기 시작했고, 수출증진을 통해 자립기반을 다지려는 노력이 나타났다. 우리 정책당국이 외환위기를 계기로 국가경제의 경영에 드디어 눈을 떴던 셈이다.

우리나라 경제사에서 가장 극심한 경제적 고통을 국민에 안겨준 것은 1962년 외환위기였다. 이때의 외환위기는 정부의 경제정책 실패가 불러온 자생적인 것이었다. 이것이 은폐되는 바람에 그 뒤로도 비슷한 정책실패가 반복하여 벌어졌다. 그 이후에 외환위기가 간헐적으로 여러 차례 터졌다는 면에서 이때의 외환위기는 중요한 의미를 갖는다. 이제라도 그 원인과 과정을 명확히 밝혀서 앞으로는 그런 실패가 반복되지 않도록 할 필요가 있다.

1961년에 5·16쿠데타로 권력을 장악한 군사정권은 전체 금융회사의 금융활동을 동결시켰고, 6월 20일에는 모든 은행을 국유화했다. 10월 29일에는 부정축재자 재산환수조치를 취했다. 이것은 전형적인 공산당식 방법이었다. 그 결과로 금융기관 전체가 붕괴위기에 처했으며, 경제활동도 급격히 냉각되었다. 본격적인 금융위기가 터진 것이다. 이 금융위기는 신용경색을 불렀고, 신용경색은 경제활동을 더 위축시켰으며, 경제난은 나날이 악화되기만 했다. 정책당국이 은행의 지급준비율을 낮추고 대출금리를 인상했음에도 금융기관의 경영수지 악화와 신용경색은 좀처럼 풀리지 않았다.

그러자 1961년에는 화폐발행액을 23.5%나 늘렸다. 1959년과 1960년의 화폐발행 증가율이 각각 13.6%와 10.6%였던 것에 비춰보면 이 증가율이 얼마나 큰지 쉽게 알 수 있다. 협의통화(M1)는 더 크게 증가하여 그 비율이 무려 58%에 달했다. 결국 물가가 빠르게 상승했고, 국제경쟁력이 약화되어 국제수지까지 심각하게 악화되었다. 여기에다 1962년 5월에는 중앙정보부가 정치자금을 조성할 목적으로 주가를 끌어올렸다가 폭락시켜 증권파동을 일으켰다. 결국 제2금융권도 궤멸지경에 몰렸다. 물가가 폭발적으로 상승하고 신용경색마저 극심해지자 1962년 6월에는 화폐개혁을 단행했다. 부자들이 은닉해둔 자금을 끌어내 신용경색을 풀어보자는 것이 주요 목적이었지만, 신용창조원리의 역과정인 신용파괴원리가 작동하여 신용경색을 초래했다는 사실을 정책 당국은 꿈에도 몰랐다. 하필이면 외환위기가 진행되던 때에 화폐개혁을 단행하여 신용창조를 더 빠르게 파괴하였고, 신용경색은 더 악화되어 금융위기가 본격화됐다. 반면에 은닉재산은 별로 나타나지 않았다.

외환위기는 1962년부터 본격적으로 진행됐다. 1961년에 흑자를 보였던 경상수지가 1962년에는 5천6백만 달러의 적자를 기록함으로써 그해 말에는 외환보유고가 고갈될 위기에 처했다. 그 뒤로도 적자규모는 계속 커져 1963년에는 수출규모와 맞먹는 1억4천만 달러에 달했다. 이처럼 외환위기가 심각해지자 성장률은 1961년의 5.9%에서 1962년에 2.1%로 뚝 떨어졌고, 환율은 1963년의 130원에서 1964년에는 258원으로 거의 두 배 급등했다.

여담이지만, 1962년 외환위기는 천추의 한을 남기고 말았다. 외환보유고가 거의 고갈되어 식량은 물론이고 에너지 자원과 공업용 원료를 수입할 수 없게 되었으니, 당시의 경제난이 얼마나 심각했겠는가. 만약 방치했다면 민란이 터지지 않는다는 보장은 어디에도 없었다. 결국 미국의 권유로 굴욕적인 한일협상을 시작해야 했다. 한일협정이 매국적인 일로서 역사에 남을 치욕임을 김종필처럼 뛰어난 정치인이 왜 몰랐겠는가. 국가가 파산하지 않기 위해서는 어쩔 수 없는 일이었다. 한편, 한일협정의 대가였던 경협자금 5억 달러(무상 3억 달러, 유상 2억 달러)는 정작 외환위기를 벗어난 뒤인 1966년부터 10년간에 걸쳐 들어왔다. 그리고 이 자금은 경기과열을 일으킴으로써 1968년에 또 다른 외환위기가 터지는 데 중요한 역할을 하게 된다.

1962년의 외환위기는 독일에서 1억5천만 마르크(약 3천만 달러)의 차관을 들여오고, 미국을 중심으로 한 외국 원조도 2억3천만 달러가 유입됨으로써 외환보유고의 고갈은 겨우 면했다. 그러나 그 대가는 만만치 않았다. 당시에 고도성장을 지속하던 독일은 심각한 노동력 부족을 겪고 있었는데, 우리나라는 1963년에 광부 3천 명과 간호사 2천 명을 독일에 파견했다. 그들의 임금이 독일 차관에 대한 담보였으니, 노동조건이 얼마나 열악했을지는 보나마나 빤했다. 다른 나라 노동자가 기피하는 곳에서 일해야 했고, 인간적인 모욕도 숱하게 당했다고 전해진다. 어떤 공중파 방송은 이것을 미화했지만, 그들이 당한 고통은 이루 말로 표현할 수 없을 정도였다고 한다. 또한 1964년부터는 베트남 파병이 이뤄졌는데, 이것도 미국의 원조에 대한 대가였다. 그래서 다른 나라들의 병사와는 달리 최악의 전투지역에 배치되어 수만 명의 젊은이가 목숨을 잃었고, 더 많은 사람이 고엽제에 평생 동안 시달리기도 했다.

다행히 위와 같은 차관과 원조에 힘입어 외환보유고가 확충된 뒤부터 경제활동이 활발해지고 수출도 계속 증가함에 따라 외환위기는 더 이상 악화되지 않았다. 수출 증가율은 1962년

25%, 1963년에 58%, 1964년에는 37% 등을 기록했다. 이런 수출의 급증은 국제 자본시장의 우려를 불식시켰고, 대외거래가 비로소 순조로워져 외환위기에서 벗어날 수 있었다. 그러나 1962년의 외환위기가 남긴 결과는 너무 비참했다. 광부와 간호사의 독일 파견에 따른 고급인력의 유출과 젊은이들의 목숨을 앗아간 월남 파병의 피해는 차치하더라도, 외환위기가 초래한 경제난은 매우 심각했다. 농사 흉작까지 겹치자 수많은 사람이 굶어 죽는 비극적인 사태가 벌어졌다.

많은 경제학자는 당시에 수출이 급증한 것을 군사정권의 뛰어난 업적으로 찬양하지만, 군사정권이 의도적으로 수출을 증가시킨 것은 아니었다. 만약 수출을 외환위기의 탈출 수단으로 삼으려 했거나 성장 동력으로 삼으려 했다면 무엇보다 먼저 물가를 안정시켰어야 했으나, 1957년부터 계속 한 자릿수의 상승률을 보이던 소비자물가는 1963년과 1964년에 각각 20% 넘게 올랐다. 따라서 수출이 급증했던 것은 군사정권의 업적이 아니라, 물가를 안정시키고 생산설비를 건설하여 수출경쟁력을 향상시켰던 이전 정권의 공적이라고 평가하는 게 옳다. 수출품을 생산하는 시설이 어찌 단기간에 설립될 수 있겠는가. 1963년에는 경기가 부진하여 설비투자도 부진했지 않은가.

사실 수출 지상주의 정치구호인 '수출 입국'을 맨 처음 내세운 것은 박정희 정권이 아니라 장면 정권이었다. 장면 정권이 '경제

제일주의'를 앞세워 성장잠재력과 국제경쟁력을 탄탄히 다졌던 것이 훗날 수출 급증이라는 위대한 성과로 나타났다. 박정희 정권은 수출이 급증하면서 경제가 본격적으로 도약하기 시작한 뒤에야, 그리고 경기가 호전됨에 따라 민심이 호전된 다음에야 수출이 정치적으로 얼마나 중요한 역할을 하는가를 뒤늦게 깨달았으며, 장면 정권처럼 수출 지상주의와 경제 제일주의를 내세우기 시작했다.

세 번째 외환위기는 1968년 10월에 IMF의 대기성 차관 1,250만 달러를 도입함으로써 드러났다. 왜 이런 구제금융을 받았을까? 당연히 외환보유고가 고갈위기에 처했기 때문이다. 그 이유는 또 무엇일까? 1965년부터 경기부양을 위해 재정지출을 급격히 팽창시켰고, 이것이 경기과열을 일으킴으로써 국제수지 적자를 키웠기 때문이다. 재정지출 증가율은 1965년에 28%, 1966년에 50%, 1967년에 26%를 기록하는 등 매년 급증했다. 2년 연속 8%대를 기록하던 성장률이 1965년에 6.1%를 기록하며 경기가 하강했던 것이 이처럼 무리한 부양정책을 펼치도록 했다. 1965년의 경기하강은 심각한 물가 불안이 빚은 결과였다.

재정팽창 덕분에 1966년 성장률은 12%로 높아졌으나, 이런 지나친 경기과열과 경기과속이 국가경제를 탈진시켰으며, 그 바람에 1967년 성장률은 5% 대로 뚝 떨어졌다. 그러자 또 경기를 부양한다며 1968년에 재정지출을 38%나 증가시켰다. 결국 경기과열이 거듭 일어났다. 1965년에는 흑자였던 경상수지가 1966년부터 적자로 전환하여 매년 급증했다. 그 규모는 1967년에 1억9천만 달러에 달했고, 1968년에는 4억4천만 달러를 기록했다. 1968년의 경상수지 적자는 수출액과 맞먹는 규모이고 외환보유고와도 비슷했으니, 외환외기가 터지지 않을 수 없었다.

다행히 2억 달러의 은행차관을 미국의 도움으로 재빨리 들여와 외환보유고의 고갈은 피할 수 있었다. 여기에다 한일협정의 대가인 경협자금이 들어오고 월남전 파병에 따른 달러 유입도 계속됨으로써 최악의 상황은 벗어날 수 있었다. 무엇보다 수출이 1968년부터 매년 40% 이상 크게 증가한 것이 심각한 경제파국으로 발전하는 것을 막아줬다. 하지만 270 원대였던 환율은 1969년에 304원으로 그리고 1970년에는 317원으로 계속 올랐다.

외환위기가 위와 같이 무사히 극복된 것이 또 다른 위기를 만들었다. 국제수지 적자가 계속 커지고 있었음에도 불구하고 1969년에는 재정지출을 44%나 팽창시켜 경기를 과열시켰고, 이것이 새로운 외환위기를 잉태했다. 경상수지 적자는 1970년에 6억2천만 달러 그리고 1971년에는 8억5천만 달러를 기록했는데, 당시의 외환보유고는 각각 6억1천만 달러와 5억7천만 달러에 불과했으니 외환위기가 또 터질 수밖에 없었다.

그뿐만이 아니었다. 차관을 들여와 설립했던 외자기업 중에서 한국비료, 인천제철, 한영공업, 조선공사, 대림수산 등의 대기업이 줄줄이 도산했다. 그 후에도 1980년대 초까지 전체의 21%에 달하는 26개 대기업이 추가로 부실화됐으며, 최종적으로는 86개 즉, 전체의 70%가 정리대상에 올랐다. 이런 부도사태는 금융위기를 발생시켜 외환위기에 가세했다. 외자를 들여오는 과정에서 정치자금을 지나치게 많이 조성했던 것이 결정적인 화근이었다. 결국 전형적인 쌍둥이 위기 즉, 외환위기와 금융위기가 동시에 터졌다.

그 여파로 1972년 성장률은 4.5%로 떨어져 1960년대 초 이후 가장 낮은 실적을 기록했다. 다행히 이런 급속한 경기위축이 그 해의 경상수지 적자를 3억 달러로 크게 줄였으며, 수출은 1972년에 52% 그리고 1973년에는 99%가 증가하면서 이때의 외환위기도 비교적 쉽게 극복되었다. 사채 동결조치 등 위헌적인 정책을 펼쳐 금융시장을 안정시킨 것도 외환위기의 극복에 힘을 보탰다. 하지만 환율은 1970년의 317원에서 1971년에 373원으로 올랐고 1972년에는 399원까지 상승했다. 이번에도 비교적 쉽게 극복했던 것이 외환위기에 대한 경각심을 약화시켜 또 다른 화근을 만들었다.

1973년에는 성장률이 12%에 달함으로써 다시 경기가 과열되었으며, 국제수지가 급격히 악화되었다. 그해 연말에는 제1차 석유파동까지 터져 경상수지 적자가 1974년에 20억 달러 그리고 1975년에는 19억 달러 등을 기록했는데, 외환보유고는 각각 11억 달러와 16억 달러에 약간 미달하여 외환보유고의 고갈위기가 또 발생했다. 시티 은행과 체이스맨하탄 은행을 중심으로 2억 달러의 점보론(포괄적 대출)을 지원해줘 외환보유고 고갈은 겨우 면했다. 이때도 수출이 급증하면서 외환위기는 더 이상 악화되지 않았다. 수출 증가율은 1975년에 14%를 기록해 다른 해보다 상대적으로 부진했지만, 그 뒤부터 비약적으로 증가해 1976년 52%, 1977년 30%, 1978년 27% 등을 기록했다. 여기에다 중동건설 붐이 일어나 외환위기 극복에 큰 보탬이 됐다. 하지만 환율은 1973년 398원에서 1974년에는 484원으로 급등했다.

1960~70년대 성장률, 재정팽창률, 경상수지 추이(단위 : %, 억 달러)

구분	1964	1965	1966	1967	1968	1969	1970	1971	1972	1973	1974	1975
성장	9.7	5.7	12.2	5.9	11.3	13.8	8.8	8.2	4.5	12.0	7.2	11.8
재정	8.8	27.6	49.9	26.1	38.4	43.5	16.4	22.8	6.4	6.3	59.4	63.3
수지	-0.26	0.09	1.0	-1.9	-4.4	-5.5	-6.2	-8.5	-3.7	-3.1	-20.2	-18.9

자료: 조사통계월보 각호, 한국은행
재정팽창률은 〈한국의 재정 60년〉 118쪽, 재경회 예우회, 매일경제신문사

그동안 운 좋게 비교적 쉽게 극복되던 외환위기는 1970년대 말부터는 좀처럼 해소되지 못하고 극심한 경제난을 장기간 일으켰다. 1980년에는 마이너스 성장률을 기록했고, 그 뒤로도 국내 경기는 국민이나 기업이 기대한 만큼 살아나지 못했으며 불황은 지속됐다. 그런 상황에서 1982년에는 또 외환보유고 고갈위기가 발생하여 경제난이 더욱 심각해졌다. 왜 이런 불행한 일이 짧은

기간에 반복됐는지, 그 과정을 꼼꼼히 살펴보자.

1970년대 중반 이후에 해외건설 붐이 일어나 경상수지가 획기적으로 개선되었다. 1977년에는 오랜만에 경상수지가 흑자를 기록했고, 경기도 호조를 이어갔다. 이에 따라 조세수입이 증가하자 재정지출도 지속적으로 팽창했다. 1976년에는 재정지출이 43% 증가했고, 1977년에는 22%로 다소 줄었다가 경기가 하강하기 시작했던 1978년부터는 3년 동안에 걸쳐 매년 30%를 훌쩍 넘는 증가율을 보였다. 그 결과로 경기가 또 과열되었다. 해외건설이 호조를 지속했음에도 불구하고 1978년부터는 경상수지가 적자로 돌아서며 경제상황은 점점 악화되기만 했다. 1979년에는 경상수지 적자가 41억 달러에 달해 외환보유고의 70%를 넘겼다.

결국 1979년 말에 외환위기가 터졌다. 여기에다 중화학공업 육성정책의 일환으로 설립했던 대기업들이 줄줄이 도산위기에 처하면서 금융위기까지 가세했다. 일본의 은행들로부터 점보론을 지원받아 외환보유고 고갈은 겨우 면했으나, 경기하강은 막지 못했다. 1979년부터 하강했던 국내경기는 1980년 성장률을 -3.7%로 떨어뜨려 최악의 실적을 남겼다.(당시의 통계기준) 국민의 경제난은 두말할 나위 없이 심각했다. 환율도 1979년 484원에서 1980년 660원으로, 1981년에는 701원으로 계속 올랐다. 이처럼 심각했던 외환위기가 또 은폐되는 바람에 그리고 다음에 곧 살펴볼 것처럼 과도한 경기부양 정책이 펼쳐짐에 따라 새로운 위기가 터지지 않을 수 없게 되었다. 1982년에 새로운 외환위기가 터지는 계기를 마련해준 것이다.

외환위기 전후의 성장률, 세출증가율, 경상수지 추이(단위; %, 억 달러)

구분	1976	1977	1978	1979	1980	1981	1982	1983	1984	1985	1986	1987
성장	13.1	9.8	9.8	7.2	-3.7	6.2	7.6	11.5	8.7	6.5	11.6	11.5
세출	43.4	22.4	37.6	36.7	37.4	29.3	4.4	6.1	9.2	8.4	12.7	14.2
경상	-3.1	0.1	-10.9	-41.5	-53.2	-46.1	-25.5	-15.2	-12.9	-8.0	47.1	100.6

자료: 경제통계연보 1991년과 1999년, 한국은행

실제로 경제정책당국에서 외환위기가 얼마나 무서운 결과를 빚는지에 대한 경각심은 찾아보기 어려웠다(당시 나는 그것을 경고하는 직책에 있었다). 과거의 외환위기들이 비교적 쉽게 극복됐기 때문이었다. 외환보유고 고갈위기를 극복하기 위해서는 국제수지를 개선해야 하고, 국제수지를 개선하기 위해서는 긴축재정을 꾸려야 했으나, 오히려 반대 정책을 펼쳤다. 경기를 회복시켜야 한다며 외환위기가 터진 직후인 1980년에도 재정지출을 37%나 증가시켰고, 1981년 역시 29%를 증가시켰다. 그랬으니 경기가 한층 과열될 수밖에 없었으며, 이것이 국제수지를 더욱 악화시켰다.

경상수지 적자는 1981년에 46억 달러를 기록한 뒤 1982년에는 경기가 하강하며 그보다 작은 규모인 26억 달러를 기록했다. 하지만 이 2년 동안의 경상수지 적자는 71억 달러에 이르러 당시의 외환보유고보다 더 많았다. 결국 1982년에는 외환보유고 고갈 위기가 또 터지고 말았다. IMF의 구제금융을 대규모로 받았어야 했고 다른 어느 때보다 가혹한 경제신탁통치를 감수했어야 했다. 환율 역시 1981년의 701원에서 매년 상승하여 1984년에는 827원까지 올랐다. 이때의 외환위기는 재정긴축 정책을 펼쳐 성공적으로 극복했는데, 그 과정을 아래와 같이 좀 더 자세히 살펴볼 필요가 있겠다.

1960년대 중반 이후 평균적으로 10%대를 웃돌던 성장률은 1970년대에 들어선 뒤부터 독재정치가 기승을 부리면서 차츰 떨어지기 시작했다(참고로 민주화 없이 경제번영을 지속한 나라는 세계사에 단 하나도 없다). 1970년대 중반에는 재정지출을 확대시켜 잠시 10%대 성장률을 회복했지만 곧바로 떨어지기 시작해 1979년에는 6.8%를 기록했다. 경기가 이처럼 하강하자 정책당국은 또 재정지출 확대에 나섰다. 그 증가율은 1978년과 1979년에 각각 무려 38%와 37%에 달했다. 그럼에도 불구하고 경기하강은 멈추지 않았다. 재정팽창은 국제경쟁력과 성장잠재력을 떨어뜨려 물가 불안과 국제수지 악화를 먼저 불렀을 따름이었다. 소비자물가 상승률은 1978년과 1979년에 각각 15%와 18%를 기록했고, 경상수지 적자도 각각 11억 달러와 42억 달러를 기록했다. 이런 높은 물가상승률은 구매력을 떨어뜨려 경기를 하강시켰고, 대규모 국제수지 적자는 국내 소득의 해외 이전을 초래하여 경기하강에 가세했다.

1978년 말에 제2차 석유파동이 터진 데 이어 1979년 말에는 정변까지 겹치자, 1980년 성장률은 -3.7%를 기록하고 말았다.(최근 통계기준으로는 -1.5%) 참고로 당시의 경기하강은 정변과 석유파동 때문으로 알려졌지만, 뒤에 나타난 사태가 원인으로 작용할 수는 없다. 국내경기는 정변과 석유파동이 터지기 훨씬 이전에 이미 빠르게 하강했다. 다시 말해, 1979년 말에 외환위기가 터졌던 것이 경기하강을 초래한 근본원인이었던 것이다.

국내경기가 위와 같이 추락하자 정책당국은 또 재정지출을 확대하여 경기를 살려내겠다고 나섰다. 그 증가율은 1980년에 37%에 달했고 1981년에도 29%를 기록했다. 재정지출이 이렇게 대폭 증가하고 기저효과까지 가세함에 따라 1981년 성장률은 6.2%를 기록해 다소 높아졌지만, 소비자물가 상승률은 1980년과 1981년에 각각 29%와 21%를 나타냈으며, 경상수지 적자도 각각 53억 달러와 46억 달러를 기록했다. 이 두 해의 경상수지 적자는 평균 외환보유고의 2.5배에 달함으로써 외환보유고 고갈위기를 일으켰다. 1982년에는 IMF의 구제금융을 받아야 했다.

구제금융을 해줬던 IMF는 경제신탁통치에 나서며 강력한 긴축정책을 요구했다. 재정지출 증가율은 1982년과 1983년에 각각 4.4%와 6.1% 등으로 뚝 떨어졌다. 그러자 실로 놀라운 일이 벌어졌다. 성장률이 1982년에 7.3%로 높아졌고, 1983년에는 더 높아져 10.8%까지 상승했다. 특히 주목할 점은, 당시는 중남미 각국에서 발생한 외환위기가 다른 대륙의 여러 나라에 전염되었고, 미국 연준이 기준금리를 21.5%까지 인상함으로써 시티은행 등 대형 금융회사들까지 도산위기에 처하는 등 금융위기가 심각하게 진행되었으며, 경기후퇴가 세계적으로 본격화했다는 사실이었다. 대표적으로 미국의 성장률은 1982년에 -1.2%를 기록했다. 그런 가운데 우리나라가 이처럼 뛰어난 성장률을 기록한 것은 기적 같은 일이었다.[158]

그 뒤로도 재정긴축을 유지하자 물가는 더욱 안정되었고, 국제경쟁력이 획기적으로 향상되면서 국제수지까지 흑자로 전환하여 매년 신기록을 갱신했다. 성장률도 매년 높은 수준을 유지했다. 하지만 재정지출이 1986년부터 다시 두 자릿수의 증가율을 기록하자, 물가는 불안해지고 국제수지 역시 시차를 두고 차츰 악화됐다. 그 영향으로, 아래 표에서 보듯이, 1986년부터 1988년까지 매년 10% 이상을 기록하던 성장률은 1989년에 6.7%로 뚝 떨어졌다. 여기에 부동산 투기까지 가세하자 성장잠재력과 국제경쟁력은 더욱 약화됐다. 재정지출을 대폭 증가시키는 등 공공부문을 팽창시켜 1990년부터는 경기를 상승으로 전환시켰지만,

---

158 1982년의 외환위기 극복과 그 이후 1980년대 후반까지 이어진 경제호황이 당시 청와대 경제수석비서관이던 김재익의 공적이라고 평가하는 게 일반적이다. 그러나 이것은 사실과 다르다. 그는 1980년대 초에 재정을 팽창시켜 외환위기를 일으키는 데 주도적인 역할을 했다. 오히려 IMF가 권고한 긴축정책을 1980년대 중후반까지 유지했던 사공일과 김만제 등의 그 다음 경제팀을 높이 평가하는 게 옳다. 하지만 이들의 업적은 제대로 평가받지 못하고 있다.

이것이 경제체력을 급속도로 약화시켜 결국은 세월이 좀 흐른 뒤 경제재앙을 부르고 말았다. 1997년 말의 '단군 이래 최대 난리라던 환란'은 이렇게 발아하였다.

1980년대 성장률, 소비자물가 상승률, 세출 증가율, 경상수지(억 달러) 추이

구분	1978	1979	1980	1981	1982	1983	1984	1985	1986	1987	1988	1989
성장	9.3	6.8	-1.5	6.2	7.3	10.8	8.1	6.8	10.6	11.1	10.6	6.7
물가	14.5	18.3	28.7	21.4	7.2	3.4	2.3	2.5	2.8	3.1	7.1	5.7
세출	37.6	36.7	37.4	29.3	4.4	6.1	9.2	8.4	12.7	14.2	21.9	33.0
수지	-10.9	-41.5	-53.2	-46.1	-25.5	-15.2	-12.9	-8.0	47.1	100.6	145.1	53.6

자료: 경제통계연보(성장률과 물가상승률은 2002년, 기타는 1992년), 한국은행

한마디로, 환란은 공공부문 팽창이 부른 참사였다. 거듭 밝히자면, 1987년부터 환란 직전인 1997년까지 10년 동안에 국내총생산은 3.1배 증가했는데, 일반회계는 4.3배 증가했고, 특별회계는 9.2배, 기금의 자산은 5.6배, 정부산하기관 지출은 52.8배나 증가했다. 이미 밝힌 바처럼, 정부산하기관의 지출 증가율은 공식적으로 집계되지 않았으므로, 내가 개인적으로 4년 동안 파악하여 1998년 대통령직 인수위원회에 보고한 자료에 의해 산출되었다. 위와 같은 사실은 공공부문 팽창, 특히 정부산하기관의 팽창이 얼마나 심각했는지를 증명한다. 결국 우리 경제의 성장잠재력과 국제경쟁력은 크게 약화되었다. 강조하거니와, 1997년 말의 외

환위기라는 암 덩어리는 이미 1980년대 후반부터 잉태되어 자랐던 셈이다. 1990년대 초부터 필자가 '파국적 위기가 곧 닥칠 것'이라고 여러 차례 경고했던 것도 이 분석에 기초했다.

차. 지금도 여전히 심각한 공공부문 팽창

한국은행이 2014년에 처음으로 집계하여 발표한 '공공부문 국민계정'에 따르면, 우리나라의 공공부문 비중은 2012년에 GDP의 48.8%에 달했다. 더 심각한 문제는 공공부문의 증가율이 GDP의 경상성장률보다 훨씬 높다는 것이었다. 2007년부터 2012년까지의 경상성장률은 연평균 5.7%를 기록한 반면에, 공공부문 팽창률은 7.9%를 기록했다. 이에 따라 공공부문 총지출은 2007년 460조 원에서 2012년에 672조 원으로 불과 5년 동안에 1.5배 증가했으며, 그 비중도 2007년의 44.4%에서 이미 언급한 것처럼 2012년에는 48.8%로 크게 증가했다. 이랬으니 우리나라 잠재성장률은 이명박 정권에서 빠르게 떨어질 수밖에 없었다. 실현한 성장률 역시 연평균 3%에 불과했다. 여기에는 고환율 정책이 가세했다.

정부와 산하기관과 금융공기업을 제외하더라도 우리나라 공기업의 비중은 지나치게 비대하다. 20대 기업집단(재벌) 중에서 7개가 공기업이다. 한국전력, LH공사, 도로공사, 포스코, KT, 철도공사, 가스공사 등이 그것들로서 숫자로는 35%에 이르고, 자산

규모로는 40%에 육박한다. 이 공기업들은 관료권력의 손아귀 안에 있으며, 경영수지는 날이 갈수록 악화되었다. LH공사의 부채는 2012년 말 현재 168조 원에 이르러 자체 수익으로는 이자조차 지불하기 어렵게 되었다. 수자원공사나 석유공사 등 다른 공기업도 사정은 크게 다르지 않다. 관료권력이 정권에 과잉 충성했던 것이 그 원인이었다.

우리나라는 말로만 시장경제일 뿐, 반은 사회주의 체제라고 말해도 지나치지 않다. 특히 금융시장의 경우는 관료권력의 영향력이 거의 무한대라 해도 좋을 정도이다. 외환위기를 거치면서 관치금융의 폐해가 적나라하게 드러난 바 있었지만, 외환위기의 아픔이 약해지자마자 금융기관의 인사는 물론이고 사업내용까지 금융감독기관이 여전히 좌지우지하고 있다. 2012년의 저축은행 사태에서 보듯이 금융감독원 등은 거의 무한대의 권력을 행사했고, 이것이 결국은 금융기관 위기까지 잠시 불러온 바 있다.

카. 정책실패가 은폐되면

지금까지 살펴본 바처럼, 외환위기가 여러 차례 터졌음에도 1997년 말의 사태를 제외하고는 모두 은폐되었다. 그 사유가 무엇일까? 크게 두 가지를 꼽을 수 있을 것이다. 그 하나는, 식민지 설움을 36년이나 겪은 우리 국민으로서는 경제신탁통치라는 치욕을 기억에서 지우고 싶었을 것이라는 점을 들 수 있다. 그러나 이것은 근본적인 이유가 아니다. 다른 하나는, 당시의 독재정권이 강력한 언론 통제를 통해 이런 치욕스런 일을 얼마든지 은폐시킬 수 있었는데, 이것이 본질적인 이유였다.

아무리 부끄러운 일이라도 진실이 은폐되면 더 불행한 사태를 초래하는 것은 역사의 철칙이다. 실제로 외환위기는 평균적으로 5년을 주기로 반복하여 일어났고, 그때마다 국민은 혹독한 경제난을 겪었다. 더 심각한 사실은, 외환위기가 항상 똑같은 원인으로 터졌다는 점이다. 즉, 경기를 살려내겠다는 재정확대정책이 경기과열을 일으켰고, 경기과열이 우리나라의 생산능력보다 더 많은 소비를 초래함으로써 수입의 급증을 불렀으며, 이것이 국제수지를 악화시키고 외채를 누적시켜 외환보유고를 고갈시켰던 것이다. 이런 바보 같은 짓을 반복하는 동물이 이 세상 어디에 있는가. 더욱 어이없는 일은 외환위기를 초래했던 경제정책을 주도적으로 수립하고 집행했던 김재익(전 청와대 경제수석비서관) 등의 일부 경제관료가 마치 경제를 살려낸 위인처럼 여전히 여겨지고 있다는 사실이다. 그러니 경제위기는 반복될 수밖에 더 있겠는가.

만약 우리나라가 외환위기를 겪지 않고, 지속적으로 성장했더라면 어떤 일이 벌어졌을까? 역사에서 가정을 한다는 것은 허망한 일이지만, 그래도 그런 상황을 가정한다면 대한민국 경제는 이미 오래전에 선진국 선두대열에 올라서지 않았을까? 이미 2000년대쯤에 일본경제를 뛰어넘었을 가능성이 다분하다.

우리나라와는 다르게, 일본은 1953년 말에 터진 외환위기를 반성하고 교훈으로 삼아, 다시는 그런 사태가 터지지 않도록 조심함으로써 이미 1980년대에 선진국 선두대열에 올라섰다. 중국 역시 1993년 말에 외환보유고가 고갈될 위기에 처한 뒤부터 이것을 철저히 반성하고 가혹하게 심판하여 다시는 외환위기가 터지지 않도록 했으며, 20년 이상 초장기 경제호황을 만끽했다. 정책실패에 대한 반성은 이처럼 중요하다.

하지만 우리 현실은 그게 아니다. 역대 정권이 실패했던 정책을 자꾸 반복했듯이, 지금도 크게 달라지지 않았다. 아니, 지금 상황은 훨씬 더 심각하다. 실제로 우리 경제는 이미 장기 저성장 궤도에 진입해 있다. 노무현 정권의 연평균 성장률은 세계 평균인 4.8%에도 미치지 못하는 4.3%를 기록했고, 이명박 정권은 그보다 훨씬 낮은 3.0%에 불과하여 '단군 이래 최대 난리'라던 환란을 겪었던 김대중 정권의 연평균 성장률 5%에도 크게 미치지 못했다. 이후의 정권에서는 성장률이 더욱 떨어졌다. 그러니 국민의 경제난이 얼마나 심각하겠는가.

이런 장기간의 경기부진은 정책실패의 결과임에도 불구하고 반성이나 비판의 목소리는 어디에서도 들려오지 않았다. 책임을 묻는 일은 더더욱 벌어지지 않았다. 책임추궁도 반성도 없었으니 이명박 정권에 이어 박근혜 정권이 들어선 뒤에도 실패할 수밖에 없는 정책이 줄기차게 추진되고 말았다. 문재인 정권과 윤석열 정권에서도 마찬가지였고, 연평균 성장률은 더욱 떨어지기만 했다. 무엇보다 심각한 경제정책의 실패는 "환율을 상승시켜 수출을 증가시키고 국내경기도 호전시키겠다"는 것이었다. 이 문제는 『경제파국으로 치닫는 금융위기』라는 책에서 충분히 다뤘으므로, 생략하기로 한다. 결국 우리 경제의 경기부진은 점점 고착화되고 장기화되었으며, 과거보다 훨씬 심각한 경제위기를 잉태하였다. 참고로, 김대중 정권의 연평균 성장률은, 외환위기는 책임질 일이 아니므로 1998년 성장률을 제외하면, 7.7%에 이른다.

중남미 여러 나라의 외환위기

세계대전 이후, 중남미 여러 나라는 외환위기를 간헐적으로 여러 차례 겪었다. 미물도 생명의 위협을 한 번이라도 겪으면 그런 상황을 멀리하여 반복하지 않는데, 왜 중남미 여러 나라는 치명적인 외환위기를 반복적으로 겪었을까? 외환위기가 터지면 극심한 경제난은 물론이고 정치적 격변까지 겪었지 않은가. 특히 1980년대 초부터 1990년대 초까지 아르헨티나, 브라질, 멕시코 등이 겪은 경제난은 아주 심각했고 장기간 이어졌지 않은가. 그때의 경제난은 왜 그리 심각했고 장기간 이어졌을까? 당시에는 석유생산이 거의 없는 개도국조차 석유가격이 폭등한 가운데에서도 비교적 빠르게 성장했지 않은가 말이다. 비산유개도국의 1980년대 연평균 성장률은 4%를 넘었는데, 산유국이 포함된 중남미 국가들은 왜 마이너스 성장률을 수시로 기록했을까? 경기 변동은 왜 또 그토록 극심했을까? 아르헨티나와 브라질 등에서는 소비자물가 상승률이 1980년대 말과 1990년대 초에 수천 퍼센트에 이르러 국민의 경제적 고통이 극한에 달했는데, 그 이유는 또 무엇일까?

그것은 외환위기가 해소되지 못하고 오래 지속됐기 때문이다. 중남미 각국 정부는 외환위기를 예방하기 위한 적절한 정책적 조치를 취하지 않았으며, 외환위기가 터진 뒤에도 정책처방이 부적절하여 경제난을 장기간 지속시켰고 그 심각성은 날이 갈수록 커졌다. 정책 처방이 이처럼 부적절했던 이유는 정확한 원인을 찾아 그곳에 직접 처방했어야 했는데, 이게 제대로 이뤄지지 않았던 데 있다. 적절한 정책처방이 얼마나 중요한가는 외환위기를 비교적 성공적으로 극복한 사례, 특히 앞에서 다룬 대한민국의 1998년 정책처방과 바로 다음에 살펴볼 멕시코의 1995년 정책처방이 여실히 증명했다.

모든 외환위기의 직접적인 원인은 외환보유고의 고갈이었지만, 외환보유고를 고갈시킨 원인은 약간씩 다르다. 예를 들어, 아르헨티나는 1980년과 1988년과 2001년에 각각 심각한 외환보유고 고갈위기를 겪었는데, 1980년 사태는 과도한 복지정책이 부른 재정위기였고, 1988년 사태는 초인플레이션이 부른 경제위기였으며, 2001년 사태는 전형적인 금융위기였다. 이처럼 원인이 각각 다르면 처방도 달라졌어야 했는데, 과거에 성공했던 정책을 펼침으로써 사태를 더 악화시켰다. 예를 들어, 1991년에 성공했던 정책을 2001년에도 똑같이 펼쳐서 사태를 오히려 악화시킴으로써 무려 4년 동안이나 마이너스 성장률을 기록하게 했다. 이 문제는 바로 뒤에 자세히 살펴볼 것이다.

물론 이런 모든 사태의 근본 원인은 국제수지 적자의 누적이 부른 외환보유고의 고갈이었으므로, 국제수지를 흑자로 전환시킬 정책처방이 이뤄졌으면 외환위기를 비교적 신속히 극복할 수 있었다. 그 부작용과 후유증도 최소화시킬 수 있었다. 그런 처방이 과연 무엇일까? 정답은 전통적으로 IMF가 구제금융을 실시하며 요구했던 정책처방이다. 즉, 재정긴축을 통한 국제수지 개선, 변동환율제의 도입을 비롯한 시장기능 활성화 및 규제완화, 국영기업의 민영화, 강력한 금융구조조정을 통한 금융위기의 해소 등이 가장 효과적인 정책이다. 앞에서 살펴본 바처럼 우리나라는 이 처방을 충실히 따름으로써 외환위기를 세계사에서 가장 성공적으로 극복해냈다.

반면에, 중남미 여러 나라는 구제금융 조건을 조금이라도 유리하게 이끌어내기 위해 치열하게 노력했다. 1980년대 후반에는 외채의 이자는 물론이고 원금까지 상당 부분 탕감받는 획기적인 성과를 거두기도 했지만, 그 결과는 오히려 더 나빴다. 경제난은 장기간 지속됐고, 극심한 경기침체와 폭발적인 물가상승 같은 부작용과 후유증이 커짐으로써 각국 국민은 훨씬 큰 경제적 고통에 시달렸다. 우리 인생사가 종종 그렇듯이, 언뜻 바람직한 것처럼 보이는 것이 실제로는 바람직하지 못한 결과를 빚었던 셈이다. 일부 경제학자와 경제전문가는 아직도 이것을 인정하려 하지 않지만 말이다.

이 문제와 관련하여 특히 주목할 사례는 멕시코가 겪은 1981년과 1994년에 터진 두 차례의 외환위기이다. 각각의 외환위기에 대한 정책처방은 서로 달랐으며, 경제적 성과도 현저히 다르게 나타났다. 이 사례는 역사에 길이 남길 교훈이므로 자세히 살펴볼 필요가 있다. 그리고 아르헨티나의 당시 외환위기는 멕시코보다 더 심각하여 10여 년 동안 세 차례나 심각한 경기침체를 초래했는데, 이 사례도 인류의 미래를 위해 살펴볼 필요가 있다. 같은 시기에 외환위기를 겪은 브라질의 사례와 다른 비슷한 사례들 역시 살펴볼 가치가 충분하다. 2009년부터 장기간 진행한 그리스 경제위기 역시 함께 살펴볼 필요가 있다. 그 발생과 진행과정이 1980년대 중남미 국가들에서 벌어졌던 것과 비슷하기 때문이다. 지금부터 이 사례들을 차례로 살펴보자. 참고로, 페루와 볼리비아 등도 1980년대 초에 외환위기가 터져 국민이 심각한 경제적 고통을 장기간 겪었지만, 정치 등 경제외적인 변수가 상대적으로 강하게 작용하여 경제병리학의 임상사례로는 삼지 않았다.

가. 교훈으로 삼아야 할 멕시코의 1982년 실패와 1995년 성공

지금까지도 제법 많은 경제학자들은 "IMF가 외환위기를 당한 나라에 요구한 정책처방이 가혹했다."고 주장한다. 일부는 "IMF의 요구를 거부했었어야 했다."라고까지 주장하며 외환위기를 'IMF 사태'라고 부르기도 한다. 그러나 이것은 경제통계 등 현실을 외면한 비과학적인 주장에 불과하다. 사회과학을 연구하는 경제학자가 현실은 외면한 채 이런 관념적인 주장만 고집하는 것은 과학적인 태도와는 거리가 멀다. 그들의 주장이 틀렸다는 점은 멕시코가 겪은 두 차례의 외환위기가 이미 오래전에 여실히 증명했다.

멕시코는 1980년에 터진 아르헨티나의 외환위기가 곧바로 전염되어 심각한 경제난을 겪었다. 미국과 IMF가 구제금융을 제공하기 위해 나섰으나, 멕시코 정부는 구제금융 조건을 순순히 받아들이지 않았다. 여기에는 멕시코의 반미감정이 적잖이 작용했다. 멕시코는 19세기 후반에 미국과의 전쟁에서 패배하여 그리고 미국에 지고 있던 국가부채를 상쇄하기 위하여 캘리포니아와 텍사스 등 국토의 1/3을 잃었다. 그랬으니 반미감정이 얼마나 클지는 쉽게 상상할 수 있을 것이다. 오랜 협상 끝에 멕시코는 외채 원금의 상당 부분을 탕감받았지만, 경제성적은 최악이었다. 구체적인 탕감액수는 비밀에 붙여지는 것이 보통인데, 다른 나라의 채무조정 협상에 나쁜 선례를 제공할 수 있기 때문이다.

반면에, 1994년 말에 외환위기가 터졌던 때는 멕시코 정부가 IMF와 미국의 구제금융 조건을 즉각 수용하였고, 1980년대와는 비교할 수 없을 정도로 성공적인 경제회복을 이뤘다. 이처럼 정책적으로 어떻게 대응하느냐에 따라 그 결과는 하늘과 땅만큼이나 큰 차이를 나타낸다. 1981년의 외환위기는 소위 '잃어버린 10년'을 야기했지만, 1994년 말에 터진 외환위기는 불과 1년여에 만에 극복함으로써 정책적 대응이 얼마나 중요한가를 여실히 증명했다. 이 문제는 경제질병의 좋은 임상사례이므로 찬찬히 살펴볼 필요가 있다.

멕시코는 우리나라처럼 정부 주도의 경제발전 전략을 채택하여 괄목할 만한 성과를 거뒀다. 일찍이 1930년대 초부터 수입대체산업을 육성해 산업화의 기초를 닦았고, 세계대전 후에는 본격적인 공업화 단계로 진입했다. 성장률은 1931년부터 1971년까지 40년 동안에 연평균 5.7%라는 비교적 훌륭한 실적을 기록했고, 물가상승률은 5% 미만을 유지하며 '멕시코의 기적'을 연출했다. 그 사이에 경제규모가 9.2배 커졌고, 1인당 국민소득은 1975년에 세계 47위를 기록하여 선진국 문턱에 도달했다. 당시에 대만은 61위였고 우리나라는 76위였으며, 일본은 23위였다.[159] 멕시코 경제는 우리나라보다 4반세기 이상 앞서나갔던 셈이다.

---

159 〈MF의 구제금융 사례 연구〉 7쪽, 김원호 외 5인, 대외경제정책연구원 1997년

그랬던 멕시코가 어쩌다 지금은 국민소득이 우리나라의 절반에도 미치지 못하게 됐을까? 두말할 것도 없이, 여러 차례 발생한 외환위기가 여기에 결정적인 원인으로 작용했다. 특히 1981년에 터진 외환위기는 장기간에 걸쳐 멕시코 경제에 치명적인 타격을 입혔다. 외환위기가 발발한 직후에 2년 연속 마이너스 성장률을 기록했을 뿐 아니라, 경기부진이 1989년까지 8년 동안이나 지속됐다. 경기가 회복된 뒤에도 외환위기의 위험성이 완전히 사라지지 않음으로써 경제성장의 발목을 잡곤 했다.

반면에, 1994년 말에 터진 외환위기는 성공적으로 극복해냄으로써 짧은 기간에 경제회복을 이뤄냈다. 불행하게도 이런 뛰어난 업적은 제대로 평가받지 못했다. 그래서 2001년에 또 발발한 외환위기에 대해서는 1980년대 초처럼 부적절한 정책처방이 이뤄졌고, 성장률은 0%대로 뚝 떨어지는 등 3년 동안이나 경기부진의 늪에서 좀처럼 헤어나지 못했다. 이처럼 잘못 대응할 경우에는 국가경제에 장기적이고 치명적인 타격을 가하므로, 외환위기는 원천봉쇄하거나 초기에 적극적으로 대처하는 게 바람직하다. 이를 위해서는 외환위기가 왜 발생하는지 그 원인부터 철저히 규명해야 한다.

외환위기의 원인을 밝히는 일은 비교적 쉽다. 외환위기가 발발한 거의 모든 나라에서 공통적으로 아래와 같은 일들이 차례로 일어났다. 경기과열 → 수입 급증 → 국제수지 악화 → 외환보유고 감소 → 외채 도입 급증 → 환율 급등 → 외채의 환차손 발생 → 외채의 유입 중단 및 자본의 해외 유출 → 신용파괴원리 작동 → 금융위기 발발 → 외환보유고 고갈 → IMF 구제금융 요청 등이 연이어 벌어졌다. 한마디로, 경기과열이 외환위기의 근본적인 원인인 셈이다. 그럼에도 불구하고 이런 원인과 전개과정은 아직까지 충분히 알려지지 않았다. 그러니 외환위기가 여러 나라에서 반복될 수밖에 없다. 원인을 모르면 예방할 수 없는 것은 당연한 일이다. 1981년 말에 터진 멕시코의 외환위기 역시 예외가 아니다.

멕시코 경제는 1976년에 대규모 유전이 발견된 뒤부터 석유와 천연가스 생산이 급증하며 공전의 호황을 구가했다. 산유량은 1978년의 약 4만 배럴에서 1981년에는 약 7천2백만 배럴로 증가했다.[160] 이 석유자원을 믿고 멕시코 정부는 사회간접자본 건설과 공업화를 위해 대대적인 투자를 단행했다. 필요한 재원은 외채를 들여와 조달했다. 재정지출은 1978년부터 1981년 사이에 연평균 45% 증가했으며, 성장률은 매년 8~9%를 기록했다.

하지만 이것은 심각한 경기과열이었다. 소비자물가 상승률이 지속적으로 상승해 1981년에는 28%에 이르렀다. 물가상승률이 이처럼 높아지자 국제경쟁력은 크게 떨어졌다. 경상수지가 적자

---

160 〈IMF의 구제금융사례 연구〉 12쪽, 김원호 외 5인, 대외경제정책연구원 1997년

는 이미 1980년에 104억 달러에 달했다. 1981년에는 163억 달러를 기록하여 GDP의 6.5%에 이르렀다. 이런 대규모 국제수지 적자가 외환보유고 고갈을 부른 근본 원인이었다.

1977~1983년 멕시코의 주요 경제지표(단위; %)

구분	1977	1978	1979	1980	1981	1982	1983
성장률	3.4	8.3	9.2	8.3	7.9	-0.6	-4.2
물가상승률	29.1	17.5	18.2	26.3	27.9	75.0	92.9
경상수지/GDP	-2.0	-2.3	-3.1	-5.4	-6.5	-3.4	3.9

자료: 〈멕시코의 금융개혁 추진현황과 교훈〉, 장선덕, 대외경제정책연구원

1980년 이전에도 경기과열이 지속되어 국제수지 적자가 매년 급증하고 있었지만 외환위기가 발발하지 않았는데, 그 이유는 또 무엇일까? 풍부한 석유 매장량과 급증하는 산유량 그리고 석유가격 상승에 대한 국제 자본시장의 믿음이 굳건했기 때문이다. 멕시코는 외채를 얼마든지 들여올 수 있었다. 1978년에 340억 달러였던 외채는 1981년에는 753억 달러에 이르러 불과 3년만에 두 배 이상 증가했다. 하필 외채가 급증하던 때에 석유가격까지 빠르게 떨어지면서 경제적 타격을 키웠다. 1981년 초에 배럴 당 33달러까지 올랐던 석유가격은 1982년에는 28달러로 떨어졌고, 이후에도 줄기차게 떨어져 1986년에는 11.8달러를 기록했

다.[161] 더욱이 미국의 기준금리가 21.5%까지 상승하고 시장금리는 30%에 육박함에 따라 외채의 이자 부담이 급증했다.

멕시코 정부가 이런 위험한 경제상황을 방치한 것만은 아니었다. 위기감을 느낀 당시 뽀르띠요 정권은 1981년 6월에 정부예산 삭감, 수입허가제 강화, 환율방어 등의 대책을 발표했다. 그러나 이 대책은 충실히 집행되지 않았다. 특히, 정부예산을 4% 삭감한다고 발표했지만, 오히려 18%나 증가시켰다. 이것이 경기과열을 더 부추겼고, 국제수지는 계속 대규모 적자를 기록했다. 그뿐만 아니라 외채 도입마저 어려움을 겪게 되면서 환율이 급등했다. 1980년까지 달러 당 200페소였던 환율은 1981년에 300페소로 그리고 1982년에는 1,000페소로 올랐다. 이에 따라 환차손이 발생했다. 환차손을 줄이기 위해 외국인은 투자를 회수했고, 국내 금융회사는 외채를 서둘러 갚았다. 그 바람에 신용경색이 나타나 경기가 빠르게 후퇴했다. 여기에 국제 금리의 급등이 가세하면서 멕시코가 갚아야 하는 외채 이자는 눈덩이 구르듯이 불어났고, 결국은 외환보유고가 고갈 직전에 이르고 말았다. 멕시코 정부는 IMF에 구제금융을 요청했다.

IMF 대표단은 1982년 1월과 5월과 6월 등 세 차례에 걸쳐 멕시코를 방문했지만, 12월 대통령 선거를 눈앞에 둔 멕시코 정부

---

161 위의 책 12~14쪽

는 IMF의 긴축 프로그램을 반대했다. 협상은 결렬되고 말았다. 그 대신 멕시코 정부는 그해 4월에 미국 FRB와 6억 달러의 통화스왑을 체결했다. 6월 말과 7월 말에는 부채상환을 위해 각각 2억 달러와 7억 달러를 지원받았다. 하지만 1982년 8월 12일 헤르조그 재무장관은 볼커 FRB의장과 리건 재무장관 그리고 드 라로지에르 IMF 총재에게 각각 전화를 걸어 통화스왑으로 지원받은 자금이 바닥났다는 사실을 알렸다.[162] 멕시코는 8월 20일 지불유예Moratorium를 선언했다.

그 후 채권은행단과의 협상은 나름대로 성과를 거뒀다. 8월 23일부터 11월 23일까지 도래하는 채무원금 100억 달러의 만기를 연장하기로 합의했고, 멕시코 정부는 신규자금을 받는 조건으로 IMF의 긴축방안을 따르기로 동의했다. 그래도 환율 폭등은 피할 수 없었다. 화폐개혁Denomination까지 동원했음에도 달러당 26페소였던 환율은 한때 120페소까지 상승했으며, 이후 80페소 수준에서 안정을 찾았다. 프로젝트가 막힘없이 진행되던 중 로페즈 포르티요 대통령은 9월 1일 채권금융단을 경악시키는 카드를 내놓았다. 대선은 이미 치러졌고 레임덕 상태였던 그가 49개 은행의 국유화와 외환통제를 골자로 하는 마지막 시정연설을 한 것이다.[163]

---

162 『세계와 협상한 은행가』 148쪽, 윌리엄 로즈, 삼성경제연구소 2012
163 위의 책 150~151쪽

멕시코의 이 사태를 논의하기 위해 IMF가 주도하여 1982년 11월 뉴욕에서 회의가 열렸다. 이 회의 결과, 드 라로지에르 총재는 구제금융 협상을 다시 진행하기로 결정했다. 멕시코는 이듬해에 공공부문에서만 100억 달러의 외채이자를 지급해야 했다. 1982년의 경상수지 적자는 45억 달러에 달했으며, 국제결제은행이 제공한 25억 달러의 단기채무도 상환해야 하는 실정이었다. 외환보유고를 확충하기 위해서도 최소 15억 달러 정도가 필요했다. 당장에만 83억 달러에 달하는 채무조정이 시급한 상황이었다.[164]

멕시코와 채권은행단 사이의 채무조정협상Rescheduling은 좀처럼 타결짓지 못하고 3년 이상 끌었다. 그 사이에 경제난은 점점 심각해지기만 했다. 경기침체는 가속화됐으며 물가마저 폭발적으로 상승했다. 성장률은 1982년과 1983년에 각각 -0.6%와 -4.2%를 기록했고, 소비자물가 상승률은 각각 75%와 93%를 기록했다. 멕시코 정부의 무모한 버티기가 이처럼 참혹한 경제상황을 초래했던 것이다. 1982년 12월에 출범했던 데 라 마드리드 정권은 1985년 8월에야 IMF와의 협상을 타결 지었다. 이때는 외환보유고 고갈과 그에 따른 환율 폭등이 불러온 경제적 피해가 너무 크게 누적되어 있었다.

---

164 위의 책 127쪽

IMF가 구제금융을 해줘 외환보유고가 확충되자 국내경기가 잠시 회복조짐을 보이기도 했다. 하지만 1985년 지방자치 선거를 앞두고 멕시코 정부는 IMF와의 합의를 어기고 재정지출을 대폭 늘렸다. IMF는 구제금융의 추가 제공을 중단했다. 외환위기가 다시 본격적으로 진행됐고 경기는 빠르게 뒷걸음쳤다. 1986년 성장률은 -1.3%로 떨어졌으며, 이후에도 2년 동안 1%대 성장률에 머물렀다. 조금씩 안정되던 소비자물가 상승률도 다시 치솟았다. 화폐개혁을 또 단행하여 물가 불안을 해소하려 했지만, 환율은 1984년 0.19페소에서 1985년 0.37페소로, 1986년에 0.92페소로, 1987년에는 2.21페소로 매년 폭발적으로 상승했다. 이것이 물가 불안을 더욱 부추겼다. 1987년 물가상승률은 131%를 기록했다.

1984~1989년 멕시코의 주요 경제지표(단위; %, 페소/센트)

구분	1984	1985	1986	1987	1988	1989
성장률	3.3	2.6	-1.3	1.8	1.2	3.3
물가상승률	66.7	57.8	87.3	130.8	114.3	20.1
환율	0.19	0.37	0.92	2.21	2.38	2.64

자료: 〈멕시코의 금융개혁 추진현황과 교훈〉, 장선덕, 대외경제정책연구원

1988년에 등장한 살리나스 정권은 외국인 투자 촉진법을 제정하여 국내 산업투자 및 금융시장을 대폭 개방했고, 대대적인 규제완화를 통해 시장기능 활성화를 촉진했으며, 1982년에 1,155

개였던 공기업을 1994년 말에는 195개로 축소시키는 등 대대적인 민영화를 단행했다. 또한 물가를 안정시키기 위해 재정긴축을 실시했고, 환율도 적극적으로 안정시켰다. 이에 따라 성장률은 1989년부터 1994년 사이에 연평균 3.5%라는 비교적 양호한 성적을 기록했다. 소비자물가 상승률도 1994년에는 7.9%까지 떨어졌다. 이 실적은 바로 뒤에 살펴볼 아르헨티나와 브라질의 당시 경제실적과는 비교하기 어려울 정도로 탁월했다. 진즉 이런 정책처방을 했었어야 했다.

1990~1995년 멕시코의 주요 경제지표(단위; %, 페소/센트)

구분	1990	1991	1992	1993	1994	1995
성장률	4.4	3.6	2.1	2.0	4.5	-6.2
물가상승률	26.6	22.7	15.5	8.0	7.1	52
환율	2.95	3.07	3.12	3.3	3.47	6.49

자료: 〈멕시코의 금융개혁 추진현황과 교훈〉, 장선덕, 대외경제정책연구원

하지만 물가안정을 위해 환율을 장기간 억제하는 바람에 국제경쟁력이 약화됐고, 이것이 국제수지 악화를 불러 1994년 말에 새로운 외환위기가 터지는 계기를 만들었다. 여기에 경기과열이 가세했다. 외채가 1989년의 953억 달러에서 1994년에 1,398억 달러로 증가했음에도 불구하고, 멕시코 정부는 대통령 선거를 앞두고 재정을 팽창시켜 1994년의 성장률을 1993년보다 두

배 이상 높은 4.5%까지 끌어올렸다. 이것이 경기과열을 일으켜 경상수지 적자는 1994년에 GDP의 7.9%로 증가하여 외환위기가 터질 여건을 조성했다. 정치상황까지 심각해졌다. 1994년 1월에 NAFTA를 반대하는 농민반란이 일어났다. 3월에는 집권당의 대통령 후보가 그리고 9월에는 사무총장이 암살당하는 사태가 터졌다. 그러자 자본의 해외 유출과 도피가 벌어졌다.[165]

새로 출범한 세디요 정권은 1994년 12월에 변동환율제로 전환하고, 1995년 1월에는 민영화, 재정긴축, 국제수지 개선, 물가안정, 임금상승 억제 등을 내용으로 한 '비상경제 극복을 위한 공동협약'을 노동자와 사용자와 농민과 정부가 함께 체결했다. 그런 뒤에 멕시코는 미국과 캐나다에 긴급자금을 요청했다. 이에 부응하여 1995년 2월에는 G7회의가 열려 528억 달러를 지원한다고 발표했다. 곧이어 IMF와의 구제금융 협상도 타결 지었다. 외환위기의 영향으로 1995년 성장률은 -6.2%를 기록했지만, 이처럼 신속하게 대처함으로써 1996년부터 2000년 사이에는 매년 5~6%의 비교적 높은 성장률을 기록했다. 그뿐만이 아니다. 외환위기가 터져 환율이 상승함에 따라 물가상승률은 1995년과 1996년에 각각 30%를 웃돌았으나, 이후 꾸준히 떨어져 2000년에는 다시 한 자릿수를 회복했다. 환율은 외환위기 직후에 6.5페

165 〈IMF의 구제금융사례 연구〉 28~29쪽, 김원호 외 5인, 대외경제정책연구원 1997년

소로 폭등한 뒤 1998년에는 9페소를 넘겼으나 1998년 이후에는 안정을 이루었다. 이때는 1980년대와는 비교할 수 없을 정도로 탁월한 경제적 성과를 짧은 기간에 거뒀던 셈이다.

1996~2001년 멕시코의 주요 경제지표(단위; %, 억 달러)

구분	1990	1991	1992	1993	1994	1995	1996	1997	1998	1999	2000
성장률	5.1	4.2	3.6	2.0	4.5	-6.2	5.0	6.8	5.0	3.8	6.6
물가상승	26.6	22.7	15.5	9.7	6.9	35.0	34.4	20.6	15.9	16.6	9.5
경상수지	-58	-75	-149	-244	-234	-297	-16	-77	-161	-140	-187

자료: 국제통계연감 1998년과 2007년, 통계청

불행히도 멕시코의 외환위기는 거기에서 그치지 않았다. 2001년에 미국 나스닥시장이 붕괴에 직면하고, 9·11테러까지 가세하자 세계적인 불경기가 찾아왔다. 그 여파로 아르헨티나에서 외환위기가 또 터졌다. 언제나 그렇듯이 국제수지 적자가 대규모인 나라는 즉각적으로 외환위기에 전염되었다. 멕시코도 예외일 수 없었다. 경상수지 적자는 이미 1998년에 167억 달러를 기록했고, 그 후 2002년까지 매년 100억 달러 이상을 기록했던 것이 외환보유고 고갈위기를 또 일으켰다. 그러자 성장률은 2001년과 2002년에 각각 0%대를 기록했고, 2003년에도 1.4%에 그쳤다. 이런 장기간의 경기부진으로 2003년 이후에는 경상수지 적자가 100억 달러 아래로 떨어졌고 2006년에는 45억 달러까지 줄었다. 외환위기의 위험성이 이처럼 줄어들면서 멕시코 경제는 2008년 세계 금융위기 직전까지 안정적인 성장을 지속했다.

2001~2010년 멕시코의 주요 경제지표(단위; %, 억 달러)

구분	2001	2002	2003	2004	2005	2006	2007	2008	2009	2010
성장률	0.0	0.8	1.4	4.1	3.3	5.1	3.4	1.5	-6.0	5.3
물가상승률	6.3	7.0	4.6	4.7	3.9	3.7	4.0	5.2	5.3	4.1
경상수지	-117	-142	-72	-53	-51	-45	-89	-164	-64	-56

자료: 국제통계연감 2012년, 통계청

나. 일시적 성공이 더 큰 실패를 부른 아르헨티나

아르헨티나는 1860년부터 1930년까지 무려 70년 동안 매년 6~7%의 비교적 높은 성장률을 기록했다.[166] 이런 초장기 고도성장은 아르헨티나를 세계적인 부자 나라로 부상시켰다. 대공황 기간에는 다른 대부분의 나라처럼 경제난이 심각했지만, 세계대전 중에 곡물과 육류 등 농축산물을 중심으로 수출이 호조를 보이면서 외환보유고가 급증했다. 나라 곳간에 외환이 계속 쌓이자 경기호황이 지속되어 국민은 경제번영을 누렸다. 2차 세계대전 직후에는 한때 '세계 5대 경제부국'으로 불리기도 했다.

하지만 세계대공황이 빚은 경제난을 빌미로 군사쿠데타를 일

166 『세계와 협상한 은행가』 195쪽, 윌리엄 로즈, 삼성경제연구소 2012

으켰던 주도세력 중 한 사람인 페론이 1946년 대통령 선거에서 승리해 집권한 뒤부터는 경제가 차츰 파탄지경으로 내몰렸다. 페론 정권은 빈민과 노동자를 위한 재정지출을 크게 증가시켰다. 복지정책의 이런 과다한 확장은 재정수지를 악화시키고 외환보유고를 탕진시켰다. 여기에다 유럽의 전쟁복구가 빠르게 진행됨에 따라 농축산물 수출이 급감했고, 국제수지는 빠르게 악화됐다. 경제위기가 닥치자 1955년에 군사쿠데타가 또 발생했고, 페론은 유럽으로 망명했다. 새로 집권한 군사정권도 경제난을 해소하지 못해 민심이 이반했다. 다시 민간정권이 들어섰으나 경제난은 좀처럼 풀리지 않았다. 이후 군사쿠데타와 민간정권이 반복하여 교차하는 등 정치혼란이 지속됐다.

1973년에는 페론이 18년 만에 귀국하여 민중의 열렬한 지지 속에 다시 집권했다. 그러나 경제는 살아나지 못했고 오히려 점점 더 어려운 지경에 빠져들었다. 1974년에 페론이 사망하자 부통령이던 그의 부인 이사벨이 1976년까지 집권했다(첫째 부인이던 에바 페론은 1952년에 자궁암으로 사망했다). 아르헨티나의 경제상황은 점점 심각해져 갔다. 1975년과 1976년에는 연속 마이너스 성장률을 기록했다. 그 후에는 경기상승과 경기하강이 극단적으로 교차했다. 그러자 군사쿠데타가 또 발생했다. 이 군사정권은 1980년에 외환위기를 일으켜 극심한 경제난을 초래했다. 경상수지 적자가 급증한 데다 미국의 기준금리가 21.5%까지 치솟고 달러 가치마저 크게 상승했기 때문이었다. 외채 이자가 1981년 초부터 1982년 중반까지 10배 이상 늘어났다. 성장률은 1981년에 -5.7% 그리고 1982년에도 -3.1%를 기록했다.

1978~1987년 아르헨티나의 주요 경제지표(단위; %, 억 달러)

구분	1978	1979	1980	1981	1982	1983	1984	1985	1986	1987
성장률	-3.3	7.3	1.5	-5.7	-3.1	3.7	1.8	-6.6	7.3	2.6
물가상승률	175.5	159.3	100.8	104.5	164.8	343.8	626.7	672.1	90.1	131.3
경상수지	11.6	-5.1	-47.7	-47.1	-23.5	-24.4	-25.0	-9.5	-28.6	-42.4

자료: International Financial Statistics Yearbook 1995, IMF

이런 파국적인 경제난은 석유파동 때문이라고 알려졌지만, 이미 1970년대 중반부터 잉태되었다. 경기부진을 탈출하기 위해 재정지출을 과도하게 증가시켰던 것이 가장 큰 문제였다. 재정적자는 1970년대 중반부터 계속 증가하여 1981년에는 GDP의 6.7%에 이르렀다. 그래서 소비자물가 상승률은 이미 1976년에 444%를 기록했다. 이런 폭발적인 물가상승은 국제경쟁력을 약화시키고 경기침체를 가속화시켰다. 경기부진이 지속되자 물가상승률은 약간 떨어졌지만 1977년 이후에도 여전히 170%를 웃돌았다.

물가상승률이 이처럼 높은 수준을 유지함에 따라 국제경쟁력은 계속 약화었다. 그 결과로 경상수지는 1979년부터 적자로 돌아섰고, 1980년과 1981년에는 그 규모가 50억 달러에 육박했다.

결국 1980년에는 외환보유고 고갈위기가 터지고 말았다. 외환위기를 극복하는 것이 우선적인 과제였으나, 아르헨티나 정부는 심각해진 경제난을 타개한다며 재정지출을 더 크게 증가시켜 1983년에는 재정적자가 GDP의 8%에 달했다. 이런 재정지출 확대가 초과수요를 일으켰고, 초과수요는 물가를 더 불안케 했으며, 국제수지를 더욱 악화시켰다. 그래서 외환위기는 좀처럼 극복되지 못했다.

날이 갈수록 경제난이 심각해지자 군사정권이 물러나고 1983년에는 민주적으로 선출된 라울 알폰신이 대통령에 취임했다. 불행히도 당시의 물가상승률은 344%에 달했다. 이로 인해 1983년의 "산업생산은 20% 줄었으며, 예금인출 사태와 페소화 평가절하는 국민을 극심한 공포에 빠뜨렸다. 1984년에는 600%대에 이르는 초인플레이션이 아르헨티나의 숨통을 조였다."[167] 이 난국을 타개하기 위해 알폰신 대통령은 베르나르도 그린스푼을 경제장관에 임명했다. 그는 케인즈파 경제학자로서 긴축정책보다는 경기부양과 재정지출 확대가 경기회복의 지름길이라 믿었다. 임금을 올리는 한편, 물가를 동결하고 소비제품에 부가세를 부과하여 세수를 늘리면 재원이 확보되어 해외부채를 상환할 수 있다고 그는 주장했다.[168]

---

167 위의 책 197쪽
168 위의 책 200쪽

1984년 6월에 11개 은행으로 구성된 국제채권단은 그의 주장을 믿고 3월 30일까지 상환해야 했던 외채의 만기를 8월 14일로 연장하고, 1억 2,500만 달러의 신규 대출을 지원했다. 12월에는 포괄적 신규자금 지원 및 채권발행이 합의되었다.[169] 하지만 1984년 말에 이르러 그린스푼의 프로그램은 힘을 잃었다. 물가는 여전히 매월 30% 이상 뛰었으며, 경제불황 역시 극심했기 때문이었다. IMF와 채권은행단은 1985년 5월에 모든 신규 대출을 중단하고 부채 상환일정을 확실히 밝혀줄 것을 아르헨티나 정부에 요구했다. 자신의 모든 것을 국가에 바쳤다고 자부하던 그린스푼 장관은 사임했다.

새로 임명된 후안 호르일레 장관은 1985년 6월에 새로운 통화를 도입하여 오스트랄이라는 이름의 페소를 발행했다. 아르헨티나는 비로소 한숨을 돌렸다. 매월 30%에 달했던 살인적인 물가상승률이 8월에는 3%로 떨어졌다. GDP의 12%에 가까웠던 재정적자도 그 해 4분기에는 2.2%로 감소했다. 비로소 채권은행단과 채무재조정을 다시 논의할 정도로 신뢰가 회복됐다.[170] 하지만 채무조정협상이 지루하게 진행됨으로써 경제난은 1980년대 후반까지 해소되지 못했다. 1988년에는 또 외환위기가 터져 1990년까지 3년 동안 마이너스 성장을 했다. 이런 극심한 경제난은

169 위의 책 209쪽
170 위의 책 209~210쪽

정권교체를 불렀다.

1991년에 집권한 페론당의 카를로스 메넴은 하버드대 출신인 도밍고 카바요를 경제장관에 기용하여 '신경제정책'을 표방했다. 고정환율 제도를 실시함과 아울러 강력한 긴축정책을 시행했다. 작은 정부를 내세워 공무원을 감축하고 정부기구를 축소했으며, 지방정부에 대한 지원을 끊고 국영기업 태반을 민영화했다. 이처럼 페론당의 전통적 정책노선과는 정반대의 길을 걸음으로써 메넴 대통령은 한때 지지자들로부터 배신자로 불리기도 했다. 하지만 물가를 획기적으로 안정시킨 것이 아르헨티나 경제를 결정적으로 살려냈다.

어떤 정책이 물가를 안정시켰을까? 1만 아우스트랄을 1페소로 절하하는 화폐개혁을 단행했으며, 1 페소를 1 달러에 고정시키고 언제든 달러로 바꿀 수 있는 태환제도를 시행했다. 경상수지가 1990년에 모처럼 45억 달러의 흑자를 기록했던 것이 이 정책을 성공시키는 데 결정적인 역할을 했다. 그 금액은 1989년 외환보유고의 세 배 이상이었다. 경상수지 흑자가 이렇게 대규모를 기록했던 것은 그동안 환율이 폭발적으로 상승한 덕분이었다. 환율은 1989년에 40배 이상 오른 데 이어 1990년에도 12배 상승했는데, 이것이 일시적으로 국제경쟁력을 높여줬던 것이다.

국제수지가 위와 같이 대규모 흑자를 기록하자 새로운 화폐인 페소에 대해 시장의 신뢰가 생겨났다. 물가는 비로소 안정되기 시작했다. 1989년에 41배와 1990년에 24배나 올랐던 소비자 물가는 1991년에 2.7배로 그 상승률이 크게 떨어졌다. 그 후에는 물가상승률이 더 빠르게 떨어지기 시작하여 1994년에는 드디어 한 자릿수를 기록했다. 물가가 이렇게 안정되자 생산과 수출이 촉진됐으며 외국인 투자까지 활성화되면서 경기가 급상승했다. 성장률은 1991년 10.5%, 1992년 10.3%, 1993년 6.3%, 1994년 8.5% 등을 기록했다.

하지만 이런 높은 성장률이 또 경기과열을 일으켜 국제수지를 악화시켰다. 이미 1991년부터 적자로 돌아섰던 경상수지는 1992년에 50억 달러를 넘겼다. 이후에도 적자가 계속 증가하여 1994년에는 112억 달러에 달했다. 하필이면 이런 때 멕시코에서 외환위기가 발발했다. 아르헨티나도 그 영향을 받아 외환위기가 터져 1995년 성장률은 -2.8%를 기록했다. 이런 경기냉각이 국제수지 적자를 크게 축소시키는 역할을 했다. 다행히 멕시코 외환위기가 비교적 조기에 해소되면서 아르헨티나 경제도 외환위기에서 빠르게 벗어나 1996년부터는 경기가 회복되었다. 1997년 성장률은 8.1%를 기록했다.

그 과정에서 경기회복과 복지확대를 위해 재정지출을 크게 증가시켰던 것이 또 경기과열을 부추겼고 국제경쟁력을 떨어뜨렸다. 경상수지 적자는 1997년에 121억 달러를 기록했고, 1998년에는 145억 달러로 더 커졌다. 이에 따라 외환시장이 불안해지자 메넴 정권은 외채를 들여와 외환보유고를 쌓기에 여념이 없었다. 1990년대 초에 6백억 달러를 약간 넘었던 외채는 1998년에는 1,415억 달러를 기록하여 8년 동안에 2.4배 증가했다. 때를 맞춰 동아시아에서 외환위기가 터져 전염병처럼 번지면서 아르헨티나도 외환위기에 노출되었다. 그 바람에 1999년부터는 성장률이 마이너스를 기록했으며, 경기침체는 점점 심각해지고 장기화했다. 여기에 각종 부정부패 스캔들이 줄지어 터지고 빈부격차까지 악화됨에 따라 정치위기가 발생했다.

1990년대의 물가상승률, 성장률, 경상수지 추이(단위; %, 억 달러)

구분	1987	1988	1989	1990	1991	1992	1993	1994	1995	1996	1997	1998
물가상승	131.3	343	4,100	2,439	272	24.9	10.7	4.1	3.4	0.2	0.5	0.9
성장률	2.5	-2.0	-7.0	-1.3	10.5	9.6	5.7	5.8	-2.8	5.5	8.1	3.8
경상수지	-42.4	-15.7	-13.1	45.5	-6.5	-54.6	-76.7	-101	-27.7	-37.9	-121	-145

자료: 국제통계연감 2001년, 통계청

1999년에는 야당연합 후보였던 라디칼 당의 페르난도 데 라 루아가 대통령에 당선됐다. 경기침체가 깊어지고 실업률은 16%까지 치솟은 상황이었다. 긴축정책을 실시하는 조건으로 IMF가 브릿지론(단기대출)을 제공했지만, 외환위기를 잠재우지는 못했다. 거대해진 외채 때문이었다. 경제난이 좀처럼 풀리지 않자 데 라 루아 대통령의 지지율은 2001년 초에 18%로 추락했다. 그러자

'불독'이라 불릴 만큼 독불장군 기질이 다분한 경제학자인 리카르도 로페즈 머피를 경제장관에 임명했다. 머피는 재정긴축안을 마련하여 공공부문 지출을 삭감하고, IMF 및 채권은행단과 맺은 협약을 준수하기로 서약했다.

문제는 데 라 루아 대통령이었다. 전직 경제장관인 도밍고 카바요와 이야기를 나눈 뒤에 머피 장관의 의견을 따르지 않겠다며 상황을 뒤집었다. 카바요가 더 나은 해결방안을 찾았다고 주장했기 때문이다.[171] 머피를 밀어내고 경제장관에 오른 카바요는 국제채권단에 채권스왑을 제안했다. 상환기일이 닥친 외채를 장기 외채와 교환하자는 것이었다. 그는 1990년대 초의 외환위기를 극복하는 데 결정적인 역할을 해냈으므로 취임 초에는 그에 대한 국내외 신뢰가 비교적 탄탄했다.

하지만 이 방안은 외채위기를 뒤로 미룬 것에 불과했다. 채권스왑이 이뤄졌지만 외환위기는 좀처럼 가라앉지 않았다. 그래서 추가적인 채권스왑을 추진했으나 채권단은 이를 거부했다. 외환보유고가 고갈될 위기에 처하자 아르헨티나는 IMF에 현금 지원을 요청했는데, 이것마저 거절당했다. 아르헨티나에 대한 국제사회의 신뢰가 완전히 무너진 셈이었다. 사태가 악화일로를 걷는 사이에 자본은 해외로 이탈했고, 은행에서는 예금인출 사태가

---

171 위의 책 242쪽

벌어졌다. 거리는 폭동으로 얼룩졌다. 발표된 사망자만 최소 30명이었다.[172]

2001년 12월 1일 카바요는 예금인출 사태를 막기 위한 대책을 발표했다. 이른바 코랄리토Corralito 즉, '작은 방어막'이란 뜻의 이 대책은 90일 동안 예금인출을 동결한다는 내용을 담았다. 매주 소액에 한해 예금을 인출할 수 있었다. 이에 따라 금융시장의 유동성이 경색되면서 경제는 더욱 침체됐고 국민은 극심한 경제적 고통을 떠안아야 했다. 견디다 못한 사람들은 두드릴 것을 들고 거리로 나와 거세게 항거했다. 세상에 널리 알려진 '냄비 시위'는 이렇게 발생했다. 결국 아르헨티나는 디폴트에 내몰렸다.[173] 1990년대 초반에 성공했던 카바요의 정책은 2000년대 초에는 이처럼 실패하고 말았다. 경제위기의 성격이 서로 달랐는데, 비슷한 정책을 펼쳤기 때문이었다.

결국 데 라 루아 대통령은 2001년 12월에 사임했고, 권한대행으로 아돌포 로드리게즈 사아가 추대됐으나 1주일 만에 사임했다. 이듬해 1월에 취임한 페론당의 에두아르도 두알데 대통령은 2003년 5월까지 1년여 동안 집권했다. 새 정부는 공공부채에 대해 디폴트를 선언했다. 몇 년 뒤에 발표된 협상결과에 따르면 투

---

172 위의 책 248~249쪽
173 위의 책 248~249쪽

자자들은 1달러당 30센트를 회수했다.[174] 외채의 무려 70%를 탕감받은 셈이었다. 2001년에 시작된 채무재조정 협상은 2005년에 이르러서야 겨우 타결됐는데, 외채탕감은 그 결과였다.

정치가 혼란을 거듭하자 외환 유출이 심각해져 2002년 말에는 외환보유고가 105억 달러로 감소했고 성장률은 -10.9%라는 최악의 기록을 남겼다. 다행히 이런 급격한 경기후퇴가 경제를 다시 살려냈다. 총수요가 감소하는 것보다 총공급이 감소하는 속도가 더 빨라짐으로써 공급자 시장이 조성되었다. 이것이 기업의 경영수지를 호전시켜 생산과 고용과 투자를 빠르게 증가시켰다. 그뿐만 아니라, 위와 같은 경기추락은 경상수지까지 개선시켜 2002년에는 88억 달러의 흑자를 기록했으며, 그 이후에도 흑자는 꾸준히 유지되었다.

외환위기에 대한 우려가 이렇게 사라지자 경제는 차츰 안정을 되찾아 성장궤도에 올라섰다. 2003년 5월에 키르츠네르 정권이 출범한 다음에는 정치까지 어느 정도 안정을 되찾았고 경제는 본격적인 성장 가도에 올라섰다. 성장률은 2003년 이후 매년 8~9%라는 높은 수준을 2008년의 글로벌 금융위기 직전까지 유지했다. 물가상승률도 한 자릿수로 안정되었으며, 외환보유고도 지속적으로 증가함으로써 경제안정을 되찾았다. 하지만 크리스티

---

174 위의 책 250쪽

나 페르난데스가 집권한 뒤에는 복지 확대를 위한 재정팽창이 경기과열을 일으키면서 국제수지가 다시 악화됐고, 2014년 벽두부터 환율이 폭등하더니 7월에는 부분적인 모라토리엄을 선언하지 않을 수 없었다. 외환위기가 또 터진 것이다.

아르헨티나의 2000년대 성장률과 경상수지 추이(단위; %, 억 달러)

구분	1999	2000	2001	2002	2003	2004	2005	2006	2007	2008	2009	2010
성장률	-3.4	-0.8	-4.4	-10.9	8.8	9.0	9.2	8.5	8.7	7.0	0.7	9.2
경상수지	-119	-89.8	-37.8	87.7	81.4	32.1	52.8	77.7	73.5	67.6	84.7	35.7

자료: 국제통계연감 2012년, 통계청

다. 브라질의 외환위기 극복 사례

브라질은 남미의 다른 나라들과 다르게 일찍이 1822년에 포르투갈로부터 독립했다. 하지만 거대 농장주가 지배하는 식민지 경제체제에서는 쉽게 벗어나지 못했다. 설탕의 수익성이 높을 때는 사탕수수를, 커피가 각광을 받을 때는 커피나무를, 자동차 산업이 비약적으로 성장할 때는 타이어용 고무나무를 집중적으로 재배함으로써 극소수 농산품의 생산과 수출에 너무 크게 의존했다. 여기에 군인이 정치권력을 지배하고 독재정치가 지속됨에 따라 경제성장의 동력이 충분히 발휘되지 못했다. 그 자세한 내용은 다음과 같다.

브라질 경제가 본격적으로 공업화를 추구하기 시작한 것은 세계대공황이 터져 주력 수출품의 가격이 폭락한 뒤부터였다. 세계 대공황에 따른 심각한 경제난을 빌미로 군사쿠데타를 일으켜 1930년부터 1945년까지 집권한 바르가스 정권은 철강, 석유, 전력, 전화 등을 생산하고 관장하는 국영기업을 설립하여 수입대체산업을 집중적으로 육성했다. 1951년부터 1954년까지 두 번째로 집권한 뒤에는 국영기업의 비효율성, 재정지출과 통화의 팽창에 따른 물가 불안 그리고 국제수지 악화 등의 부작용이 나타나 경제난이 심각해졌고, 부정부패까지 만연했다. 군부의 퇴임압력을 받은 바르가스는 자살했다.

그 뒤를 이은 정권들도 경제난을 해소하지 못하고 단명에 그치는 등 정치 불안이 심화되자, 1964년에는 또 쿠데타가 발생하여 브랑코 군사정권이 출범했다. 브랑코 정권은 재정적자를 축소하고 물가를 안정시킴으로써 경제성장의 발판을 다졌다. GDP 대비 재정적자는 1963년 4.3%에서 1971년에는 0.1%로 줄었다. 물가상승률은 1964년 145%에서 1968년에 25.4%로 떨어졌고 1973년에는 15.7%로 더 떨어졌다. 이런 점진적인 물가안정에 힘입어 성장률은 1964년부터 1967년까지 연평균 3.9%라는 비교적 안정적인 실적을 기록했다.

그뒤에는 본격적인 고도성장을 이룩하여 1968년부터 1974년까지 연평균 10.5%라는 놀라운 성과를 거둬 '브라질의 기적'이라는 찬사를 받았다. 하지만 이런 높은 성장률은 잠재성장률을 훌쩍 넘어선 것이어서 국제수지 악화와 물가 불안이라는 후유증을 낳았다. 그뿐만 아니라 정부가 경제성장을 주도하면서 공공부문이 지나치게 비대해졌다. 1974년에는 100대 기업의 자산 중에서 공기업의 비중이 전체의 74%에 이르렀다. 50대 은행 중에서 국영은행이 56%에 달했고, 민간 대출의 64%를 차지했다. 이에 따라 국가경제의 효율성과 경쟁력이 크게 떨어졌다. 결국 제1차 석유파동이 터진 뒤에 브라질의 경제기적은 허무하게 무너졌다.

1974년 3월에 출범한 가이젤 정권은 정치 민주화와 함께 경제안정화를 내세웠으나, 오히려 재정지출을 확대하는 등 경기회복을 위해 팽창적인 경제정책을 견지했다. 그 바람에 경상수지 적자는 커지고 외채가 급증했다. 1969년에 2.8억 달러였던 경상수지 적자가 1973년에는 16.9억 달러로 약 6배 증가했다. 1차 석유파동이 터진 직후인 1974년과 1975년에는 경상수지 적자가 각각 71억 달러와 70억 달러를 기록했다. 외채는 1973년에 126억 달러로, 1978년에는 435억 달러로 증가했다. 물가 불안도 점점 심각해져 1973년의 15.7%에서 1978년에는 40.8%로 높아졌다. 하필 경제상황이 이처럼 악화될 때 2차 석유파동이 터져 브라질 경제는 더욱 어려운 지경에 빠져들었다.

앞에서 언급한 것처럼, 1980년에 아르헨티나에서 외환위기가 터져 중남미 여러 나라로 전염되었는데, 브라질도 비켜가지 못했다. 외환이 해외로 유출되고 환율은 급등했다. 그럼에도 불구하고 랑고니 재무장관은 '브라질은 아르헨티나와 다르다.'라며 채무 상환에는 전혀 문제가 없다고 단언했다. 무역수지가 흑자를 기록하고 있다는 것이 그 이유였다. 하지만 금융위기는 외환위기만이 일으키는 게 아니다. 금융위기와 함께 재정위기 및 정부 외채도 종종 파국적인 경제위기로 발전해 심각한 경제난을 초래하는데, 랑고니 재무장관은 이 사실을 간과했다. 브라질의 재정적자는 1982년에 150억 달러를 기록했던 것이다.

브라질의 이 외환위기 역시 아르헨티나와 마찬가지로 1970년대 말부터 잉태됐다. 성장률은 다른 중남미 국가에 비해 상대적으로 높은 편이었으나, 재정팽창으로 이뤄진 성과에 불과했다. 이런 경기과열의 영향으로 소비자물가는 마냥 불안해졌고 국제수지도 계속 악화됐다. 경상수지 적자는 1979년에 105억 달러를 기록했으며 1982년까지 매년 100억 달러를 넘었다. 이미 1979년에 50%를 넘겼던 소비자물가 상승률은 1981년과 1982년에는 각각 106%와 98%를 기록했다. 그 후로도 물가 불안은 점점 심각해지

1980년대 브라질의 성장률, 소비자물가 상승률, 경상수지(단위; %, 억 달러)

구분	1979	1980	1981	1982	1983	1984	1985	1986	1987	1988	1989	1990	1991	1992
성장	6.8	9.1	-4.4	0.6	-2.9	5.4	7.9	7.5	3.5	-0.1	3.1	-4.4	0.2	-0.8
물가	52.7	82.8	106	97.8	142	197	227	145	230	682	1,287	2,938	441	1,009
수지	-105	-129	-118	-163	-69	0.1	-3.0	-53	-15	-41	10	39.2	-17	60.9

자료: International Financial Statistics Yearbook 1995, IMF

기만 했다.

외환보유고가 고갈위기에 처하자 1981년 말에 브라질 정부는 IMF에 구제금융을 요청했다. 지루하게 이어지던 구제금융 협상은 1982년 12월에야 겨우 마무리되었다. 이 협약에 따라 IMF는 49억 달러의 구제금융을 제공했다. 하지만 브라질 정부는 협약을 충실히 지키지 않았다. IMF는 구제금융을 중단했고, 브라질의 외환위기는 더욱 악화됐으며, 경제난도 점점 심각해져 갔다. 브라질 정부는 1983년 초에 다시 IMF에 구제금융을 요청했다.

IMF에 성의를 보이기 위해 피게이레두 정권은 가스 요금을 45% 인상하는 한편, 커피와 설탕과 그 밖의 생필품에 대한 정부 보조금의 지급을 중단했다. 재정지출을 12억 달러 삭감했으며, 동시에 소득세를 인상하고 주식거래세를 신설했다. 이에 따라 소비자물가는 살벌하게 치솟았고, 실업률도 동반 상승했다. 대규모 감원사태가 벌어지자 과격시위가 이어졌다. 수만 명의 시위대가 리우데자네이루 거리에 쏟아져 나왔다. 이들은 'IMF와의 동반 침몰', '당장 모라토리엄을 선언하라' 등의 피켓을 들고 정부를 비난했다. 공공주택에 거주하는 수백만 명의 주민은 대출금 상환을 거부했다.[175]

IMF는 이런 상황을 우려했고 점점 강경해졌다. 임금인상을

175 『세계와 협상한 은행가』 160쪽, 윌리엄 로즈, 삼성경제연구소 2012

물가상승률의 80% 이내로 제한하는 법률을 제정하라고 요구했으며, 추가적인 긴축의무를 부과할 움직임을 보였다. 경제지표 보고의무를 강화하는 방안까지 거론했다. IMF가 이처럼 강경한 자세를 취한 것은 실망스런 경험을 이미 여러 차례 겪었기 때문이었다. 브라질은 1980년대 초반 4년 동안에만 일곱 번이나 IMF와의 계약서면을 작성했다.[176] 그만큼 협약을 자주 어겼던 것이다. 그뿐만 아니라 브라질은 IMF의 지원 거부를 핑계로 삼아 국제결제은행으로부터 지원받은 단기채무 4억 달러를 상환하지 않고 있었다.[177]

가장 심각한 문제는 피게이레두 정권이 이전 군사정권에서 도입한 외채의 감면을 채권은행단에 요구했다는 것이다.[178] 당연히 채권은행단은 이 요구를 거부했다. 외환위기는 해소되지 못하고 경제난은 점점 심각해져만 갔다. 경제상황이 마냥 심각해지자 랑고니 장관은 9월 1일 사임했다. 델핌이 새 재무부장관에 임명되었다. 델핌은 1983년 물가상승률을 150%로 낮추고 1984년에는 55%로 더 떨어뜨리는 한편, 1982년에 150억 달러의 적자를 기록했던 재정수지를 정상화시키기 위한 방안을 이행하기로 IMF와

---

176 위의 책 327쪽

177 위의 책 160~161쪽

178 조앙 피게이레두는 군사정권의 일원이었으나, 집권 후에는 대통령 선거를 직선제로 개헌하고 야당의 선거참여를 허용하는 등 민주화를 적극 추진하며 차별화했다.

합의했다. 그리고 무역수지 흑자를 더 늘리기로 동의했다.[179] 불행하게도 이런 합의는 너무 늦게 이뤄졌고, 경제상황은 좀처럼 풀리지 않았다. 피게이레두 대통령은 1985년에 사임했다. 그랬어도 경제난은 해소되지 못하고 1990년대 초반까지 이어졌다. 특히 물가 불안이 점점 심각해졌다. 소비자물가 상승률은 1990년에 3천 퍼센트에 이르렀고, 이런 폭발적인 물가상승이 경제회복을 가로막았다.

장기간 지속되던 경제난을 극복한 데에는 엔히크 카르도수의 역할이 컸다. 당시의 브라질 정치상황을 보면, 오랜 세월 지속됐던 군정을 1990년에 종식시켰다. 민주적인 선거를 통해 페르난두 콜로르 대통령이 집권했던 것이다. 하지만 곧바로 그는 부정부패 혐의로 탄핵을 받고 말았다. 이타마루 프랑쿠 부통령이 1992년에 대통령직을 승계하여 야당과 연립내각을 구성했다. 카르도수는 이때 입각하여 정치적 입지를 비교적 튼튼히 구축할 수 있었다. 정치적 입지가 탄탄해지자 과감한 경제정책을 펼칠 수 있게 되었다.

1993년에 재무부 장관으로 취임한 그는 아르헨티나처럼 고정환율제와 긴축정책을 실시했다. 이 결과 역시 성공적이었다. 1994년에 28배 가까이 올랐던 물가는 1995년부터 획기적으로 안정되

179 위의 책 161쪽

기 시작해 1998년에는 상승률이 3.2%로 떨어졌다. 1980년대 이후 마이너스와 플러스를 오가던 성장률도 1994년부터는 안정적인 수준으로 상승했다. 이런 경제적 성과를 바탕으로 카르도수는 1995년 대통령 선거에서 승리했다. 집권 후에 그는 경제 안정에 만전을 기했을 뿐 아니라, 1997년에는 최대 국영 광산회사인 CVRD를 민영화했다. 그 뒤를 이어 리오그란데 전화회사와 미나스제라이스 주의 국영은행 등 10여 개 대형 국영기업을 민영화했다. 이 결과로 브라질은 경제성장을 지속할 수 있었으며, 재선에 성공하여 2003년 초까지 집권했다.

그 과정에서 국제수지가 1995년부터 다시 악화된 것이 문제를 야기했다. 1995년에 181억 달러를 기록했던 경상수지 적자는 계속 증가하여 1998년에는 338억 달러에 달했다. 하필 이런 때 동아시아에서 외환위기가 터져 브라질로 전염되었다. 성장률은 1998년과 1999년에 각각 0%대로 떨어졌다. 그나마 물가상승률을 비교적 낮은 수준으로 유지했던 것이 경제난을 조기에 극복

브라질의 1994~2001년 물가상승률, 성장률, 경상수지(단위 %, 억 달러)

구분	1994	1995	1996	1997	1998	1999	2000	2001
물가상승률	2,769	66.1	15.8	6.9	3.2	4.9	7.1	6.8
성장률	5.8	4.2	2.7	3.3	0.1	0.8	4.4	1.3
경상수지	-11.5	-181	-232	-304	-338	-254	-242	-232

자료: 국제통계연감 2007년, 통계청

하는 데에 도움을 줘 2000년 성장률은 4.4%로 상승했다. 하지만 2001년에는 아르헨티나에서 터진 외환위기의 영향으로 성장률이 1.3%로 떨어졌고 이후 2003년까지 1~2%대의 비교적 낮은 수준을 기록했다.

이런 경기부진이 정권교체를 불렀다. 룰라 다 시우바가 집권한 2003년 이후에는 경제가 다시 안정적인 성장을 지속했고, 국제수지는 지속적으로 호조를 보였다. 2003년부터 흑자로 돌아선 경상수지는 2005년과 2006년에 각각 100억 달러의 흑자를 기록했다. 이처럼 외환위기의 위험이 사라지자 성장률도 높아졌다. 2004년에는 성장률이 5.7%를 기록하는 등 경기호조가 2008년의 세계금융위기 직전까지 이어졌다. 브라질은 BRICs의 일원으로 불리게 되었다. 이런 경제적 성공이 정치까지 안정시켰다.

2001년 이후 브라질의 물가상승률, 성장률, 경상수지(단위 %, 억 달러)

구분	2001	2002	2003	2004	2005	2006	2007	2008	2009
물가	6.8	8.5	14.7	6.6	6.8	4.2	3.6	5.6	4.8
성장률	1.3	2.7	1.2	5.7	3.2	4.0	6.1	5.2	-0.1
경상수지	-232	-76	42	117	140	136	16	-282	-243

자료: 국제통계연감 2012년, 통계청

하지만 시우바 대통령이 퇴임한 이후 외환위기에 대한 경각심은 다시 무뎌졌다. 새롭게 등장한 호제프 정권은 복지확대를 위해 재정지출을 대대적으로 팽창시켰다. 이것이 경상수지 적자를 급증시켰다. 2008년에 282억 달러를 기록했던 경상수지 적자는 2009년에 약간 줄어 243억 달러를 기록했으나, 2010년에는 758억 달러로 다시 크게 증가했다. 그 뒤로도 2013년까지 경상수지 적자는 700억 달러를 계속 넘겼고, 2015년에는 1,042억 달러에 달했다. 결국 환율이 빠르게 상승하고 외환보유고는 계속 줄어들면서 외환위기가 터지고 말았다. 그 결과로 성장률이 2014년에 0.5%로 뚝 떨어진 뒤, 2015년과 2016년에는 각각 −3.5%를 기록했으며 2017년에도 1.0%에 머물렀다. 그리고 2020년부터는 환율이 급등하면서 또다시 외환위기에 노출되고 말았다.

2009년 이후 브라질의 물가상승률, 성장률, 경상수지(단위 %, 억 달러)

구분	2009	2010	2011	2012	2013	2014	2015	2016	2017
물가	4.8	5.0	6.6	5.4	6.2	6.3	9.1	8.7	3.5
성장률	-0.1	7.5	4.0	1.9	3.0	0.5	-3.5	-3.5	1.0
경상수지	-243	-758	-770	-741	-748	-1,042	-594	-235	-98

자료: 국제통계연감 2018년, 통계청

라. 칠레의 사례

중남미 국가 중에서 1980년대 외환위기를 가장 성공적으로 극복한 나라로는 칠레가 손꼽힌다. 이 사례도 살펴볼 필요가 있다. 흔치 않은 성공적인 사례이기 때문이다. 다른 중남미 국가들처럼 칠레는 1981년 말에 외환위기를 맞았다. 1982년 성장률은 -14.1%를 기록했고 1983년에도 -0.7%를 기록했다. 다행히 1984년 이후에는 매년 안정적인 성장을 지속했다. 칠레가 외환위기를 이처럼 상대적으로 짧은 기간 안에 극복했던 것은 다른 나라들과는 다르게 IMF의 구제금융 조건에 대한 협상이 상대적으로 단기간에 순조롭게 이뤄졌기 때문이다. 특히 IMF와의 협약을 충실히 지켰던 것이 외환위기의 성공적인 극복에 기여했다. 여기에 개혁정책 하나가 가세하여 다른 나라들에 비해 상대적으로 탁월한 경제성적을 남겼다.

칠레는 이미 1970년대 중반부터 소비자물가 상승률이 한때 900%에 달하는 등 심각한 경제난을 계속 겪고 있었다. 이런 경제난은 재정팽창이 부른 결과였으며, 재정팽창은 1970년에 출범한 아옌데 정권이 복지제도를 대대적으로 확장한 결과였다. 경제난이 점점 심각해지자 민심은 이반했고, 1973년에는 군사쿠데타가 터져 아우구스토 피노체트가 집권했다. 그는 집권 초기에 갈팡질팡하며 경제난을 심화시켰다. 다행히 호세 피녜라를 노동사회부 장관에 발탁하여 복지제도를 개혁함으로써 안정적인 경제성장의 터전을 닦았다.

"1970년대 중반을 기준으로, 그 이전 15년 동안의 연평균 성장률은 0.17%였는데, 그 후 15년 동안에는 3.28%를 기록하여 20배나 더 커졌다. 빈곤비율의 개선은 더욱 획기적이어서 중남미 다른 국가들이 40%인데 비해 칠레는 15%로서 눈에 띄게 줄었다."[180] 물론 이런 실적마저 아시아의 민주화된 국가들이나 민주화가 진행되던 국가들보다는 훨씬 뒤떨어진 것이었지만 말이다. 그럼에도 불구하고 칠레가 중남미 국가 중에서는 국민소득이 높고 경제도 안정적이며 빈부격차까지 가장 적은 나라에 속하게 된 것은 사실이다. 과연 어떤 개혁정책이 이런 성과를 거두게 했을까?

칠레의 국민연금은 처음에는 퇴직 후의 생활비를 지급할 목적으로 출발한 기금 제도였으나 한낱 세금 제도로 전락했다. 노동자로부터 걷은 연금은 기금으로 정립하는 대신 당장의 사회보장비 지출로 쓰였다. 1979년 노동사회부 장관에 취임한 피네라는 가장 먼저 이 국민연금을 개혁했다. 간단히 말해, 모든 노동자에게 국가연금제도에서 빠져나갈 선택권을 준 것이다. 납부한 연금이 개인 재산이라는 인식을 노동자에게 심어주자는 것이 그 취지였다. 각자의 퇴직계좌에 급여의 10%를 예치하면 민간 경쟁업체들이 그것을 관리했다. 납부한 연금과 그 수익금이 계속 불어나는 새 보험증서를 받아든 대중의 반응은 열광적이었다. 1990년까지 70퍼센트가 넘는 노동자가 민간제도로 이동했다. 건강보험제도 역시 개혁했다. 민간 건강보험을 선택할 수 있게 되자 270

180 『금융의 지배』 218쪽, 니얼 퍼거슨, 민음사, 2010년

만 명의 노동자가 이것을 선택했다.[181]

아르헨티나에서 1980년에 발생한 외환위기가 중남미 전체로 전염되자 칠레도 심각한 경제난을 겪으면서 피네라 개혁은 논란에 휩싸였다. 정부지출 중에서 복지비가 차지하는 비중이 34%에서 22%로 줄었던 것도 비난의 대상이었다. 하지만 1990년대에는 그 개혁이 성공적이었다는 평가가 뒤늦게 내려졌다. 1990년 선거에서 군사정권이 물러나고 민주주의가 회복되자 그 효과가 본격적으로 나타났다. 연금개혁 덕분에 새로운 자산 소유자들이 탄생했고, 저축률이 상승하면서 경제에 활력소의 역할을 했다. 1989년 저축률은 30%로서 중남미에서 가장 높았다. 이게 경제 기적을 일으켰다.[182]

아래 표에서 보듯이, 칠레는 1984년 이후에 비교적 안정적인 경제성장을 이룩했고, 이 추세는 1990년대까지 이어졌다. 이런 성과는 중남미 다른 나라 대부분이 심각한 경제난의 늪에 빠져 있던 때에 이룩한 것이어서 더욱 빛을 발했다. 경제성과가 이처럼 뛰어나자 볼리비아, 엘살바도르, 멕시코 등 중남미 여러 나라도 칠레의 개혁을 뒤따랐다. 심지어 칠레를 정치적 후진국이라고 무시하던 영국까지 국회의원들이 칠레로 직접 달려와 피네라 개혁을 배워갔다. 물론 1990년대 말에는 동아시아 외환위기가 중

---

181 위의 책 216쪽
182 위의 책 216~217쪽

남미 각국에 전염되어 칠레도 1999년 성장률이 -1.1%를 기록했지만, 곧 회복되어 2008년의 세계 금융위기 전까지 비교적 높은 성장률을 지속적으로 기록했다. 그래서 칠레는 우루과이와 함께 중남미에서 경제가 가장 안정적인 나라로 꼽히곤 했다.

칠레의 1980년대 성장률, 물가상승률, 경상수지(단위; %, 억 달러)

구분	1980	1981	1982	1983	1984	1985	1986	1987	1988	1989	1990	1991	1992
성장	7.8	5.5	-14.1	-0.7	6.4	2.5	5.6	6.6	7.3	9.9	3.3	7.3	11.0
물가	35.1	19.7	9.9	27.3	19.9	30.7	19.5	19.9	14.7	17.0	26.0	21.8	15.4
수지	-19.7	-47.3	-23	-11.2	-21.1	-14.1	-11.9	-7.4	-2.3	-7.1	-5.4	1.1	-7.1

자료: International Financial Statistics Yearbook 1995, IMF

마. 우루과이 사례

우루과이는 인근 국가의 외환위기가 금융위기를 일으킨 특이한 사례이므로, 이것도 살펴볼 필요가 있다. 2000년대 초에 터진 아르헨티나의 외환위기는 곧바로 우루과이로 전염되었다. "남미의 미니 금융센터였던 우루과이는 투자자들 사이에서 남미의 스위스라 불리며 평판이 좋은 편이었다. 재정지표가 안정적인 데다 남미에서 투자등급의 신용평가를 받은 두 나라 중 하나였기 때문이다. 적어도 2002년 2월까지는 그랬다. 아르헨티나를 포함한 여러 중남미 국가의 국민은 오랜 세월 우루과이를 금융 안전지대로 여기고 달러 자산을 몬테비데오의 은행에 예치했다. 그러나 금융위기로 인해 부에노스아이레스의 은행계좌가 동결되자 아르헨티나의 국민과 기업은 유일하게 자금을 뺄 수 있는 창구에서 대규모 예금인출을 단행했다. 그곳이 바로 우루과이였다. 우루과이 전체 예금의 절반에 해당하는 자금이 순식간에 빠져나가면서 연쇄적인 예금인출 사태가 일어났다. 우루과이 페소의 가치는 날개 없는 추락을 거듭했다. 우루과이 외화보유액의 80%가 썰물처럼 빠져나갔다."[183]

"몬테비데오의 예금인출 사태는 그해(2002년) 7월까지 계속되었다. 극심한 뱅크런이 이어지자 정부는 은행을 폐쇄하고 휴업을 선언할 수밖에 없었다. 거리 곳곳에서 시위가 일어났다. 돌멩이를 투척하는 시위자들이 거리에 쏟아졌고, 슈퍼마켓과 상점은 절도행위로 홍역을 치렀다. 정부가 고객의 예금인출을 막도록 은행을 폐쇄하면서 벌어진 일이었다."[184] 사회혼란이 점점 심각해지면서 경제난은 더욱 악화되었다. 물론 국제수지 적자가 악화되지 않았더라면 이런 일은 벌어지지 않을 수도 있었다. 우루과이의 국제수지는 이미 1992년부터 적자를 기록하기 시작했다.

하지만 그 규모는 작은 편이었고 국가경제가 충분히 감당할 수준이었다. 그럼에도 불구하고 다른 나라의 외환위기가 우루과이로 전염되어 1999년부터 2002년까지 4년 동안이나 마이너스

---

183 『세계와 협상한 은행가』 92쪽, 윌리엄 로즈, 삼성경제연구소 2012년
184 위의 책 94쪽

우루과이의 경상수지(억 달러) 추이

구분	1991	1992	1993	1994	1995	1996	1997	1998	1999	2000	2001	2002
수지	0.4	-0.1	-2.4	-4.4	-2.1	-3.0	-2.9	-4.8	-5.1	-5.7	-4.9	3.2

자료: 국제통계연감 1998년과 2007년, 통계청

성장률을 기록하는 등 심각한 경기침체를 장기간 겪었다. 특히 2002년 성장률은 -11%를 기록했을 정도로 경제난이 아주 심각했다. 이것은 외환위기의 전염성이 얼마나 치명적인 결과를 빚는가를 보여준 대표적인 사례이다. 다른 나라들도 이런 점을 명심하고 교훈으로 삼을 필요가 있다.

우루과이의 성장률(%) 추이

구분	1993	1994	1995	1996	1997	1998	1999	2000	2001	2002	2003	2004
성장률	3.0	6.3	-2.0	4.9	5.0	4.5	-2.8	-1.4	-3.4	-11.0	-4.9	3.2

자료: 국제통계연감 1998년과 2007년, 통계청

반면에, 1990년대 중반에 멕시코에서 터진 외환위기가 중남미 여러 나라를 전염시켜 경제난을 심화시켰던 때에 우루과이는 1995년 한해에만 -2%의 성장률을 기록했을 뿐 곧바로 5% 전후의 성장률로 복귀했다. 이 사례는 한 나라의 성공적인 외환위기 극복이 다른 나라에도 긍정적인 영향을 끼친 대표적인 사례에 속한다. 하지만 2000년 전후에는, 위에서 살펴본 바처럼, 우루과이가 심각한 경제난을 장기간 겪었는데 그 이유는 또 무엇일까?

그것은 아시아 외환위기 당시 IMF가 구제금융을 해주면서 지나치게 가혹한 긴축정책을 요구했기 때문이라는 일부 경제전문가의 비판이 국제사회를 뒤흔들었기 때문이다. 미국에서는 부시 정권이 들어선 2000년부터 '국가도 파산해야 도덕적 해이Moral Hazard를 막을 수 있다.'라는 인식이 팽배해지면서 IMF의 구제금융이 즉각적으로 이뤄지지 않았다. 물론 IMF는 2000년부터 43억 달러의 신용라인을 대기하고 있었지만, 구제금융과 채무조정이 실제로 이뤄진 것은 2002년 8월 초였다. 2년 가까운 세월이 낭비되는 사이에 우루과이의 경제상황은 지속적으로 악화되어 갔다. 한마디로, 올바른 일이라는 관념적인 판단이 현실에서는 더 나쁜 결과를 빚었던 셈이다.

바. 브래디 플랜의 역효과

외환위기로 경제난이 심각해진 베네수엘라에서 1989년 2월에 최악의 폭동사태가 터졌다. 전국 주요 도시가 아수라장이 됐다. 시위대는 상점을 약탈하고 창문을 부쉈다. 진압군은 무력으로 대응하며 거리를 봉쇄했다. 무차별 발포로 공식 집계된 사망자만 276명이었고, 부상자는 수천 명에 달했다. 이런 과격한 시위는 '외채가 330억 달러에 이른 가운데' 페레스 정권이 IMF와 세계은행과 국제채권단 그리고 미국 등 해외 정부로부터 자금을 지원받기 위해 단행한 경제개혁안이 급격한 물가상승을 초래하면서 시작되었다.[185] 각종 소비재에 대한 정부지원금을 삭감한 것이 물가를 급격히 상승시켰던 것이다.

이 사건을 계기로 미국과 IMF와 채권은행단의 분위기가 차츰 바뀌었다. 1981년 이후에 본격화한 중남미의 외환위기가 장기간 해소되지 못하고 점점 악화된 것도 분위기 전환에 힘을 실었다. 워싱턴에서 그리고 중남미 각국과의 회담에서 채무원금을 탕감하자는 의견이 차츰 모아졌다. 과거 수십 년간 군사정권에 대출해준 은행권도 손실의 일부를 감내하고, 해당 여신을 장부에서 처리하자는 것이었다. 그간 무분별하게 대출을 남발한 은행권도 책임을 분담해 함께 고통을 감내해야 한다는 것이 그 취지였다.[186] 그 결과로 나타난 것이 1989년 3월에 미국의 브래디 재무장관이 제안한 '브래디 플랜'이었다. 이에 따라 부채탕감을 위한 협상에 박차가 가해졌다. 당시에는 협상 결과가 비밀에 부쳐졌지만 나라에 따라 평균적으로 35~45%를 탕감 받은 것으로 알려졌다.

그러나 이런 온정적인 기류변화가 중남미 여러 나라에는 오히려 독약으로 작용했다. 1981년 말에 발발한 외환위기가 1990년대 초반까지 해소되지 못했을 뿐 아니라, 2000년대 초에 또 다른 외환위기가 터지는 결과를 빚었다. 관념적으로 바람직해 보이는

185 위의 책 326쪽
186 위의 책 329쪽

게 현실에서 항상 바람직한 결과를 낳는 것은 아니라는 사실을 이 역사가 또 증명했다. 앞에서 비교적 자세하게 살펴본 것처럼, 아르헨티나와 브라질 등 여러 나라는 2000년대 초까지 장기간 심각한 경제난을 겪었다. 관념적인 판단에 입각하여 경제를 재단하고 윤리적인 기준에 따라 경제정책을 주장하거나 수립하는 일이 얼마나 위험한가를 경제전문가 사회는 이제라도 명심할 일이다. 경제학은 사회과학이지 윤리학이 결코 아니다.

그리스의 외환위기

그리스의 경제위기가 세계적인 관심을 크게 끈 것은 2010년 5월에 유럽중앙은행과 IMF가 1,100억 유로라는 엄청난 규모의 구제금융을 제공한 뒤부터였다. 그리스 국민은 그로부터 장기간 심각한 경제난을 겪었다. 경제난이 이처럼 장기간 지속되자 기업 경영수지는 점점 더 악화되었고, 투자와 신규 고용은 거의 실종된 지 오래되었다. 은행 등 금융기관 역시 경영수지 악화로 제 기능을 발휘하지 못했다. 그 바람에 국내 생산활동이 원활하게 이뤄지지 않음으로써 생필품 부족사태가 벌어지는 지경에 이르렀다.

그리스 경제는 도대체 언제 살아났을까? 그리스 국민은 언제쯤 경제적 고통에서 벗어났을까? 2015년 8월 11일에는 다시 그리스 정부와 국제 채권단 사이에 860억 달러에 달하는 추가적인 구제금융 협상이 타결되었다. 그렇다면 그리스 사태는 해결의 길로 들어섰을까? 이 물음에 대한 답은 긍정적일 수가 없었다. 이미 두 차례에 걸쳐 2,500억 유로라는 엄청난 규모의 구제금융을 받았지만 그리스 경제위기는 해소되지 못했으므로, 3차 구제금융 역시 다른 두 차례의 구제금융처럼 결국은 실패할 가능성이 높았다. 그 이유는 무엇이었을까?

가장 심각한 문제는 그리스 경제위기에 대한 진단이 정확하지 못하다는 데 있었다. 원인은 물론이고 전개과정에 대한 진단조차 정확하지 못했다. 진단이 이처럼 정확하지 못하면 처방도 적절치 못하고, 처방이 적절치 못하면 사태를 더욱 악화시킬 게 빤했다. 그리스는 이미 두 차례나 구제금융을 받음으로써 그동안의 정책처방이 틀렸음을 증명했다. 세계 최고 수준의 경제전문가들이 모여 진단했는데, 왜 그게 정확하지 못했을까? 가장 큰 원인은 용어의 미분화에 있었다. 영어권에서는 그리스 사태를 흔히 Financial Crisis라고 부른다(유럽의 다른 언어권도 마찬가지이다). 이 용어는 재정위기는 물론이고 금융위기와 외환위기 등에도 함께 쓰인다. 하지만 이 세 가지 위기는 원인과 전개과정이 서로 다르므로, 분리하여 부르는 게 마땅하다. 재정위기는 Fiscal Crisis로 불러야 하고, 금융위기는 Financial Crisis로 불러야 하며, 외환위기는 Currency Crisis로 불려야 한다.

이런 관점에서 보면, 그리스 경제위기는 이미 2008년부터 물밑에서 진행되고 있었다. 경상수지 적자가 2008년에 GDP의 무려 13.6%를 기록했던 게 외환위기를 빠르게 진행시켰던 것이다. 경상수지 적자가 이렇게 거대해지면, 외환보유고가 고갈되고 환율이 급등해야 했었다. 사실 그리스의 경상수지는 그 이전에도 만성적인 적자를 기록하고 있었다. 하지만 그리스는 EU 회원국으로서 유로를 화폐로 사용하므로 그나마 버틸 수 있었다. 그러나 2008년에는 경상수지가 위와 같이 대규모 적자를 기록하자 파국적인 금융위기를 맞았다.

통화란 우리 몸의 혈액과 같은 역할을 하며, 혈액의 10%만 빠져나가도 목숨이 위태롭다. 그리스의 경상수지 적자가 GDP의 13.6%에 달했다는 것은 그만큼의 통화가 외국으로 빠져나가는 압력을 받았다는 것을 의미했다. 그리스 경제는 괴멸 지경에 빠져들지 않을 수 없었다. 하지만 IMF와 ECB유럽중앙은행 등은 구제금융의 조건으로 재정수지 개선을 집중적으로 요구했다. 그리스 사태를 재정위기로 인식했던 셈이다. 이처럼 진단과 처방이 잘못되었으니, 세 차례나 거액의 구제금융을 받았음에도 불구하고 그리스 경제는 마냥 악화될 수밖에 없었다. 실제로 그리스는 아래 표에서 보듯이 2008년 이래 대부분 마이너스 성장률을 기록했고(2014년에만 0.7%), 2017년에 이르러서야 의미를 부여할 만한 1.3%의 성장률을 기록하게 되었으며, 팬데믹 이전까지 플러스 성장을 했다.

만약 그리스 사태가 재정위기라면, 스페인은 경제난을 겪을

그리스의 경상수지(억 달러)와 경제성장률 추이

구분	2008	2009	2010	2011	2012	2013	2014	2015	2016	2017
경상수지	-513.3	-359.1	-302.8	-285.8	-61.7	-49.5	-37.4	-4.6	-19.6	-13.3
성장률	-0.3	-4.3	-5.5	-9.1	-7.3	-3.2	0.7	-0.3	-0.2	1.4

자료: 국제통계연감 1998년과 2007년, 통계청

이유가 없었다. 스페인의 재정은 2008년 세계 금융위기가 터지기 직전까지 비교적 건전했다. 국가부채 비율은 재정이 가장 건전한 편에 속하는 독일보다 적었을 정도였다. 하지만 스페인은 실업률이 한때 20%를 넘길 정도로 심각한 경제위기를 겪었다. 스페인도 2008년의 경상수지 적자가 GDP의 9.6%를 기록함으로써 외환위기를 겪었을 따름인 셈이다. 다행히 2009년에는 경상수지 적자가 3.8%로 크게 줄어들어 그리스처럼 경제난이 심각하게 발전하지는 않았다.

2009년에는 그리스의 경상수지 적자가 GDP의 6.9%로 줄었지만, 여전히 지나치게 큰 규모였다. 그래서 외환위기와 금융위기가 계속 진행하는 것을 제지할 수 없었다. 한마디로, 그리스 사태는 외환위기가 근본적인 원인이라고 진단했었어야 했다. 외환위기를 일으킨 경상수지 적자가 통화의 국외 유출을 초래했고, 통화가 대규모로 유출되자 신용경색이 일어나 금융기관이 붕괴에 직면하여 금융위기로 발전했다. 금융위기는 경제활동을 위축시킴으로써 경제난을 불렀고, 경제난은 조세수입을 급감시킴으로써 재정위기를 초래했던 것이다. 이런 전개과정에 대한 이해가 부족했으니, 정책처방도 적절치 못할 수밖에 없었고, 그리스 사태는 마냥 악화되기만 했다.

그럼 그리스 사태에 대한 정책처방은 어찌했었어야 했을까? 이 문제에 대한 해답은 이미 역사적 사례가 제시해두고 있다. 다시 말해, 외환위기를 성공적으로 극복했던 역사적 사례를 통해 그 해답을 찾았어야 했다는 것이다. 그런 대표적인 사례 중 하나는 우리나라가 1998년에 외환위기를 극복한 것이고, 다른 하나는 멕시코가 1995년에 외환위기를 극복한 사례이다. 이 문제는 앞에서 충분히 살펴봤다. 하지만 이런 처방만으로는 역부족일 가능성이 없지 않다. 그리스는 극심한 경제난이 국제경쟁력과 성장잠재력을 극도로 약화시켰기 때문이다. 따라서 국제경쟁력과 성장잠재력을 강화시킬 정책을 추가로 펼쳤어야 했다. 그 방법은 지금의 경제위기를 불러온 그리스의 정책에서 찾아질 수 있다.

그동안 그리스 정부는 '좋은 일자리의 창출'을 명분으로 공무원 숫자를 지속적으로 확대시켰다. 2015년에는 공무원이 노동자의 1/4에 달했다. 85만 명에 이르는 공무원의 급료가 재정지출의 50%를 넘었다. 인구 1천만 명인 그리스의 공무원 수가 5천만 명인 우리나라와 엇비슷할 정도였다. 그뿐만 아니라, 공무원은 58세에 퇴직하면 연봉의 98%에 달하는 연금을 평생동안 받았다. 그래서 유능한 젊은이는 거의 모두 공직으로 몰려들었다. 국제경쟁에 직접 나서야 할 민간부문은 유능한 인재를 쓸 수 없는 실정이었다. 그러니 그리스의 국제경쟁력은 다른 나라에 비해 떨어질 수밖에 없었다. 이런 상황을 개선하지 못하면 외환위기를 벗어나더라도 그리스의 장래는 앞으로도 비관적일 수밖에 없다. 실제로 그리스의 외환위기가 초래한 경제난은 오랜 세월 지속되었다.

6

임상사례 4

2008년 금융위기

2008년 미국 금융위기의 원인으로 지목되는 것들

미국에서 2008년 말에 터진 금융위기가 국내적으로 심각한 경제난을 초래한 것은 물론이고 세계 대부분의 나라에 확산되자, 다양한 원인 분석과 진단이 난무했다. 그중에서도 금융위기는 금융규제를 완화시킨 신자유주의 정책의 산물이라는 주장이 높은 설득력을 보였다. 특히 "법률적, 제도적 규제가 완화됨에 따라 폭발적으로 성장한 파생금융상품이 금융위기를 불렀다."거나 "금융회사의 높은 투자비율High Leverage이 금융위기를 불렀다."는 주장은 마치 진실인 것처럼 받아들여졌다. 그밖에 부채가 금융위기의 원인이라거나 금융시장의 발달이 금융위기의 원인이라는 등의 주장 역시 호소력을 발휘했다. 이것들은 모두 금융위기가 발생하기 이전에 나타났던 현상이므로 뛰어난 설득력을 보였다. 그러나 선행한 것이 모두 원인은 아니다. 과연 이것들이 금융위기의 진짜 원인인지 차례대로 살펴보자.

가. 파생금융상품, 높은 투자비율, 신자유주의가 금융위기를?

브루스 헨더슨과 조지아 가이스가 함께 쓴 『서브프라임 크라이시스』는 영국 주간지 「이코노미스트」를 인용하여 "미국 경제의 정체와 위기의 원인은 느슨한 대출 기준과 매우 괴상한 금융상품이었다고 보는 견해가 늘고 있다. 특히 한 사업이 비난의 표적이 되고 있다. 그것은 바로 몇 가지 대출을 하나로 묶어서 증권화하는 사업이다."[187]라고 단정했다. 이런 언급은 여러 경제학자가 주장한 바를 반복한 것으로서, 금융규제 완화가 금융위기의 중요한 원인 중 하나라는 킨들버거와 알리버의 주장을 뒷받침한다.

그러나 2008년의 세계 금융위기가 발생하기 전인 2002년에 진 스마일리가 저술한 『세계대공황』은 이 주장에 대해 다음과 같이 신랄하게 반박한다. "세계 대공황은 종종 시장경제의 불안정성과 정부의 감시·감독의 필요성을 증명한다고 알려져 있다. 하지만 이들 증거는 더이상 세계대공황에 관한 가설을 뒷받침해주지 못한다. 국가적 목적을 위해 금본위제를 통제하고 지휘한 정부의 노력이 불황을 가져왔기 때문이다. 불황이 시작되자 미국 정부의

187 『서브프라임 크라이시스』 73쪽, 브루스 E. 헨더슨 & 조지 가이스, 랜덤하우스, 2008년

기능은 불황을 혹독하고 더 오래 지속되도록 만들었다. 그러다 마침내 불황은 끝났지만 시장에 대한 정부 간섭으로 인해 회복이 극심할 정도로 느려졌고, 1937년부터 1938년까지는 '불황 속의 불황'을 야기했다. 이것은 1930년대 정부가 시장경제에 간섭해서 만든 비극적인 증거이다."[188]

금융시장에 대한 규제를 강화하여 경제위기를 예방하거나 회피하기 위해서는 정부의 역량이 시장의 기능에 비해 더 유능해야 한다. 하지만 이것은 좀처럼 기대하기 어렵다. 오히려 정부의 역량이 시장기능에 미치지 못함으로써, 혹은 정책이 시장기능에 역행함으로써 경제상황을 더 악화시키는 게 훨씬 더 일반적이다. 경제사를 돌아보면 이런 사례는 헤아리기 어려울 정도로 많다. 바로 앞에서 언급한 것처럼 대공황 때도 마찬가지였는데, 이 문제는 대공황의 임상사례에서 충분히 살펴봤다.

현실적으로 파생금융상품은 금융위기의 원인이라고 보기 어렵다. 뒤에 나타난 변수가 원인이 될 수는 없기 때문이다. 주택대출 관련 파생금융상품, 특히 CDS부도담보증권가 붐을 이룬 것은 주택대출의 부실이 현실화할 가능성이 커진 뒤의 일이다. 신용부도거래Credit Default Swap라는 용어부터가 채무 불이행을 전제로 한 보험의 일종이다. CDS의 도입은 주택대출 부실을 사전에 정한 대

---

188 『세계 대공황』 9쪽, 진 스마일리, 지상사, 2008년

로 제3자가 보상해주도록 약정함으로써 위험을 분산하기 위한 고육책이었을 따름이다. 이것은 1980년대 후반의 '포트폴리오 보험'과 유사한 금융상품인데, 이 보험증권 때문에 1987년 10월 19일의 주가폭락과 뒤이은 경기후퇴가 발생했다고 주장하는 경제 전문가는 찾아보기 어렵다. 참고로, 마이클 루이스가 2010년에 저술한 『The Big Short』은 CDS와 이것을 만들고 판매한 '부도덕한' 금융인이 1998년 금융위기를 일으킨 주범이라는 점을 실증적인 사례를 들어가며 호소력 있게 설파했다. 하지만 그는 왜 CDS가 탄생하고 거대해졌는가에 대해서는 어떤 설명도 하지 않았다. 원인을 정확하게 파악해야 적절하고 효율적인 정책처방을 할 수 있을 게 아닌가.

물론 부채를 증권화한 파생금융상품인 CDO부동산부채 유동화증권가 금융기관의 주택담보 대출에 추가적인 자금을 공급하는 역할을 함으로써 주택수요를 크게 늘리고 부동산 거품을 키운 것은 사실이다. 그러나 이것은 부채의 위험을 분산시키기 위한 증권일 따름이다. 이것을 비난하는 것은 금융회사가 금융채를 발행하는 것을 비난하는 것이나 마찬가지이다. 신용카드회사 등의 금융회사는 금융채를 발행해 투자 재원을 마련하는데, 이런 금융회사가 신용위기에 몰릴 경우에는 금융채의 상환을 요구당하는 일이 벌어지고, 이것은 신용파괴원리를 작동시켜 사태를 악화시키곤 한다. 따라서 CDO나 CDS를 비난하려면, 금융채 발행도 규제해야 한다고 주장해야 하지만, 이것은 금융업을 발전시키지 말아야 한다고 주장하는 것이나 다름없다.

경제병리학적 관점에서 보면, CDS나 CDO 등의 파생금융상품은 금융위기의 직접적인 원인이라고 볼 수 없다. 이것을 금융위기의 원인으로 지목하는 것은 전형적인 오진이다. 파생금융상품의 양산이 금융위기를 심화시키고 확산시킨 것은 틀림없지만, 설령 그렇더라도 2008년의 세계 금융위기는 파생금융상품의 산물이 아니라 경제병리적 현상의 하나라고 보는 게 옳다. 쉽게 말해, 건강한 사람도 병에 걸리는 것과 똑같은 현상이 경제에서 발생했다는 것이다. 폐암 전문의사도 폐암에 걸리는 것이 엄연한 현실인데, 이를 두고 폐암 연구를 전공한 것이 폐암의 원인이라고 말할 수는 없다.

무엇보다, 파생금융상품이 2008년의 심각한 금융위기를 초래했다는 주장은 스스로 논리적 모순을 드러낸다. 파생금융상품이 지금처럼 발달하지 않았던 시절에도 금융위기는 종종 발생했기 때문이다. 2008년의 세계 금융위기가 발생한 진앙인 미국의 근래 사례만 보더라도 1970년대 초, 1980년대 초, 1980년대 말, 1990년대 중후반과 2000년대 초에 꽤 심각한 금융위기를 겪었다. 그 이전의 역사적 사례는 헤아리기 어려울 정도로 많다. 물론 2008년의 금융위기는 파생금융상품에 의해 그 심각성이 더 커진 것은 사실이다. 실제로 서브프라임 모기지와 관련된 금융상품을 많이 판매한 베어스턴스와 리먼브라더스는 투자은행 중에서 가장 먼저 합병당하거나 파산했다. 하지만 파생금융상품은 금융위기의 근본 원인은 아니다. 이해하기 쉽게 비유해보자.

만약 초대형 사건이 터져 보험시장과 보험회사가 모두 무너질 위기에 처했을 경우, 재보험 제도가 보험시장을 무너뜨렸다고 말할 수 있을까? 당연히 아니다. 재보험 제도는 보험시장의 안정성을 확보하기 위한 제도일 따름이다. 따라서 재보험 제도가 아니라, 초대형 사고가 터진 것이 보험시장에 괴멸적인 타격을 주었다고 보는 게 옳다. 마찬가지로 파생금융상품은 금융위험을 여러 금융상품에 분산함으로써 보험의 역할을 했고, 이것이 금융시장의 안정에 기여했다고 보는 게 옳다. 선행한 것을 모두 원인이라고 단정하는 것은 전형적인 오류 중 하나이다. 만약 그보다 더 선행한 다른 근본 원인이 있다면 말이다.

무엇보다, CDO나 CDS 등의 파생금융상품은 기존의 금융상품과 함께 통화의 기능을 수행하면서 신용창조를 한다. 이렇게 이뤄진 신용창조는 운동에너지를 충분히 갖추고 있으므로 물가불안을 초래하지 않으면서 경제의 안정적인 성장에 기여한다. 따라서 파생금융상품을 2008년 금융위기의 근본적이고 결정적인 원인으로 간주하면 파생금융상품에 대한 극단적인 규제가 정당화될 수 있다. 이 경우에는 금융시장의 발전이 억제당할 것이 뻔하다. 그러면 운동에너지를 충분히 갖춘 신용창조를 저해함으로써 경제의 안정적인 성장을 가로막는 역할을 할 것이 틀림없다. 그러므로 파생금융상품이 금융위기의 원인이라는 주장은 아주 위험하다.

당연히 파생금융상품 시장의 성장을 지속가능한 범위 안에서 관리하고 규제할 필요는 있다. 어느 경제지표나 마찬가지이지만, 아무리 순기능을 하는 경제지표일지라도 과도하게 증가하거나 그 가격이나 증가율이 급격하게 등락하는 경우에는 심각한 사태를 초래하므로, 금융시장과 국가경제의 안정을 위하여 정책적으로 관리할 필요가 있다. 어느 수준이 과도하게 증가했는지를 판단하기 어렵다면 그 가격과 등락율의 급격한 변동이라도 제어할 필요가 있다. 최소한 파생금융상품의 가격이 급락함으로써 금융시장을 붕괴시키는 것만은 반드시 막아야 한다. 파생금융상품의 가격 폭락은 자칫 신용파괴원리를 작동시킬 수 있기 때문이다. 따라서 파생금융상품을 공개시장에서 거래하도록 하자는 일부 경제전문가의 제안은 바람직한 것으로 여겨진다. 다만, 이것이 새로운 금융상품의 개발을 억제하는 역할을 하지 않도록 예방조치를 강구하는 일이 필요하다.

다음으로, 금융회사의 높은 투자비율High Leverage이 금융위기를 일으켰다는 주장은 언뜻 듣기에 그럴듯하다. 그중에서도 클린턴 전 미국대통령의 다음 지적은 설득력도 높고 대중적이다. "금융위기는 은행의 과도한 레버리지, 다시 말해 고위험 투자에서 비롯되었는데, 은행들은 특히 서브프라임모기지와 이를 기초로 한 증권 및 파생상품에 지나치게 많은 투자를 하면서도 위험 보전을 위한 현금 보유고는 거의 없는 실정이었다. 예를 들자면 베어스턴스는 파산 당시 레버리지 비율이 35 대 1이었다. 전통적으로 상업은행의 레버리지 비율은 10 대 1이나 12 대 1이고, 투자은행은 그보다 약간 높은 수준이다. 다시 말해, 과도한 레버리지에 대한 정부의 감독이나 제재가 제대로 이루어지지 않았던 것이다."[189]

그러나 이것도 금융위기의 근본 원인은 아니다. 반대 사례가 있기 때문이다. 1998년에 파산한 LTCM의 투자비율은 2008년 이후에 파산한 금융회사들의 투자비율(레버리지)보다 훨씬 높았다. LTCM은 50억 달러에 불과한 자본금으로 1,250억 달러의 차입금을 조달하여 1조2천5백억 달러어치의 금융상품에 투자함으로써 자본의 투자비율이 무려 250배에 달했다. 그렇지만 그 파산이 2008년 이후처럼 심각한 금융위기를 일으키지는 않았다. 더 결정적인 반대 사례는 석유나 곡물이나 공업용 자원 등을 거래하는 국제상품시장의 선물거래에서 찾아볼 수 있다. 국제상품거래소의 선물거래에서 찾아볼 수 있다. 국제상품거래소의 투자비율은 20배에 달해 아주 높지만, 심각한 금융위기를 초래한 적은

---

189 『다시 일터로』 18~19쪽, 빌 클린턴, 물푸레, 2012

별로 눈에 띄지 않는다. 오히려 높은 투자비율이 '잦지만 낮은 수준의 가격변동'을 일으킴으로써 한순간에 일어날 급격한 가격변동을 완화시키는 역할을 하여 국제상품거래소의 장기적인 안정에 기여했다. 역사적 경험을 보더라도 석유 등 자원가격의 급격한 변동은 경제위기를 불렀다. 따라서 높은 투자비율이 금융위기를 일으킨 근본 원인은 아니다.

끝으로, 다른 규제완화 혹은 신자유주의 경제정책이 금융위기를 불렀다는 주장 역시 논리적으로 명백한 오류이다. 신자유주의 경제정책을 펼치지 않았던 나라들도 금융위기를 여러 차례 겪었기 때문이다. 근래의 경제사만 살피더라도 그런 사례는 얼마든지 발견할 수 있다. 특히 1990년대 초에 핀란드와 스웨덴 등이 겪은 금융위기는 그런 대표적인 사례이다. 이 나라들은 신자유주의와는 거리가 먼 경제정책을 펼쳤음에도 심각한 금융위기를 겪었다. 이런 사실은 2008년 이후의 세계 금융위기가 신자유주의 때문에 발생한 것이 아니라는 사실을 반증한다. 특히 주목할 점은 금융위기가 불러온 경제난을 해소하기 위해 그 나라들은 혹독한 신자유주의 경제정책을 펼쳤다는 사실이다. 실제로 핀란드와 스웨덴에서는 심각한 금융위기를 겪은 뒤에 복지제도는 크게 후퇴했고, 정리해고는 물론이고 평상시에도 해고가 자유로이 이뤄지게 됐지만 즉, 신자유주의 정책이 강력하게 펼쳐졌지만, 금융위기는 2009년에 겪은 것보다 훨씬 성공적으로 극복되었다.

다른 여러 사례를 보더라도 더 철저한 신자유주의 정책을 펼친 나라일수록 경기회복이 빨랐고 후유증과 부작용도 적었다.

신자유주의란 도대체 무엇일까? 개방화, 민영화, 규제완화 등을 추구하는 정책노선이다. 이 정책노선을 배척하고도 경제번영을 이룩한 나라가 이 세상에 하나라도 있을까? 그런 나라는 찾아보기 어렵다. 오히려 신자유주의를 배척한 나라는 쇠락했고, 그 국민은 오랜 세월 경제난에 시달렸다. 반면에 신자유주의 정책을 추진한 나라는 대부분 경제번영을 누렸다. 심지어 사회주의 국가인 중국조차 개방화, 민영화, 규제완화 등의 개혁을 단행한 뒤에야 비로소 오늘날 같은 경제번영의 기틀을 다졌다. 근래에 상대적으로 빠른 경제발전을 이룩한 베트남이나 인도도 마찬가지이다. 비록 중국은 최근에 심각한 경제난을 겪고 있지만 말이다.

일부 진보주의자는 이념적 관점에서 신자유주의를 배척하지만, 이것은 하나의 정책노선일 뿐 이념과는 거리가 멀다. 보수정권과 진보정권을 가리지 않고 이 노선을 선택한 나라는 대체적으로 경제번영을 누렸다. 오히려 진보정권이 신자유주의를 추구하면 사회 안정과 국제 평화 속에 경제가 호조를 보였다. 영국 블레어 정권의 노동당은 당시 우리나라의 민주노동당보다 훨씬 진보적이었지만 그리고 미국 클린턴 정권은 당대의 노무현 정권보다 훨씬 진보적이었지만, 장기간의 경기호조를 연출했다. 브라질의 전 대통령인 엔히크 카르도수는 '종속이론'의 태두이고 룰라 다 시우바는 노동자 출신의 전형적인 좌파 정치인이었지만, 2003년 이후 신자유주의 정책을 적극적으로 추진함으로써 브라질 경제를 외환위기의 늪에서 건져냈음은 물론이고 비교적 장기간의 호황으로 이끌었다.

클린턴 전 대통령이 그의 자서전 『다시 일터로』에서 정부의 역할을 강조하고 세계 금융위기와 관련하여 규제 미흡 등 신자유주의를 비판한 내용은 설득력이 비교적 높은 것은 사실이다. 그는 집권 당시에 미국경제의 경기팽창을 장기간 이끌었으므로 더욱 그렇다. 이것이 자칫 오해를 불러일으킬 수도 있지만, 그는 정치인으로서 세계 금융위기 이후의 세태에 민감하게 반응했을 따름이다. 오히려 그는 집권 기간에 신자유주의 정책을 충실히 집행했다. 스스로 밝혔듯이 "재임 기간에 네 차례나 흑자예산을 기록했고, 국가부채도 갚아나갔다. 1만6천 페이지에 달하는 방대한 규모의 연방규제를 철폐했고,(중략) 복지혜택을 받은 사람을 60% 가까이 줄였고, 연방 인력 규모를 아이젠하워 대통령 시절이던 1960년 이래 최저 수준으로 감축했다."[190] 이런 조치들은 분명히 신자유주의 정책노선에 따른 것들이다. 한마디로 신자유정책이 금융위기의 원인이라는 클린턴의 주장은 틀렸다는 것이다.

---

190 위의 책 38쪽

나. 부채가 금융위기의 근본 원인이다?

금융위기의 근본 원인이 부채라는 분석은 다른 어느 것에 못지않게 설득력과 호소력이 크다. 금융위기를 겪은 나라는 대체로 부채비율이 높았으므로 더욱 그렇다. 이런 원인 분석은 그 역사가 비교적 길다. 일찍이 대공황 시기인 1930년에는 어빙 피셔가 '부채 디플레이션'이라는 개념을 제기한 바 있다. 간단히 말해, 부채의 과다가 수요의 부족을 부르고, 이것이 가격 하락과 경기 하강을 불러일으켜 경제공황으로 발전했다는 것이다. 이 주장은 관념적으로는 뛰어난 설득력을 보이지만, 현실적으로는 유용한 게 아니다. 현실이 그의 주장을 이미 거부했기 때문이다. 예를 들어, 미국의 GDP 대비 부채비율은 1970년대까지는 30% 남짓이었지만, 그 뒤로 계속 상승하여 100%를 훌쩍 넘어설 때까지 대공황 같은 경기추락 사태는 터지지 않았다.

피셔의 뒤를 이어 하이먼 민스키, 존 지나코플러스, 마이클 허드슨, 미셸 아글리에타 등도 금융위기의 원인이 부채라는 주장을 펼쳤다. 2010년에는 케네스 로고프와 카르멘 라인하트가 세계경제사 700년 동안의 국가적인 채무 부도를 연구하여 『이번엔 다르다, This Time is Different』라는 책을 펴냈다. 이 주장은 미국 서브프라임모기지 사태가 부채 비중이 큰 다른 나라들로 빠르게 전염되면서 세계적인 금융위기로 발전하자 설득력과 호소력을 키웠다. 레이 달리오의 『Big Debt Crises, 대 부채위기』도 마찬가지이다. 그럼 진짜로 부채가 금융위기를 일으키는 근본적인 원인일까? 부채가 많은 나라는 금융위기에 취약하고, 부채가 많을수록 그 타격도 심각한 것은 사실이지만, 부채 과다가 금융위기를 일으킨 근본 원인라고 보기는 어렵다. 현실을 보면 이 원인 분석이 틀렸다는 사실을 쉽게 확인할 수 있다.

IMF가 2009년 11월에 발표한 각국의 GDP 대비 국가부채 비율을 보면, 미국 84.8%, 일본 218.6%, 영국은 68.7% 등이었다. 그런데 왜 일본보다 부채비율이 훨씬 더 낮은 미국에서 금융위기가 발생하여 다른 나라들로 전염됐을까? 부채가 금융위기의 원인이라면 미국이 아니라 일본에서 먼저 금융위기가 발생했었어야 했다. 왜 미국 금융위기는 부채비율이 80%대에 이른 뒤에야 발생했을까? 주택대부조합이 대부분 도산사태를 겪었던 1980년대 후반에는 미국의 부채비율이 70%대였던 때에 벌써 금융위기가 발생했지 않은가. 미국은 서브프라임모기지 사태가 발생하기 직전까지 국가부채는 물론이고 가계부채까지 꾸준히 증가했음에도 그 이전에는 금융위기가 발생하지 않은 이유는 도대체 무엇일까? 금융위기가 발생했던 때의 부채비율이 시대별로 그리고 나라별로 각양각색인 이유는 또 무엇일까? 부채가 금융위기의 근본원인이라는 주장은 이런 물음에 적절한 답변을 하지 못한다. 따라서 부채가 금융위기의 근본 원인이라고 보기는 어렵다.

잠시 기초적인 경제원리에 대해 살펴보자. 가격현상이든 소득

현상이든 모든 경제현상은 항상 균형감각을 잃지 않아야 그 진행과정을 정확하게 진단해낼 수 있다. 예를 들어 가격현상의 경우, 수요와 공급을 함께 살펴야 향후의 흐름을 진단해낼 수 있다. 수요든 공급이든 어느 하나만 고려하면 가격변동을 좀처럼 정확하게 읽어낼 수 없다. 한마디로, 수요가 증가하면 가격이 상승할 것처럼 보이지만, 공급이 더 크게 증가하면 가격은 떨어지는 것이다. 소득변동의 경우에도 총수요와 총공급을 함께 살펴야 그 추세를 정확하게 진단해낼 수 있다. 마찬가지로, 부채 역시 그 이면을 함께 살펴야 그게 부정적인지 아니면 긍정적인지를 정확하게 진단해낼 수 있다. 그럼 부채의 이면에는 무엇이 있을까? 당연히 금융기관의 대출이 있다. 금융기관의 대출은 어느 경우에 증가할까? 당연히 자본축적이 충분해졌을 때 대출도 증가한다. 그렇다면 자본축적이 경제에 바람직할까, 아니면 바람직하지 못할까? 이 물음에는 답변이 필요 없을 것이다.

그렇다면 금융위기는 어떻게 진단해야 할까? 이해하기 쉽게 비유를 들어보자. 체력과 면역력이 약하다고 반드시 질병에 걸리는 것은 아니다. 질병은 병균의 침투나 생리기능의 고장이 일으킨다. 따라서 병균의 침투나 생리기능의 고장이 질병의 근본 원인이라고 해야 한다. 체력과 면역력은 주어진 조건이라고 판단해야 질병의 근원을 찾아내 적절한 처방을 할 수 있다. 물론 질병을 예방하기 위해서는 체력과 면역력을 길러주는 노력이 반드시 필요하다. 그렇지만 체력과 면역력이 아무리 튼튼하고 강하더라도 질병에 걸리는 경우도 제법 있다. 실제로 한 때 세계적인 선망의 대상이었던 일본은 1980년대 말부터 주식과 부동산 가격이 폭락하면서 심각한 금융위기를 겪었으며, 그 뒤로 30년 이상 초장기 저성장에 시달렸다.

만약 질병의 근본 원인을 체력과 면역력의 약화에서 찾는다면 더 심각한 문제를 일으킬 수도 있다. 특히 체력과 면역력이 강한 사람은 질병에 걸리지 않는다는 잘못된 인식을 심어줌으로써 질병에 대한 경각심을 훼손할 수 있다. 현실에서는 체력과 건강이 좋은 사람이 질병에 걸리면 병세가 아주 심각한 상태로 발전하기도 한다. 금융위기도 마찬가지이다. 부채를 금융위기의 근본 원인이라고 잘못 이해하면 정책적으로 더 큰 실패를 빚을 수가 있다.

무엇보다, 금융위기를 벗어나기 위해서는 부채를 크게 키울 수밖에 없다. 금융시스템을 안정시키기 위해 대규모 공적자금을 투입해야 하고, 금융위기에 따른 경기후퇴와 그 악순환을 벗어나기 위해서도 재정지출을 크게 증가시켜야 한다. 그러면 부채는 더 커지기 마련이다. 부채가 금융위기의 근본 원인이라고 간주할 경우에는, 재정확대 정책을 펼치면 국가부채가 급증함에 따라 금융위기가 더 심각해질 것이라고 여겨 적절한 처방을 하지 못할 가능성이 높다. 그럼 금융위기와 그에 따른 경기후퇴의 악순환을 방치해야 할까? 아니다. 방치하면 대공황 같은 더 비참한 사태를 초래할 게 빤하다.

섣부르게 국가부채를 감축하려는 정책을 펼쳤다가 큰 실패를 초래한 사례가 제법 있는데, 그런 대표적인 사례로는 일본이 꼽힌다. 일본은 1990년대 초에 부동산시장과 주식시장의 거품이 꺼지면서 심각한 금융위기를 겪었다. 그 여파로 1990년에 5.6%를 기록했던 성장률이 1991년에는 3.3%로 떨어졌고, 1992년과 1993년에는 각각 0%대로 추락했다. 그러자 일본은 대대적인 경기부양정책을 펼쳤으며 1994년부터는 성장률이 점차 높아지기 시작했다. 1995년에는 성장률이 1.9%를 기록하여 경기가 드디어 상승을 시작했고 1996년에는 2.6%라는 비교적 괜찮은 수준의 성장률로 복귀했다.

경기가 본격적으로 살아난 것으로 판단한 일본정부는 그동안 재정팽창 때문에 비대해진 국가부채를 줄이는 정책을 채택했다. 적자공채의 발행을 금지하고 재정적자를 GDP의 3% 이내로 제한하는 등의 내용을 담은 「재정구조개혁법」을 1997년 9월에 제정했는데, 이 정책이 결국은 일본 국내경기를 다시 하강시켜 악순환을 일으키고 말았다. 그 여파는 일본의 투자가 활발했던 태국과 인도네시아에까지 미침으로써 외환위기를 촉발했으며, 이것이 다시 일본의 경기후퇴를 가속시켜 1998년 성장률을 -1.2%로 떨어뜨렸다. 국가부채가 금융위기의 원인이라는 분석이 이런 비극적인 결과를 빚은 셈이다. 이 문제는 '일본의 장기침체'를 다루면서 충분히 살펴봤다.

다. 금융시장 발달이 금융위기를 심화시켰다?

킨들버거와 알리버는 『광기, 패닉, 붕괴』의 제1장 첫머리에서 다음과 같은 주장을 펼쳤다. "1970년대 초 이후의 시기에는 주가와 부동산가격, 상품가격, 통화가치의 변동이 매우 컸다는 점에서, 또 금융위기의 빈발과 그 혹독함이라는 측면에서 전례가 없는 시기였다. 1980년대 후반에 일본은 부동산과 주식시장에서 거대한 거품을 경험했다. 같은 기간 핀란드, 노르웨이, 스웨덴의 부동산 가격과 주가는 일본보다 더 빠른 속도로 상승했다. 1990년대 초에 태국, 말레이시아, 인도네시아 및 인근 아시아 국가에서는 부동산 가격과 주가가 급등했으며, 1993년 한 해 동안에 이들 국가의 주가 상승률은 거의 100%에 달했다. 미국은 정보기술IT 기업 및 닷컴 기업과 같은 신산업 기업의 주가가 열광적인 붐과 함께 타올랐던 1990년대 후반에 주식시장의 거품을 생생하게 경험했다. 거품은 항상 터지기 마련이다. 거품은 그 의미 자체로 지탱할 수 없는 가격변동이나 현금흐름을 동반하기 때문이다."[191] 그리고 그들은 "지난 30년 동안 금융시장의 붕괴가 보여준 엄청

---

191 『광기, 패닉, 붕괴』 23~24쪽, 찰스 P. 킨들버거 & 로버트 Z. 알리버, 굿모닝북스, 2007년

난 파장은 그 이전 시기에 비해 국제금융시장에 참여하는 나라들이 많아졌다는 점 그리고 자료 수집의 범위가 넓어졌다는 점을 부분적으로 반영하며, 서로 다른 시기들을 완벽하게 비교할 수는 없다고 할지라도 지난 30년간의 금융 실패는 이전의 어느 때보다 범위가 넓어졌고 도처로 확산됐다는 결론에는 의문의 여지가 없다."[192]라고 기술했다. 간단히 말해, 금융시장의 확장과 발달이 금융위기를 자주 발생시키고 그 부작용도 훨씬 크게 했다고 그들은 주장했던 셈이다.

그러나 이것은 경제병리학에 대한 이해가 부족한 데에서 비롯된 잘못된 분석으로서, 마치 다음과 같이 주장하는 것이나 마찬가지이다. 즉, '분업은 생산자와 소비자를 분리함으로써 공급과 수요의 괴리를 일으키는 역할을 하였으며, 이에 따라 수요가 공급에 비해 부족해지면 궁극적으로 공황이 발생하므로 분업이 공황의 원인이다.'라고 주장하는 꼴이다. 또한 주식시장 발달이 거품 붕괴를 불러왔을 뿐 아니라 그 크기를 확대했으므로 금융위기의 원인은 주식시장의 발달에 있다고 주장하는 것이나 마찬가지이다. 이런 주장은 인류가 점점 더 자주 각종 질병에 걸리는 현실을 일러 그 원인이 문명의 발달 때문이라고 주장하는 것과 크게 다르지 않다. 그러나 문명의 발달과 함께 질병의 치료는 과거

---

192 위의 책 31쪽

보다 훨씬 쉬워졌으며 인류의 수명도 점점 길어졌다.

그들의 위와 같은 주장은 자칫 분업을 파괴하고 주식시장을 해체해야 한다는 방향으로 논리가 발전할 수도 있으므로 매우 위험하다. 분업이나 주식시장의 발달은 경제발전에 지대한 공헌을 한 것이 역사적 사실이므로, 금융위기는 하나의 병리적 현상일 뿐이라고 보는 게 타당하다. 더욱이, 우리 인체의 면역기능이 과민반응을 일으킬 경우에도 질병을 악화시키거나 새로운 질병을 일으키는데, 그렇다고 면역기능을 없애야 한다고 주장할 수는 없다. 건강한 사람도 간혹 병에 걸리듯이, 경제 역시 아무리 튼튼하더라도 질병에 노출될 수 있다고 봐야 한다. 물론 금융위기가 터지기 전에 과도한 경기부양 정책이나 과도한 경제정책이 펼쳐지면 금융위기의 파괴력은 더욱 커진다는 사실은 명심할 필요가 있다.

금융시장의 규제완화나 개방화 그리고 파생금융상품의 발달도 위와 같은 관점에서 접근하는 게 바람직하다. 한마디로, 규제완화나 개방화 혹은 파생금융상품이 금융위기의 원인이라고 단정하는 것은 옳지 못하다. 다만 금융시장의 규제완화와 개방화는 지속가능하도록 그 속도를 적절히 조절할 필요는 있다. 경제의 성장 등 아무리 긍정적인 경제변수이더라도 지속가능성을 잃으면 오히려 큰 파국을 초래할 수가 있다. 파생금융상품의 발전 역시 경제의 성장처럼 지속가능한 범위 안에서 관리하는 것은 필수적이다. 그럼 금융위기의 진짜 원인은 무엇일까? 그리고 2008년의 세계적인 금융위기에 대한 병리학적 접근은 어떻게 해야 할까? 지금부터는 이 문제를 풀어보도록 하자.

미국 금융위기가 발생한 근본 원인

세계경제를 총체적 난국에 빠뜨렸던 미국의 2008년 금융위기는 과연 무엇이 발생시켰을까? 잘 알려져 있듯이, 서브프라임모기지의 부실이 발생시켰다. 그럼 서브프라임모기지 사태는 왜 발생했을까? 다른 모든 경제질병도 마찬가지로서, 원인을 정확히 파악해야 그 사태의 전개과정을 올바르게 파악할 수 있고, 장차 어디로 흘러갈지도 가늠할 수 있다. 특히 적절한 정책처방을 위해서는 정확한 원인을 찾는 일이 어느 무엇보다 중요하다. 그럼 서브프라임모기지 사태가 발생한 진짜 원인은 무엇일까? 원인이 뒤에 나타날 수는 없다. 뒤에 나타나는 것은 결과이거나 과정이다. 가장 먼저 벌어진 일을 찾아야 근본 원인을 알 수 있다. 그럼 무슨 일이 가장 먼저 벌어졌을까?

2000년에 등장한 부시 정권은 '소유자 사회Ownership Society'라는 공약을 내세워 무주택자에게 550만 채의 주택을 공급하기로 하고 각종 지원정책을 펼쳤다. 새로 공급될 550만 채의 주택이 원활하게 분양되기 위해서는 여러 지원정책이 필수적이었다. 또한 주택가격이 상승해야 무주택자의 관심을 끌고, 주택수요도 충분히 일어날 수 있었다. 결국 이 지원정책이 건설경기를 과열시켰고, 주택가격은 두 배 이상 급등했다. 이렇게 나타난 주택가격 급등이 결국은 거품을 만들었으며, 이 거품이 붕괴되면서 금융위기를 초래했다.

이런 비슷한 사태는 영국에서 이미 벌어진 바 있다. 1980년대 중반에 대처 정권은 150만 채의 주택을 주로 무주택자에게 공급했다. 1984년에 '주택 및 건축 통제법'을 그리고 1988년에는 '주택법'을 손질하여 공영주택의 매각을 적극적으로 추진했다. 가격을 최대 60%까지 깎아줬고, 융자 지원도 아낌없이 해줬다. 곧이어 새로운 주택의 공급도 대폭 늘렸다. 그래서 영국의 주택소유 비율은 1979년의 56%에서 1988년에는 65%까지 상승했으며, 주택가격도 전반적으로 크게 올랐다. 하지만 이렇게 오른 가격은 지속가능하지 않았다. 1989년부터 주택가격은 하락으로 돌아섰고, 1990년에는 그 거품이 붕괴되어 금융위기가 터졌다. 그 바람에 영국은 두 해나 마이너스 성장을 하는 등 심각한 경제난을 3년 동안 겪었다. 이런 역사적 사실을 그린스펀을 포함한 미국의 뛰어난 경제전문가들이 외면하고, 부시의 '소유자 사회'라는 선거공약의 문제점을 지적하지 않았다는 것은 불가사의한 일이다.

영국의 1983~93년 성장률(%)

구분	1983	1984	1985	1986	1987	1988	1989	1990	1991	1992	1993
성장률	3.7	2.3	3.8	4.3	4.8	5.0	2.2	0.4	-2.0	-0.5	2.3

자료: International Financial Statistics 1999년, IMF

2008년의 미국 금융위기에는 다른 변수가 하나 더 가세하여 사태를 더 심각하게 만들고 장기화시켰다. 감세 정책과 이라크 전쟁 등에 따른 재정지출의 급증이 재정수지를 크게 악화시킨 게 바로 그것이다. 미국의 재정적자는 계속 증가하여 2006년에 약 8천억 달러에 이르렀다. 이것은 GDP의 6%에 달하는 아주 큰 규모였다. 그만큼의 국채를 새로 발행해야 했고, 시장금리는 오를 수밖에 없었다. 물론 금리상승이 금융위기의 원인은 아니다. 금리상승이 금융위기를 일으키지 않은 사례도 많으므로, 무주택자에게 주택을 대규모로 공급한 정책이 원천적으로 금융위기를 잉태했다고 보는 게 옳다. 금리상승은 여기에 격발자의 역할을 했을 뿐이다.

2000년대 중반까지는 국제수지가 대규모 흑자를 기록하던 중국과 일본 등이 주로 미국 국채를 매수함으로써 미국의 시장금리는 비교적 낮은 수준을 유지했다. 하지만 미국 경상수지 적자가 2006년에 약 8천억 달러로 급증하며 달러 공급이 과다해짐에 따라 그 가치가 약세로 돌아설 조짐을 보이면서 상황은 돌변했다. 달러 가치가 떨어지면 미국 국채를 사들인 나라는 환차손을 입어야 하므로, 미국 국채를 외국 자본이 소화해주는 일은 점점 어려워졌다. 이에 따라 미국의 시장금리도 빠르게 상승했다.

재무부 연방채권(3개월물)의 금리는 이미 오르고 있었다. 2004년의 2% 초반에서 2005년에 4% 대로, 2006년에는 다시 5% 대로 상승했다. 그러자 주택담보대출 이자를 근근이 지불하던 저소득층은 심각한 곤경에 처했으며, 이것이 시장금리를 더 빠르게 상승시키는 역할을 했다. 시장금리가 급등하자 서브프라임모기지는 부실화되기 시작했고, 그것을 포함했던 각종 파생금융상품의 가격은 더 빠르게 떨어졌다. 그 레버리지가 20배에 달하기 때문이었다. 그러자 파생금융상품에 투자한 금융회사의 경영수지가 급속히 악화됐으며, 결국 금융기관 위기가 발생해 신용파괴 현상까지 나타났다. 미국 금융위기는 이렇게 발생했다.

미국 금융위기는 경제체질이 취약한 나라, 특히 국제수지가 대규모 적자를 기록하던 나라와 국가부채 규모가 상대적으로 큰 나라 그리고 자국 은행이 미국 파생금융상품에 지나치게 많이 투자한 나라 등으로 빠르게 전염되어 금융위기와 심각한 경제난을 초래했다. 경제난이 심각해진 그리스와 스페인 등은 재정위기까지 겪었다. 이게 세계 금융위기의 근본 원인이다. 진짜로 그럴까?

원인을 찾는 방법에는 크게 두 가지가 있다. 하나는, 지금까지 살펴본 것처럼 중대한 변화를 일으킨 변수를 먼저 찾아내는 방법이다. 중대한 사태가 발생했다면 반드시 중대한 변화를 일으킨 변수가 있기 마련이므로, 이것도 근본 원인을 찾는 유력한 방법이다. 하지만 경제에는 수많은 변수가 작동하기 때문에 이 방법으로 근본 원인을 찾아내는 일은 쉽지 않다. 설령 찾아냈다고 여겨지더라도 중대한 사태와의 인과관계가 크지 않은 경우도 종종 나타난다. 따라서 시간을 거슬러 올라가며 전개과정을 역추적하는 방법이 훨씬 더 유력하다. 이것이 원인을 찾는 다른 방법이다. 논리의 전개 방법에는 귀납법과 연역법이 있듯이, 원인을 찾아가는 방법에도 이처럼 크게 두 가지가 있다. 앞에서는 전자의 방법으로 금융위기의 근본 원인을 찾아봤으므로, 이번에는 후자의 방법으로 세계 금융위기의 근본 원인을 검토해보도록 하자.

2008년의 세계 금융위기는 왜 발생했을까? 미국 금융위기가 여러 나라로 전염됨으로써 발생했다. 그럼 미국 금융위기는 왜 발생했을까? 리먼브라더스가 파산함으로써 발생했다는 것이 일반적인 분석이다. 그럼 리먼브라더스는 왜 파산했을까? 베어스턴스에서 예금인출 사태가 일어났고, 이것이 신용창조원리의 역과정인 신용파괴원리를 본격적으로 작동시킴으로써 발생했다. 그럼 베어스턴스의 예금인출 사태는 왜 발생했을까? 자회사였던 헷지펀드 두 개가 2007년 중반에 고객 돈 16억 달러를 잃으며 파산했던 일이 베어스턴스의 경영수지에 대한 불안감을 불러일으켰기 때문이다. 그것들은 왜 파산했을까? 투자했던 파생금융상품의 가격이 하락함으로써 경영수지가 악화됐기 때문이다. 그럼 파생금융상품 가격은 왜 하락했을까? 이처럼 이유를 끈질기게 찾아가면 세계 금융위기의 근원을 찾아낼 수 있다.

도대체 왜 파생금융상품의 가격은 하락했을까? 여기에는 두 가지 원인이 작동했다. 하나는 주택담보 대출의 상환부담이 감당하기 어려울 정도로 커졌기 때문이다. 특히 못사는 사람들의 대출금 상환부담이 가중됐던 것이 심각한 문제를 일으켰다. 다른 하나는 주택가격이 하락했기 때문이다. 주택가격이 하락함으로써 대출금 상환부담을 안으면서까지 주택을 보유할 필요가 없어진 것이다. 참고로, 미국에서는 주택담보 대출을 받았을 경우, 주택가격이 떨어져 그 가치가 대출금액보다 적어졌을 경우는 주택을 은행에 돌려주면 그 채무가 면제된다. 잘못된 대출을 해준 은행도 책임을 지라는 의미일 것이다. 이제 이 두 원인을 시간을 거슬러가며 차례로 추적해보자.

우선, 못사는 사람들의 대출금 상환부담은 왜 가중됐을까? 시장금리가 급등했기 때문이다. 시장금리는 왜 급등했을까? 여러 원인이 있겠지만, 그중에서 연방채권의 발행이 과다해졌던 게 가장 결정적이었다. 연방채권의 공급이 과다해져 그 가격이 떨어짐으로써 시장금리가 급격히 상승한 것이다. 이미 언급한 것처럼, 연방채권 금리는 2004년 2%대에서 2008년에 5%대로 급등했다. 그럼 연방채권의 공급은 왜 과다해졌을까? 2006년 재정적자가 8천억 달러에 달하는 등 그 규모가 지나치게 커졌기 때문이다. 도대체 재정적자는 왜 이처럼 급증했을까? 조세수입은 감세정책 등으로 인해 충분히 증가하지 못한 반면에, 재정지출은 이라크 전쟁비용 등으로 인해 크게 증가했기 때문이다. 미국 금융위기의 원인 중 하나는 이렇게 찾아졌다.

다음으로, 주택가격은 왜 빠르게 하락했을까? 그 이전에 주택가격이 급등하여 거품을 형성했다가 붕괴를 일으켰기 때문이다. 그럼 주택가격은 왜 급등했을까? 너도나도 주택을 사기에 바빴기 때문이다. 그 이유는 또 무엇일까? 주택가격이 계속 상승하여 수요의 시간이동을 초래했기 때문이다. 주택가격은 왜 계속 상승하여 수요의 시간이동을 초래했을까? 부시 정권이 550만 채의 주택을 무주택자에게 공급하는 정책을 시행하면서 각종 지원정책을 펼쳤기 때문이다. 주택가격이 급등하던 때는 주택 매입자금의 전액을 대출받을 수도 있었다. 여기에는 주택담보대출 기관인 페니메이와 프레디맥 등의 지원이 중요한 역할을 했다.

페니메이와 프레디맥 등은 왜 상대적으로 가난한 무주택자의 주택매입을 대대적으로 지원했을까? 550만 채의 주택을 무주택자에게 공급하려던 부시 정권의 공약을 성공적으로 실현하기 위해서였다. 550만 채의 주택이 무주택자에게 순조롭게 분양되기 위해서는 정책지원이 필요했다. 주택가격이 계속 상승해야 무주택자의 주택매입을 촉진할 수 있었으므로 정책지원은 더욱 필수적이었다. 실제로 주택가격이 상승을 시작하자 자기 돈을 거의 들이지 않고도 큰돈을 벌 수 있었으므로 무주택자는 너도나도 담보대출을 받았다. 드디어 수요의 시간이동이라는 변수까지 작동을 시작했다.

하지만 정책적으로 부양한 주택가격의 상승은 언제까지나 지속될 수는 없다. 수요가 시간이동을 미리 한 때가 반드시 닥치기 때문이다. 그뿐만 아니라, 소득이 상대적으로 적은 무주택자는 금리가 낮은 경우에만 대출 이자를 상환할 수 있으므로 가격상승의 지속가능성은 더욱 낮았다. 금리가 상승하면 주택담보대출 상환부담은 더 커지고, 그 부담이 커지면 서브프라임모기지는 부실해지며, 서브프라임모기지가 부실해지면 주택가격은 하락으로 돌아설 게 빤했다. 결국 주택가격이 하락으로 돌아서면서 서브프라임모기지는 부실해졌고, 관련 파생금융상품의 가격은 폭락했다. 파생금융상품 가격의 폭락은 상당수 헷지펀드들은 물론이고 일부 대형 은행들까지 무너지게 했다. 이것이 신용파괴원리를 작동시킴으로써 금융위기를 일으키고 말았다.

지금까지는 시간을 거슬러서 전개과정과 원인을 찾아가는 방법을 선택했다. 이제는 이 전개과정을 시간이 흘러온 순서대로 다시 정리해봄으로써, 검증절차를 한 번 더 밟아보자. 미국의 금융위기는 세계적인 경제재앙을 불렀으므로, 이런 반복적인 검증이 시간 낭비만은 아닐 것이다. 다른 중대한 사태가 발생했을 때도 위와 같은 방법으로 원인과 전개과정을 찾아가고 검증하는 게 필수이므로, 이것은 임상 훈련으로서도 아주 유용하다.

우선, 부시 정권은 무주택자 550만 명에게 주택을 공급하는 정책을 펼쳤다. 550만 채가 무주택자에게 순조롭게 분양되기 위해서는 지원정책을 펼쳐 주택경기를 부양해야 했다. 그 바람에 주택가격이 급등했으며, 이것이 주택경기의 과열을 일으켜 거품을 만들었다. 그리고 부시 정권은 감세 정책을 펼침과 동시에 재정지출을 급증시켰다. 이에 따라 국채발행이 급증했고 시장금리는 빠르게 상승했다. 시장금리의 상승은 서브프라임모기지의 수익률을 높여 너도나도 이 투자에 나서게 했으며, 그 위험성을 일시적으로 은폐시켰다. 하지만 시장금리의 상승이 계속 이어지자 취약계층은 그 부담을 감당하기가 어려워졌고, 주택담보대출을 뒷받침했던 서브프라임모기지는 부실화됐으며, 이것이 포함된 파생금융상품의 가격은 급락했다. 그래서 파생금융상품에 많이 투자했던 금융회사의 경영수지가 악화됐고 일부는 파산했다.

파생금융상품 가격의 폭락과 그에 따른 일부 금융회사의 파산은 신용파괴원리를 가동시켜 통화량을 급속히 수축시키는 압력으로 작용했다. 통화량의 수축은 금융기관 붕괴위기로 발전했다. 특히 세계 5대 투자은행이었던 베어스턴스가 무너지고, 뒤를 이어 인디맥(모기지 전문 대출은행) 등의 금융회사들이 줄지어 파산했으며, 무엇보다 4대 투자은행이던 리먼브라더스가 파산했던 것이 결정적이었다. 그뒤로 와코비아, 워싱턴뮤추얼 등이 파산했다. 이런 대형 은행들이 부도 혹은 파산을 당하면서 신용파괴원리의 작동은 가속화됐다. 페니메이와 프레디맥은 물론이고, 세계최대 보험회사인 AIG조차 대규모 공적자금을 지원을 받았을 정도로 신용파괴는 심각했다.

2008년 금융위기의 전개과정

앞에서 이미 살펴본 것처럼, 금융위기는 간헐적으로 반복하여 발생하는 특성을 지녔다. 경제에는 일반 재화뿐만 아니라 재산형 재화도 존재하는데, 이 재산형 재화의 시장에서는 수요의 시간이동이 일어날 경우에 광기가 발생하고, 곧이어 수요의 공동화가 필연적으로 일어나 가격의 하락을 초래함으로써 패닉을 일으키며, 이 패닉은 가격하락을 더욱 가속화시켜서 신용파괴원리를 작동시키기 때문이다. 따라서 금융위기는 자연계의 겨울처럼 숙명적인 것으로 간주할 수 있다. 그런데 금융위기가 터졌을 경우 그 경제적 타격은 정부가 어떤 경제정책을 펼치느냐에 따라 크게 좌우된다. 특히 금융위기가 터지기 직전에 정부가 과도한 경기부양 정책이나 다른 과도한 정책을 펼쳤을 경우에는 금융위기와 그에 따른 경제난이 더욱 심각해지는 것이 일반적이다.

2008년 금융위기의 경우, 앞에서 충분히 거론한 것처럼, 주택 5백5십만 채의 공급이라는 과도한 정책이 그 경제적 타격을 심각하게 하였다. 물론 클린턴 정부에서도 주택보유 비율을 65.1%에서 67.5%로 높이기 위해 여러 지원정책을 펼쳤다. 하지만 부시 정부에서는 이 정책을 지나치게 과도하게 추진했던 것이 심각한 문제를 일으켰다. 특히 페니메이와 프레디맥 등이 2001년부터 2006년까지 발행한 MBS가 13.4조 달러에 이르렀다. 이런 과도한 금융정책이 거품을 과도하게 부풀렸고, 이것이 붕괴되면서 금융위기를 심각하게 진행시켰다. 물론 미국 정부가 부동산경기의 과열을 마냥 방치한 것은 아니다. 연준은 부동산 경기과열을 진정시키기 위해 기준금리를 여섯 차례 인상해 2004년 12월에는 2.25%를 기록했다, 2005년에는 여덟 차례나 더 인상해 4.25%가 되었고, 2006년 6월에는 5.25%까지 상승했다. 하지만 이런 금리 인상은 파생금융상품의 가격폭락을 일으켜 금융위기를 본격적으로 진행시키는 역할을 하고 말았다.

금융위기가 터진 이후에도 적절한 정책이 신속하게 펼쳐졌으면 그 경제적 타격을 최소화할 수 있었다. 이 문제는 바로 뒤에 자세히 살펴볼 것이다. 그리고 적절한 정책을 펼치기 위해서는 경제병리학에 대한 충분한 이해가 필요했다. 하지만 2008년의 금융위기에 대한 미국 정부의 경제정책은 신속하지도 못했고, 적절치도 못했다. 금융위기를 일으킬 트리거가 이미 발생한 이후에도 정책처방이 신용파괴원리의 작동을 차단할 정도에는 미치지 못했다. 오히려 정책당국이 금융위기의 과거 경험에 입각하여 대증요법만을 시행했던 것이 금융위기의 진행을 일시적으로 늦췄다. 이것이 결국은 더 큰 경제적 재앙을 불러왔다. 경제병리학에 대한 연구가 이뤄지지 않은 가운데 선제적 경제정책을 펼치면 그 정책은 실패할 가능성이 높기 때문에 문제가 더욱 심각해졌다. 의학에서도 그렇듯이 근원치료를 외면하고 대증요법만 처방할 경우에는 질병을 더욱 악화시키거나 만성질환으로 발전시키는 것이 보통이다. 물론 감기처럼 가벼운 증상일 경우에는 해열제를 투약하는 등 대증요법으로도 질병을 얼마든지 치유해낼 수 있다. 인체는 면역기능과 자연치유력을 가지고 있기 때문이다. 경제에도 이런 충격흡수력을 가지고 있으므로, 가벼운 금융위기는 대증요법이 치료해낼 수 있다. 하지만 2008년의 금융위기는 미국정부의 과도한 정책이 일으켰고, 그 심각성은 점점 더 커졌으니 그 경제적 타격도 클 수밖에 없었다. 한마디로 2008년의 글로벌 금융위기는 대증요법만으로는 치유할 수가 없었는데, 대증요법을 반복하다가 질병을 더욱 악화시켰고, 경기후퇴 역시 더욱 깊어지게 하는 결과를 빚었다. 지금부터는 미국정부가 어떤 대증요법을 펼쳤는지 그리고 그 결과는 어땠는지 등을 살펴보기로 하자.

신용파괴원리가 비록 물밑에서지만 작동을 시작한 것은 2007

년 상반기 말부터였다. 즉, 수요의 공동화 원리가 작동함에 따라 부동산경기는 하강을 시작했고, 부동산 가격도 하락으로 돌아서기 시작했던 것이다. 그러자 부동산 대출을 증권화한 파생금융상품의 가격은 2007년 2분기부터 더 크게 급락하기 시작했다. 파생금융상품의 레버리지는 20배에 달하기 때문이다. 파생금융상품의 가격폭락은 신용파괴원리를 본격적으로 작동시켰고, 그 결과로 나타난 것이 2007년 7월에 베어스턴스 산하의 헷지펀드 2개가 고객돈 16억 달러를 잃은 뒤 파산한 사태였다. 이것이 트리거 역할을 하면서 금융위기를 빠르게 진행시켰다. 물론 2007년 상반기까지 경제성장은 탄탄했고, 주식시장은 신고가를 갱신했지만, 물밑에서 빠르게 진행하던 신용파괴원리는 금융기관들의 경영수지를 빠르게 악화시켰다. 8월 초에는 미국의 파생금융상품에 과도하게 투자했던 BNP Paribas가 큰 손실을 입어 휘청거렸고, 중순에는 Countrywide가 파산지경에 이르렀다. 그러자 주가지수가 급락하기 시작하며 신용파괴원리가 드디어 수면 위로 올라와 본격적으로 작동하기 시작했다.

이처럼 빠르게 진행하던 금융위기를 차단하기 위해 미국의 연준, EU의 ECB, 일본의 중앙은행 등은 공동으로 금융시장에 유동성을 공급하고, 기준금리도 낮추기로 합의했다. 특히 미국 연준이 기준금리를 한번에 0.5%를 인하한 것이 비록 일시적이었지만 금융시장이 안정을 찾는 데 기여했다. 9월 18일에는 연준이

기준금리를 추가로 0.5% 인하했다. 여기에다 BOA가 20억 달러를 투입하여 컨트리와이드를 인수한 것도 비록 일시적이지만 금융시장 안정에 기여했다. 하지만 금융기관의 경영수지는 전반적으로 점점 더 악화되고 있었다. 대표적으로, 베어스턴스는 2007년 3분기에 당시순이익이 61% 감소했고, 모건스탠리와 리먼브라더스도 당기순이익이 각각 7%와 3%씩 감소했다. 시티그룹의 경우는 59억 달러라는 사상 최대의 손실을 기록했다. UBS, 메릴린치 등도 큰 손실을 기록하기는 마찬가지였다. 그럼에도 불구하고 다우지수는 10월에 사상 최고치를 다시 갱신했다.

하지만 JP모건이 20억 달러의 평가손실을 입었다고 발표하고 BOA도 예상보다 더 저조한 실적을 기록하자, 주식시장도 본격적으로 하강을 시작했다. 그러자 미국을 비롯한 각국 정부는 더욱 과감한 금융완화 정책을 펼쳤다. 하지만 이것이 신용파괴원리의 작동을 완전히 차단해내지는 못했다. 이미 2007년 12월에 TAF Terminal Auction Facility를 도입하여 2007년부터 2010년까지 약 4조 달러를 투입한다고 발표했지만 금융시장을 안정시키지 못했다. 2008년에 들어선 뒤에는 신용파괴원리의 작동이 가속을 붙이기 시작했다. 그 결과로 자산규모가 220억 달러인 Carlyle Capital이 파산했고, 런던의 Peloton Parteners가 운용하는 헷지펀드 두 개가 파산했으며, 자산규모가 360억 달러인 Thornburg Mortgage 역시 파산했다. 3월 11일에는 4천억 달러의 파생금융상품을 보유 중이던 베어스턴스에서 뱅크런이 일어남에 따라 파산위기에 처했고, 3월 15일에는 JP모건에 인수당했다.

베어스턴스의 파산은 그동안 수면 아래에서 작동 중이던 신용파괴원리가 수면 위로 올라오게 하는 트리거의 역할을 했다. 그 결과로 4월에는 UBS가 190억 달러, 도이체방크는 40억 달러, MBIA도 24억 달러, AIG는 79억 달러 등의 영업손실을 기록했다고 발표했다. 여기에 석유가격은 5월 말에 배럴당 130달러로 급등하면서 실물경제도 빠르게 하강하는 결과를 빚었다. 7월 11일에는 예금총액이 130억 달러에 이르고 자산규모가 1,500억 달러였던 인디맥이 파산지경에 이르러 구제금융이 투입되었고 결국 국유화되었다. 7개월 후에는 Dune Capital에 매각되었다.

더욱 심각한 문제는 부동산 대출채권을 증권화하여 파생금융상품을 시장에 매각했던 페니메이와 프레디맥이 9월 6일에 파산지경에 이르렀던 일이었다. 이 두 금융기관의 자산규모는 베어스턴스보다 20배나 컸고, 보유중인 파생금융상품은 5조 달러에 달했다. 미국의 정책당국은 공적자금을 대규모로 투입하여 페니메이와 프레디맥을 국유화하지 않을 수 없었다. 그 영향으로 은행 등 금융기관의 주식은 폭락을 면치 못했다. 결국 신용파괴원리의 작동은 더욱 가속화되었다. 그래서 9월 15일에는 4대 투자은행이던 리먼브라더스가 파산했고, 대략 5조 달러의 CDS가 부도위험에 노출된 것으로 추산되었다. 9월 22일에는 모건스탠리와 골드만삭스도 파산위기에 처해 구제금융을 받아야 했다. 9월 24일에는 자산규모가 3,070억 달러에 이르는 워싱턴뮤추얼이 파산했다. 이것은 당시까지 최대의 파산규모였다. 무엇보다, CDS에 보험을 제공했던 세계 1위의 보험회사인 AIG까지 파산지경에 놓이게 되었다. AIG는 당시에 자산규모가 1조 달러를 자랑하고 있었다. 이에 대응하여 미국 정부는 유동성을 시장에 대규모로 투입하기로 결정했다. 그리고 10월에는 G7 정상회의를 열어서 당시 진행 중인 금융위기에 공동으로 대응하기로 합의했다. 즉, 대대적인 금융완화정책을 펼치는 것은 물론이고 과감한 경기부양 정책을 펼치기로 결정했던 것이다. 그래도 금융위기는 좀처럼 사그라들지 않았고, 주식시장은 폭락을 거듭했다. 부동산시장은 두말할 나위가 없다. 이처럼 주식시장과 부동산시장이 폭락을 거듭하자 전국적인 금융위기가 본격적으로 진행하게 된 것이다.

그러자 정책당국은 더욱 엄청난 양의 유동성을 공급한 것은 물론이고 예금과 투자를 전액 보증하겠다고 나섰다. 대표적으로, 2008년 10월 초에 재무부는 7천억 달러 규모의 부실자산 구제방안을 발표했고, 11월에 연준은 6천억 달러의 금융기관 자산을 인수하고 주식시장에도 2,750억 달러를 투입하겠다고 발표했다. 하지만 신용파괴원리 작동과 금융위기의 급속한 진행은 막아내지 못했다. 2010년에는 PDCFPrimary Dealer Credit Facility를 도입하여 약 9조 달러를 추가 투입하는 결과를 빚었다. 결국 정부가 금융기관의 자산을 보증하는 총액이 무려 22조 달러에 이르렀다. 그뿐만 아니라 금융기관의 회계기준도 대폭 완화했다. 하지만 G7의 경제 정책만으로는 금융위기를 차단하기에는 역부족이어서 G20까지 동원해야 했다.

미국은 2008년 11월에 G20 국가의 정부 수반, 재무부 장관, 중앙은행 총재를 모두 소집하여, 당면한 금융위기에 공동으로 대처할 것을 제안했다. 실제로 미국은 모범을 보였다. 간단히 말해, 2009년 재정지출을 8천억 달러를 증가시켰고, 2008년 말에 본원통화를 2배 증가시켰으며, 기준금리는 5.25%에서 0.25%까지 꾸준히 낮췄다. EU의 중앙은행(ECB) 역시 본원통화를 37% 증가시켰고, 기준금리를 계속 낮췄으며, EU 각국도 재정지출을 크게 증가시켰다. 다른 나라들도 마찬가지였다. 특히 재정지출율을 크게 증가시켜 재정적자의 대GDP 비율은 세계적으로 1%에서 8%로 크게 높아졌다. 이런 팽창적인 재정정책과 통화금융정책은 당시에 최악으로 치닫던 금융위기의 진행을 결국 차단해낼 수 있었고, 금융위기의 진행에 따른 경기후퇴의 깊이와 길이를 크게 축소시킬 수 있었다.

금융위기의 타격을 최소화시킬 길은 없었나

만약 550만 채의 주택을 무주택자에게 공급하겠다는 달콤한 정치공약을 내세우지 않았더라면 그리고 재정지출 확대와 감세 조치를 취하지 않음으로써 재정적자를 키우지 않았더라면, 2008년의 미국 금융위기는 일어나지 않았거나 그 폐해가 훨씬 적었을 것이다. 설령 그게 어쩔 수 없었더라도, 금융위기가 이미 눈에 띄게 진행한 이후에나마 적절한 정책적 조치가 제때에 신속하게 취해졌더라면 그 타격을 얼마든지 줄일 수 있었을 것이다.

역사적으로도 신용파괴원리의 작동을 정책적으로 차단하여 금융위기로 발전하는 것을 막아낸 사례가 제법 있다. 대표적인 사례를 하나 들어보자. 킨들버거와 알리버가 언급했듯이 "2000년에 발생한 미국 주식시장의 붕괴는 금융위기를 부르는 유형에 속하지 않은 예외적인 경우이다. 그 후 수년 동안 주가는 하락했지만 그에 뒤따른 2001년의 경기후퇴는 기간도 짧았고 폭도 깊지 않았다."[193] 이때는 어떤 정책적 대응이 이런 '예외적으로' 훌륭한 성과를 거두게 했을까? 당시 FRB 의장이던 그린스펀의 자서전 『격동의 시대』는 당시 상황을 다음과 같이 잘 나타내준다.

"부시 대통령이 취임하기 몇 주 전 FOMC공개시장위원회에서는 복잡한 경제상황을 분석하느라 정신이 없었다. 경제전망에 대한 의견은 대개 낙관주의에서 중립적으로 그다음에 비관적으로 천천히 움직이는 것이 아니다. 그것은 댐이 무너지는 것에 비유할 수 있다. 댐에 금이 가고 균열이 생기기 전까지는 엄청난 양의 물을 가둬둘 수 있다. 그러다가 댐이 무너지면 아주 조금 남아 있는 신뢰까지도 급류에 휩쓸려 버리고 공포만 남는다. 바로 그 균열 상황에 직면한 것처럼 보였다. 2001년 1월 3일 새해 업무 첫날, 우리는 다시 모여 다자간 전화회의를 통해 연방기금 금리를 0.5% 포인트 인하해 6%로 하향 조정했다. 향후의 금리 인하는 평소보다 훨씬 더 신속하게 진행돼야 한다는 내 생각을 위원회에 전달했다. 생산성 향상에 도움을 주는 과학기술도 경기조정을 가속화시킬 수 있었다. 적시 경제Just-in-time economy는 적시 통화정책을 필요로 했다. 1월 말에 추가로 연방기금 금리를 인하할 당

193 위의 책 31쪽

시에 그런 사실은 우리의 이론적 근거가 되었으며 다시 3월, 4월, 5월, 6월에 금리를 하향 조정해서 3.75%까지 낮추었다."[194]

겨우 진정돼가던 경제상황은 그 뒤로도 중대한 사태들이 속속 터지면서 점점 더 심각한 지경으로 말려들었다. "미국경제는 2001년 9·11 사태 이후 1년 반 동안 예측 불허의 상황에 빠져 있었다. 이런 모든 불확실성에 대한 연준FRB의 반응은 단기금리를 적극적으로 낮추는 계획을 계속 유지하는 것이었다. 9·11사태 이후에 연방기금 금리를 네 번 이상 인하했다. 그 후 2002년에는 엔론과 월드콤 등의 회계부정 사건까지 터져 기승을 부리기 시작했다. 그래서 그해 10월에는 연방기금금리가 1.25%까지 낮아졌는데, 10년 전이었다면 상상도 할 수 없을 정도로 낮은 수준이었다."[195] 나스닥 등 주식시장이 붕괴에 직면한 이후에 경제상황이 이처럼 계속 악화됐음에도 불구하고, 이런 선제적인 금리인하가 신용파괴원리의 본격적인 작동을 차단해냈다.

반면에, 신용파괴원리의 작동을 방치함으로써 비극적 사태를 초래했던 사례는 세계사적으로 훨씬 많다. 1930년대의 세계 대공황은 그런 대표적인 사례 중 하나이다. 이 문제는 앞에서 이미 자세히 살펴봤다. 근래의 경우를 보더라도 경제이론과 경제정책의 선진국이라는 미국에서 2008년에 심각한 금융위기가 벌어진

---

194 『격동의 시대』 315~316쪽, 그린스펀, 북@북스, 2007년
195 위의 책 337쪽

바 있지 않은가 말이다. 만약 신용파괴원리만 제대로 이해했더라면 미국 금융기관이 붕괴위기로 치닫는 것은 물론이고 세계적인 금융위기로까지 발전하는 것을 얼마든지 차단할 수 있었거나 그 파장을 약화시킬 수 있었을 것이다. 실제로 그런 사례도 제법 있었다.

시계바늘을 1987년 10월 19일의 '검은 월요일(블랙 먼데이)'로 돌려보자. 이날 미국의 다우지수는 508포인트 폭락했다. 하루 하락률이 약 22%에 달해 역사상 최고기록을 갱신했다. 대공황의 계기가 됐던 1929년 10월 24일(검은 목요일)의 하락률보다 두 배나 높았다. 그 충격은 매우 컸다. 미국의 유력 신문들은 "지금이 대공황 이래 경제적으로 최악의 시기라는 데는 의문의 여지가 없다."라거나 "올해의 부진한 경제성장은 대공황 이래 최악이 될 것이다."라거나 "회복이 더딜 것으로 보이므로, 앞으로 대공황 이래 최악의 경제상황이 펼쳐질 전망이다."라는 등의 보도를 했다는 사실만 보더라도 그 충격이 얼마나 컸는지 쉽게 짐작할 수 있다.[196] 심지어 한 유력 주간지는 '1929년 재현?'이라는 제목을 표지에 올렸을 정도였다.

당시 FRB 의장인 그린스펀은 댈러스 일정을 전격적으로 취소하고 워싱턴으로 돌아왔다. 이 사태를 자문단과 논의해 중대 결

---

196 『자본주의 4.0』 143쪽, 아나톨 칼레츠키, 컬쳐앤스토리 2011년

단을 내렸다. 다음날 주식시장이 개장하기 한 시간 전에 "연준은 미국의 중앙은행으로서 경제 및 금융시장을 안정시키기 위해 유동성을 공급할 준비가 되어있다."라는 짤막한 연설을 그린스펀이 직접 했던 것이다. 이에 발맞춰 뉴욕연방은행은 필요한 만큼의 유동성을 신속히 공급했다. 이런 즉각적인 대응이 미국의 주식시장을 안정시켰다. 더 나아가, 당시 1,738까지 하락했던 다우지수는 줄기차게 상승해 2001년의 급락까지 이겨내며 2006년에는 1만4천을 넘겼고, 미국 경제는 2008년의 금융위기 직전까지 비교적 장기간 번영을 누렸다.

만약 2007년 여름에 파생금융상품의 가격이 하락하고 이에 따라 투자은행 등 금융회사의 주식가격이 빠르게 하락하던 때에 적절한 정책이 선제적으로 펼쳐졌더라면, 2008년 이후 같은 심각한 경제난은 피할 수 있었다는 게 내 판단이다. 2007년 11월에 메릴린치, 시티그룹, AIG 등의 경영수지 악화가 드러났던 때라도 좀 더 적극적인 금융완화 정책을 펼쳤어야 했다. 당시에 메릴린치는 "84억 달러라는 어마어마한 금액을 손실 처리했다. 순자산의 22%를 차지하는 규모였다."[197] 시티그룹도 "3/4분기에 이미 손실 처리한 60억 달러에 더해 4/4분기에 모기지 증권과 기업 대출에서 80~110억 달러를 추가로 감액해야 한다는 것을 인정했다."[198]

---

197 『탐욕의 도둑들』 135쪽, 로저 로웬스타인, 한국경제신문사 2013년
198 위의 책 136쪽

AIG 역시 골드만삭스, 메릴린치, 소시에테제네랄레 등으로부터 추가담보를 요구받고 있었다.[199] 이런 상황이라면 신용파괴원리가 본격적으로 작동하고 있는 것으로 보는 게 옳았다.

물론 미국 연준은 2007년 9월부터 금리를 인하하기 시작했고, 그 영향으로 10월 초에는 다우지수가 1만4천을 다시 넘어서는 등 금융시장이 안정되는 듯했다. 그 바람에 금융위기에 대한 경각심은 오히려 무뎌졌고 정책적 대처가 미흡했다. 연준이 금리를 인하했음에도 파생금융상품의 가격은 계속 하락했으며 금융기관의 경영수지는 빠르게 악화됐다. 시티그룹과 메릴린치 등은 대표이사를 사퇴시키고 허둥지둥 자본 확충에 나섰다. 신용경색이 좀처럼 풀리지 않자 연준은 금리를 두 차례 더 인하했어도 금융시장은 안정되지 못했다. 연준은 2008년 1월에 금리를 한꺼번에 0.75% 인하했지만 이 조치는 너무 늦어 뒷북치기였고 수비적이었다. 빠르게 진행되던 금융위기를 진정시키기 위해서는 선제적이고 공격적인 대처가 필요했다. 신용파괴가 진행되는 이런 상황에서는 통화를 직접 공급하는 정책을 펼쳤어야 했다.

설령 이때는 금융시장을 안정시킬 기회를 놓쳤더라도, 2008년 3월에 터진 베어스턴스의 붕괴만은 어떤 수단을 동원하더라도 막았어야 했다. 그래야 신용파괴원리의 본격적인 작동을 차단

---

199 위의 책 138쪽

하여 금융위기의 타격을 완화시킬 수 있었다. 이런 관점에서 베어스턴스가 몰락한 과정을 우태희가 저술한 『오바마 시대의 세계를 움직이는 10대 파워』에 실린 내용을 중심으로 살펴보자.

3월 10일(월) 상쾌한 주말을 보낸 뒤 월스트리트에 날벼락이 떨어졌다. 증권브로커 사이에서 베어스턴스가 유동성 위기를 맞고 있다는 소문이 퍼졌다. 공교롭게도 오전에 신용평가회사인 무디스가 베어스턴스의 채권상품 신용을 한 단계 낮추었다. 불안감을 느낀 브로커들은 베어스턴스와의 거래를 중단했고 일부 투자자는 현금을 인출하기 시작했다. 때를 맞춰 투자자가 많이 시청하는 CNBC의 정오 간판뉴스인 파워런치Power Lunch는 베어스턴스가 유동성 위기에 처했다는 소문을 언급했다. 오후에 더 많은 예금인출이 일어났다. 베어스턴스 주식은 주당 63달러를 기록하여 전 주에 비해 7달러가 떨어졌다.[200] 베어스턴스 회장CEO인 슈워츠는 캘리포니아 팜비치의 브레이커스 호텔에서 열린 3박 4일의 연례 홍보행사에 참석 중이었는데, 위 사태를 일상적인 일로 받아들이고 특별한 경각심을 갖지 않았다.

3월 11일(화) 베어스턴스에 투자자금을 빌려주던 상업은행들마저 모기지 관련 증권을 담보로 인정할 수 없다고 나섰다. 베어스턴스 계좌에서는 고객의 예금인출이 계속되었다. 예금인출이

---

200 『오바마 시대의 세계를 움직이는 10대 파워』 227~228, 우태희, 새로운 제안, 2008년

줄을 잇자 슈워츠는 CNBC 저녁 뉴스에 출연해 앞으로 12개월 동안 채권을 추가로 발행하지 않아도 될 만큼 유동성은 충분하다고 진화에 나섰다. 본사가 아닌 캘리포니아에서 TV에 출연한 것이 너무 안이한 자세라고 여겨져 오히려 악재가 되었다. 뒤늦게 사태의 심각성을 깨달은 슈워츠는 다음날 아침 뉴욕으로 급히 돌아왔다.[201]

3월 12일(수) 유동성 위기설이 걷잡을 수 없이 번지자 슈워츠는 공식적인 언론보도를 통해 "베어스턴스는 15억 달러의 현금을 확보해두고 있어서 유동성은 충분하다."라고 강조했다. 이 발언을 듣고 일반 고객은 물론이고 유력 금융회사들까지 무책임하게 뭉칫돈을 빼가기 시작하여 이틀 만에 현금이 동나고 말았다. 몇 달 뒤에 현금 흐름을 분석해본 결과 이날 집중적으로 돈을 뺀 곳은 골드만삭스, 크레딧스위스, 도이치뱅크 등 세 곳이었던 것으로 밝혀졌다. 발을 동동 구르던 슈워츠는 이날 밤에 티머시 가이트너 뉴욕연방은행 총재에게 연락하여 도움을 요청했다.[202]

3월 13일(목) 오전부터 투자금 인출과 계좌 해지가 늘어나더니 수익증권 매입자금을 마련하기 위해 발행했던 리포채권Lepo Loan, 단기 환매조건부채권 30억 달러가 도래했다는 깜짝 놀랄 소식이 전해졌다. 베어스턴스의 생명이 며칠이 아닌 몇 시간 내에 끝날

201 위의 책 228~229쪽
202 위의 책 230쪽

수도 있다는 의미였다. 부도를 막기 위해 슈워츠는 이날 오후 6시반 JP모건의 대표인 제임스 다이몬에게 구원을 요청했으나 거절당했다. 다이몬은 연준에 이를 알렸고, 연준은 밤새 베어스턴스의 자금상황을 점검했다.[203]

3월 14일(금) 새벽 2시 연준의 금융팀과 연방증권위원회SEC의 감사팀이 베어스턴스에 도착해서 실사작업에 들어갔다. 새벽 5시에는 버냉키 의장과 폴슨 재무장관이 2시간 동안 전화회의를 하여 베어스턴스에 130억 달러의 긴급자금을 지원하기로 결정했다. 이날 베어스턴스 주가는 전날 대비 46% 폭락하여 32달러를 기록했다. 그러자 폴슨 재무장관은 슈워츠에게 전화를 걸어 'JP모건과 협상해서 일요일까지 성사시켜라.'라고 최후통첩을 했다.[204] 그 후 베어스턴스는 주말 내내 인수 의향자와 회의를 열었으나 실패했다.

3월 16일(일) 다시 열린 FRB의 2차 긴급회의에서는 JP모건이 베어스턴스를 인수하는 데 최대 300억 달러를 지원하기로 합의했다(실제로는 290억 달러를 지원했다). 결국 JP모건은 부도 직전의 베어스턴스를 시가의 1/15에 불과한 주당 2달러의 헐값에 인수하기로 결정했다.[205] 최종적인 인수가격은 그보다 높아져 주당 10달러로

---

203 위의 책 230쪽
204 위의 책 230~231쪽
205 위의 책 231~232쪽

확정되었다. 경제전문가들은 이것을 비난의 대상으로 삼았다. 이런 비난은 사태를 해결하기는커녕 악화시키는 결과를 빚었다. 이 문제는 바로 뒤에 다시 거론한다.

그 후로도 신용파괴원리의 진행은 좀처럼 멈추지 않았고, 금융시장은 점점 악화되기만 했다. 7월 초에는 주택담보대출 전문기관인 인디맥 은행이 도산했다. 2개월 뒤에는 또 하나의 대형 사고가 발생한 것을 계기로 본격적인 금융위기가 벌어졌다. 9월 14일에 터진 리먼브라더스(미국 투자은행 4위)의 파산신청이 그것이다. 그렇지 않아도 베어스턴스의 몰락이 신용파괴원리를 작동시키고 있었는데, 리먼브라더스의 파산은 신용파괴를 더욱 가속시켰고, 금융기관 전체가 붕괴위기로 치닫고 말았다.

9월 15일에는 초일류 그룹에 속했던 메릴린치(미국투자은행 3위)가 BOA에 인수당했으며, 흑자를 기록 중이던 모건스탠리(미국투자은행 2위)마저 유동성 위기에 몰려 JP모건에 인수당했다. 9월 16일에는 보험업계 세계1위인 AIG가 850억 달러의 공적자금을 지원받았고 10월 8일에는 추가로 378억 달러를 지원받아 국유화됐다. 그 밖에 워싱턴뮤추얼, 와무, 와코비아 등의 은행이 무너졌으며, 초대형 상업은행인 시티그룹마저 공적자금을 수혈받았다. 이처럼 금융기관이 붕괴위기에 처하자, 미국 정부는 7천억 달러라는 그 해 여름에는 상상하기조차 어려웠을 대규모 공적자금을 쏟아부을 계획을 공표했다. 실제로 지출한 금액은 약 4천억 달러였다.

미국 재무부는 금융위기에 따른 경제의 악순환을 막기 위해 8천억 달러를 재정에서 추가로 지출했다.

만약 투자자금 인출사태가 처음 발생했던 3월 10일에 베어스턴스가 심각성을 인식하고 즉각적으로 다른 금융기관의 협조융자를 받았거나 연준에 지원을 요청하는 등 신속하고 강력하게 대응했더라면 어떤 일이 벌어졌을까? 만약 3월 16일 JP모건이 인수할 당시에 지원하기로 했던 300억 달러를 직접 베어스턴스에 투입한다고 연준이 발표했더라면 어떤 일이 벌어졌을까? 그랬더라도 금융위기가 전 세계로 확산됐을까? 뒤늦게나마 리먼브라더스가 도산위기에 처했을 때라도 나중에 쏟아붓기로 한 공적자금 7천억 달러의 절반이라도 선제적으로 투입하겠다고 선언하며 구제했더라면 어떤 결과가 나타났을까? 만약 신용파괴원리가 경제학계에 제대로 알려져 있었더라면, 정책당국은 당연히 그렇게 했을 것이고, 그처럼 심각한 금융위기로 빠져드는 것도 차단할 수 있었을 것이다. 실제로 그보다 10년 전에는 아주 심각한 금융위기를 큰 타격 없이 극복된 사례가 이미 있었다. 잠시 이 내용도 살펴보자.

1998년 9월에 LTCM Long Term Capital Management이 도산위기에 처하자 미국경제는 금융위기의 늪으로 빠져들 위험성이 커졌다. 그 직전에 러시아가 외환위기에 봉착해 지불유예를 선언한 터라서 세계적인 금융위기가 발생할 가능성은 다른 어느 때에 못지않게

켰다. 앞에서 언급한 바처럼, LTCM은 50억 달러의 자본금을 바탕으로 1,250억 달러를 차입하여 유가증권에 투자했고 1조2천5백억 달러에 달하는 파생금융상품을 운용하고 있었다. 만약 방치하면 금융위기로 발전할 것이고 그 파장은 아주 심각할 것이 빤했다.

이런 위기에 직면하자 뉴욕연방은행의 당시 총재였던 빌 멕도너는 "세계에서 가장 영향력 있는 16개 은행과 투자회사의 최고경영자를 한곳으로 불러 모아 'LTCM의 투자자산이 방매될 경우에 어떤 손해를 입게 될지 짐작한다면 이 문제를 함께 풀어야 한다.'라고 강한 어조로 제안한 후 자리를 떠났다. 그들은 긴장 속에서 며칠간 협의한 끝에 LTCM에 35억 달러를 투입하기로 결정했다."[206] 그 결과 LTCM의 자본금 50억 달러는 연기처럼 사라졌지만, 관련 은행과 투자회사는 추가로 투입했던 금액을 모두 회수했을 뿐만 아니라 투자손실도 크게 입지 않았다. 무엇보다, LTCM의 투자자산이 방매됐을 경우에 나타났을 게 빤한 신용파괴원리의 작동과 그에 따른 금융위기를 차단했다는 점은 아무리 높게 평가해도 지나치지 않다.

금융시장에서 발생하는 대형 금융회사의 예금인출 사태는 주식시장의 폭락사태나 파생금융상품의 폭락사태에 못지않게 위험

---

206 『격동의 시대』 288쪽, 알랜 그린스펀, 2007년, 북@북스

하다. 아니, 그 파괴력은 훨씬 크고 전염성도 더 뛰어나다. 경제전문가들은 이런 사태를 흔히 영화가 상영 중인 어두운 극장에서 '불이야!'를 외치는 것에 비유한다. 그만큼 예금인출 사태는 위험하다. 그렇다면 베어스턴스에서 예금인출 사태가 처음 벌어졌을 때 미국 연준과 재무부는 즉각 강력히 대응했었어야 했다. 만약 그랬더라면 리먼브라더스가 도산하고, 베어스턴스, 메릴린치, 모건스탠리 등이 인수당하며, 페니메이, 프레디맥, AIG 등이 공적 자금을 수혈받는 등의 사태는 벌어지지 않았을 것이다. 세계적인 금융위기로 비화하는 일도 벌어지지 않았을 것이다. 뒤돌아보면 참으로 안타까운 일이다.

왜 미국은 정책적 대응을 제때 하지 못했을까? 우선, 정책당국이 신용파괴원리를 제대로 알지 못했기 때문이다. 경제전문가들도 다르지 않았다. 아니, 일부 경제전문가는 사태를 더욱 악화시키는 데에 앞장섰다. 신용파괴원리가 얼마나 무서운 결과를 빚는지를 이해하지 못한 몇몇 영향력 있는 경제학자들이 2008년 4월에 베어스턴스의 파산을 막으려고 JP모건에 300억 달러를 지원하기로 한 FRB의 결정을 격렬히 비난하고 나섰던 것이다.

2001년에 노벨 경제학상을 수상한 조지프 스티글리츠는 미국 연준이 베어스턴스 은행을 구제한 것에 대해 「뉴스위크」에 기고한 '이 대혼란을 수습하는 방법'이라는 글에서 "정부는 지금까지 약탈적인 금융기관의 먹잇감이 되어온 가난한 집주인들을 구제하자는 제안에 대해서는 검토조차 일체 거부해 왔다. 그런데 투자은행은 살리겠다고 한다. 지금의 혼란과 위기를 초래한 주범인 은행에 대한 이러한 구제책은 너무나 투명하지 못하게 결정되었다."[207]라고 비판했다. 다른 경제전문가들도 이런 비판에 가세했다. 대표적으로, 프레디맥과 페니메이가 파산위기에 처하자 이들을 구제하기 위해 의회가 2008년 7월 30일에 주택경기촉진법을 제정했는데, 금융위기의 발생을 미리 경고한 것으로 유명한 로버트 로드리게즈(펀드 운영자)는 "금융 및 사회체제가 후손을 재정적인 빈곤으로 몰아넣을 길을 가고 있다."라고 비판했다. 공화당 상원의원인 짐 버닝은 "미국 땅에서 사회주의가 실현되고 있다."라고 비난하기도 했다.[208] 위 두 기관이 투자한 정크 모기지가 무려 1조 달러로 추산되었는데,[209] 이런 엄청난 채권을 보유한 금융회사가 쓰러지면 금융기관 전체가 붕괴위험에 처할 게 빤했음에도 그런 비난이 쏟아졌던 것이다. 더욱이 이 회사들에 대한 정부의 보증을 믿었던 중국 등 외국 투자자들이 미국시장을 이탈하면, 달러가 국제 기축통화의 위상을 잃을 가능성마저 높았다.

정치적으로 여론에 민감할 수밖에 없는 폴슨 재무장관이 결국은 단행할 수밖에 없었던 공적자금의 투입을 끝까지 피하려

---

207 『서브프라임 크라이시스』 160~161쪽, 브루스 E. 헨더슨과 조지아 가이스, 랜덤하우스, 2008년
208 『탐욕의 도둑들』 180쪽, 로저 로웬스타인, 한국경제신문, 2013년
209 위의 책 181쪽

했던 이유가 바로 여기에 있다. 위와 같은 비판들이 붕괴위기에 처한 은행들을 미리 구제하지 못하게 하는 결과를 빚었던 셈이다. 만약 신용파괴원리가 경제학계에 수용되었더라면, 대형 금융회사의 붕괴가 신용파괴원리를 작동시킴으로써 금융기관을 붕괴시켜 금융공황으로 발전한다는 사실을 경제전문가 사회도 쉽게 알 수 있었을 것이고, 미국 재무부와 FRB에 적절한 조치를 취하도록 촉구했을 것이다.

신용파괴원리의 작동은 미국의 본원통화가 2008년 말에 전년 대비 두 배 증가한 뒤에야 겨우 멈췄다. 이런 급속한 증가율은 평상시 같으면 물가 폭등을 초래할 수 있는 충분한 수준이었다. 그러나 급격한 경기하강이 통화의 유통속도와 신용승수를 줄이고 통화성 재화의 통화기능을 낮춤으로써 물가 불안은 일어나지 않았다. 통화의 역할을 하던 파생금융상품의 규모가 크게 축소된 것도 여기에 기여했다. 또한 달러 공급이 풍부해짐에 따라 그 가치가 폭락함으로써 기축통화의 지위를 잃을 수도 있었지만, 외환위기에 노출된 여러 나라가 외환보유고 확충에 나섬에 따라 달러 수요가 급증함으로써 이 위험도 사라졌다. 다만, 경기가 회복되어 본격적으로 상승하면 긴축적인 통화정책을 펼쳐야 물가 불안과 달러의 가치하락을 막을 수 있었던 것은 사실이다. 2012년 하반기부터 양적완화 정책의 출구전략이 모색되기 시작한 것은 그 때문이었다.

경제병리학이 개척한 신용파괴원리를 경제학에 도입하는 일은 위에서 살펴본 바처럼 아주 시급하고 중요하다. 신용파괴원리를 정확히 이해하면 금융위기의 발생을 얼마든지 예방할 수 있을 것이다. 그뿐만 아니라, 어느 한 나라에서 발생한 금융위기가 다른 나라들에 전염되는 원인은 아직까지 밝혀진 게 거의 없는데, 경제병리학의 신용파괴원리는 그 원인과 전개과정 그리고 그 결말까지 바로 이어서 살펴볼 것처럼 비교적 쉽게 밝혀준다.

정리하자면, 2008년의 미국 금융위기가 대공황 이후 최악으로 치달은 것은 부시의 무모함과 폴슨의 여론 눈치보기 그리고 버냉키의 수동적인 대응이 빚은 사태라고 할 수 있다. 우선, 부시는 무주택자에게 550만 채의 주택을 공급하는 무모함을 저질렀다. 다음으로, 폴슨은 헛된 소신에 얽매어 리먼브라더스의 파산을 방치했으며, 어떤 금융회사는 구제하고 다른 금융회사는 구제하지 않는 등 갈팡질팡했다. 끝으로, 버냉키는 폴슨의 눈치를 보다가 신용파괴원리의 작동을 제어하지 못함으로써 금융위기가 진행되도록 방치했다. 이게 세계적인 경제난을 장기간 이어지게 했다.

그러므로 2008년에 터진 미국 금융위기의 일차적인 책임은 부시 정권에 있고, 2차적인 책임은 부시의 공약을 수행한 정책당국에 있으며, 3차적인 책임은 이걸 견제하지 못한 의회에 있고, 4차적인 책임은 그 공약이 초래할 비극을 지적하지 못한 경제전문가 사회와 언론계에 있으며, 5차적인 책임은 금융시장의 붕괴에 적절히 대처하지 못한 금융계에 있다고 할 수 있다. 하지만 '부도덕한 금융인'이 그 책임을 모두 뒤집어쓴 결과를 빚었다. 정치권과 정책당국과 경제전문가 사회 및 언론계가 자신들의 책임을 면하기 위해 '부도덕한 금융계'를 비난하고 나선 꼴이 되고 말았다. 금융계는 정치권이 조성한 경제적 상황을 이용하여 더 많은 돈을 벌려고 한 것에 불과한데 말이다.

미국 금융위기가
세계 금융위기로 발전한 운동원리

세계경제가 성장하고 세계교역이 증가하기 위해서는 국제통화의 공급 즉, 달러의 공급이 충분히 이뤄져야 한다. 미국의 국제수지 적자에 의한 달러의 공급은 이런 의미에서 세계경제의 성장과 국제교역의 증대에 중요한 역할을 한다. 그런데 세계경제에 대한 달러의 공급은 그 액수로만 한정되지는 않는다. 다국적 금융회사를 통해 저축과 투자가 반복적으로 일어남으로써 신용창조의 과정을 거친다. 현실적으로 산유국의 오일 달러와 중국 등 국제수지 흑자국의 자금은 여러 나라의 국채에 투자되거나 다국적 금융회사에 예치되고, 이것이 다시 여러 곳에 재투자되고 있다. 그래서 국제통화의 유통량은 신용창조의 신용승수와 유통속도의 배수만큼 커진다.

만약 경제규모가 제법 큰 나라에서 금융위기가 발생하면, 어떤 일이 벌어질까? 당연히 국제금융시장은 신용파괴원리의 압력을 받으며, 세계경제의 통화량은 줄어든다. 그러면 국제수지 적자가 크거나 경제가 불안정한 나라는 외환위기에 봉착한다. 그 나라의 통화가치는 빠르게 하락하며 환차손을 발생시키고, 외국자본은 환차손을 피해 물밀듯이 빠져나가기도 한다. 이런 일이 벌어지면 다국적 금융회사의 투자 규모는 감소하고, 이것은 세계 금융자산의 감소를 부름으로써 악순환을 일으킨다. 외국 자금을 빌려와 국제수지 적자를 메우던 나라들은 외채의 롤오버마저 어렵게 되어 외환위기와 금융위기를 동시에 겪는다. 그러면 국제적인 신용파괴원리가 본격적으로 작동하여 세계경제의 통화 공급을 더 감축시키고, 이것은 세계경기를 빠르게 하강시킨다.

결국 다국적 금융회사의 경영수지는 심각하게 악화되며, 이것은 신용파괴원리의 작동을 더 촉진시켜 신용경색을 더욱 심화시킨다. 이런 세계적인 신용경색은 금융위기가 발생하지 않은 나라에까지 큰 피해를 입힌다. 특히 경상수지가 불량하거나 국가부채가 큰 나라 그리고 경제규모가 작은 나라가 심각한 타격을 입는다. 한 나라의 금융위기가 다른 나라들로 쉽게 전염되는 이유가 바로 이것이다. 국제적인 신용파괴 현상이 나타나면 신용승수와 유통속도의 배수가 작동하여 국제 통화량을 급속히 수축시키고, 이것이 상황을 더욱 악화시켜 세계적인 금융위기로 발전하는 것이다.

서브프라임모기지 사태가 빚은 미국의 금융위기 역시 이런 전개과정을 그대로 재현했다. 그동안에는 국제수지 적자를 기록하던 나라들도 외채를 비교적 쉽게 빌려올 수 있었지만, 국제적인 금융위기가 발생한 이후에는 신용파괴원리가 본격적으로 작동함으로써 세계경제의 통화량이 줄었고, 국제수지 적자가 큰 나라들은 더 이상 외채를 들여올 수 없게 됨으로써 외환보유고가 고갈되는 사태에 직면하였다. 그래서 2008년 말에 발생했던 것이 라트비아, 폴란드, 헝가리, 아일랜드, 그리스 등의 외환위기였으며, 이 사태가 국제금융시장을 더욱 위축시켜 세계적인 금융위기로 발전하고 말았다.

위와 같이 원인과 전개과정을 따지는 것은 결코 어려운 일이 아니다. 시간을 역순으로 추적하는 방법이든 그리고 중대한 변화를 일으켰던 경제변수를 먼저 찾아내는 방법이든 약간의 수련만 거치면 누구나 쉽게 추적해낼 수 있다. 그러나 주류경제학의 정태적 균형이론은 이런 쉬운 일을 하지 못하도록 원천적으로 가로막고 있다. 더욱이 현 경제학에는 경제병리학조차 없다.

도대체 금융위기의 정체는 무엇일까? 반복하거니와, 금융위기는 하나의 중대한 경제질병이다. 건강한 사람도 종종 병에 걸리듯이 건강한 국가경제도 종종 금융위기를 겪는다. 폐암 전문의사도 폐암에 걸리듯이, 경제이론이 최첨단이고 금융위기를 이미 여러 차례 겪은 나라에서도 금융위기는 터진다. 심지어 세계적으로 막강한 경쟁력과 성장력을 갖췄던 나라도 금융위기를 겪었다. 거듭 밝히지만, 1980년대 후반에는 온 세계에서 "일본을 배우자. 일본 기업을 배우자."라는 열풍이 불었을 정도로 일본의 경제체력은 다른 나라들에 비해 월등히 뛰어났음에도 불구하고 금융위기라는 경제질병에 걸렸다.

이처럼 중대한 경제질병인 금융위기는 왜 터질까? 사람의 질병과는 다르게, 그 원인은 크게 두 가지로서 비교적 단순하다. 금융위기가 발생한 세계사의 사례들을 살펴보면, 부동산시장이나 주식시장이 과열되어 거품을 일으켰다가 붕괴되는 경우와 국내경기가 과열되어 국제수지가 지나치게 악화된 경우에 금융위기가 발생했다. 원인이 이렇게 빤하다면 금융위기도 비교적 쉽게 예방할 수 있지 않을까? 쉽게 예방해낼 수 있다면 금융위기를 경제질병이라 부를 필요가 없다. 무엇보다 어느 수준이 거품이고, 어느 수준이 과열인지를 판단하는 것이 여간 어렵지 않다. 경기진단이 누구보다 뛰어났던 그린스펀조차 마찬가지였다. 그는 뛰어난 경기진단 능력을 바탕으로 선제적인 금리정책을 펼침으로써 미국경제가 초장기 경기팽창을 누리도록 기여했지만, 큰 실수를 저지를 뻔 했던 적이 아래와 같이 두 차례나 있었다.

먼저, 1996년 10월 중순에 그린스펀은 한 기업연구소의 연례 만찬에서 주식시장의 '비이성적 과열'을 공개적으로 경고했다.

1990년대 초에 3천을 넘나들던 다우지수가 1996년에는 6천에 육박하여 거의 두 배나 올랐으므로, 거품이 발생한 것으로 판단해도 좋을 법했다. 그러나 이 경고는 시장에서 철저히 유린당했다. 다우지수는 1997년에 7천을 넘어섰고, 동아시아 외환위기와 러시아 디폴트까지 겪은 뒤인 1999년에는 1만을 넘어섰으며, 나스닥 시장의 붕괴를 겪은 뒤인 2천년대 중반에는 1만4천까지 넘었다. 서브프라임모기지 사태가 터진 직후에는 다우지수가 한 때 8천 아래로 떨어진 적이 있지만, 세계 금융위기가 완전히 해소되지 못한 2013년에는 사상 최고치인 1만6천을 넘어섰다. 따라서 다우지수 1만도 거품이라고 보기는 어려웠다.

다음으로, 부동산 거품에 대한 그린스펀의 경고도 마찬가지였다. 2001년 12월에 열린 금리조정을 위한 공개시장위원회는 '모기지'라는 단어를 40번이나 언급했을 정도로 부동산시장의 거품을 심각하게 여겼다. 2002년 4월에는 그린스펀이 의회에 출석하여 "현재의 주택시장 상승추세는 주택가격 버블이 생길지도 모른다는 우려를 낳는다."라고 경고한 바 있다. 물론 그는 "부동산 거래는 주식거래와 달리 거래비용이 수반되고 집을 판 사람은 이사를 가야 하며, 주식거래의 회전율은 100%에 달하지만 주택거래의 회전율은 10%에도 미치지 못하며 차익거래의 기회가 제한되어 있으므로, 투기적 거래로 인한 버블이 발생하기가 어렵다."라고 증언함으로써 금융위기가 터진 뒤에 부동산 거품을 일으킨 주역으로 비난받았다. 그거야 어떻던, 주택가격은 그 뒤로도 2006년까지 꾸준히 올라 거의 두 배나 더 상승했다. 따라서 2002년의 주택가격은 거품이라 보기에는 아직 낮은 수준이었다.

만약 1996년에 주식시장의 과열을 진정시키기 위해 금융긴축 정책을 펼쳤더라면 어떤 결과가 나타났을까? 만약 2002년에 주택시장의 거품을 차단하기 위해 금융긴축 정책을 펼쳤더라면 또 어떤 결과가 나타났을까? 미국은 그 뒤로 2006년까지 이어진 경기팽창의 혜택을 누리지 못했을 것이며, 미국 국민의 경제생활은 그만큼 윤택해지지 못했을 것이다. 경제학자가 진짜로 중요하게 여겨야 할 일은 이처럼 '일어나지 않은 일'인지도 모른다. 그러므로 금융위기를 예방하는 일은 어느 무엇보다 어렵다고 보는 게 옳다. 얼마나 빨리 발견하고 얼마나 빨리 처방하느냐가 관건이다.

2008년의 세계적인 금융위기는 그 처방이 너무 늦게 이뤄졌고, 경제질병이 상당히 심각한 지경에 이르도록 진행한 상황이었다. 한때는 세계경제를 무너뜨릴 것처럼 보일 정도로 심각했으나, 다행히 2012년부터는 차츰 치유 과정에 들어갔다. 하지만 중병에 걸렸다가 회복하는 과정에서 후유증과 합병증이 나타나 건강이 다시 악화되는 경우도 종종 생겨나듯이, 세계경제 역시 우여곡절을 거쳤고 앞으로도 그럴 것이다. 만약 정책적 실패가 거듭 벌어진다면 진짜 심각한 사태가 벌어질 수도 있다. 실제로 유럽 중앙은행은 2009년에 강력한 금융긴축 정책을 펼침으로써,

신용파괴원리의 작동을 재개시켜 금융위기를 심화키는 결과를 빚었다.

실제로 유럽연합EU은 2008년 말에 본원통화를 전년대비 37%나 증가시킴으로써 신용파괴원리의 작동을 차단해냈다. 그 덕분에 심각한 금융위기를 겪고 있던 폴란드, 헝가리, 아일랜드, 아이스란드, 라트비아 등은 2009년부터 그 위기에서 벗어날 수 있었다. 하지만 유럽중앙은행ECB은 위와 같은 통화팽창이 심각한 물가불안을 야기할 수 있다는 섣부른 판단으로 2009년에는 본원통화 증가율을 −0.9%로 낮추었다. 결국 이것이 신용파괴원리를 재가동시키고 말았다. 그 결과로 유럽연합 각국의 경제회복은 뒷걸음을 쳤고, 일부 국가는 유동성 위기가 발생하여 심각한 경제난을 겪었다. 특히 그리스와 스페인은 이미 앞에서 살펴본 것처럼 외환위기와 금융위기가 동시에 터져서 아주 심각한 경제난을 겪었다.

현재의 경제학에는 경제병리학이 없어서 이런 일이 쉽게 벌어진다. 강조하거니와, 경제병리학이 없는 것은 경제학의 가장 큰 문제점이다.

7

임상사례 5

초인플레이션

최악의 경제재앙, 초인플레이션

초인플레이션은 세계경제사에서 여러 차례 발생했다. 이 초인플레이션은 이미 오랜 옛날부터 왕조, 국가, 정권 등을 몰락의 위기로 몰아넣거나 실제로 몰락시키기도 했다. 대표적으로 3세기의 고대 로마, 620년대 초의 로마제국, 14세기 초의 중국 대륙의 원나라, 유럽 대륙의 프랑스 혁명 말기 등을 대표적인 사례로 꼽을 수 있다. 20세기 이후의 경제사에서도 초인플레이션은 간헐적으로 발생했다. 가장 심각한 사례를 차례로 살펴보면, 1946년 7월에 물가가 매일 200% 이상 상승했던 헝가리, 2008년 11월에 매일 100% 가까이 올랐던 짐바브웨, 1994년 1월에 매일 약 60%씩 올랐던 유고슬라비아, 1923년 10월에 매일 약 20%씩 올랐던 독일, 1944년 10월에 매일 20% 가까이 상승했던 그리스 등이 있었다.[210] 이런 사례를 제외하더라도 그 사례를 꼽자면 한이 없다. 예를 들어, 1922년의 오스트리아, 1944년의 쏘련, 1949년의 중국, 1989년의 폴란드, 1980년대 말부터 1990년대 초까지 초인플레이션이 지속됐던 브라질과 아르헨티나, 1990년대 초의 페루 등등의 사례가 있었다. 그 압권은 2018년에 물가가 1,698,488%나 상승했던 베네수엘라를 꼽을 수 있다. 한마디로, 초인플레이션은 세계 경제사에서 간헐적으로 발생했던 대표적인 경제질병인 셈이다.

경제질병 중에서도 최악의 것을 꼽으라면 나는 주저치 않고 초인플레이션을 꼽는다. 그 이유는 다음과 같다. 첫째, 경제에 끼치는 부정적인 영향이 크다. 둘째, 국민이 느끼는 경제적 고통이 크다. 셋째, 통상적인 방법으로는 치유가 어렵고, 치유 과정에서 혹독한 대가를 치러야 한다. 넷째, 악순환하는 성질이 강하다. 물가가 상승하면 기초생활비가 급증하므로 임금이 상승해야 하고, 임금이 상승하면 물가는 더 상승하지 않을 수 없다. 물가상승은 통화량 증가를 요구하고, 통화량 증가는 다시 물가상승으로 이어져 악순환을 부른다. 다섯째, 초인플레이션이 상당한 기간 진행하면 국가경제의 성장잠재력과 국제경쟁력을 거의 바닥까지 떨어뜨린다. 물가상승률이 높아지면 수출경쟁력이 떨어지고, 수출경쟁력이 떨어지면 국제수지가 악화되어 외환위기를 초래하는 등

---

210 "World Hyperinflations", Steve H. Hanke and Nicholas Krus, Cato Working Paper 8, 2012. http://mai68.org/spip2/IMG/pdf/workingpaper-8.pdf, accessed on August.11, 2021.

경제난을 심화시킨다. 국산품 역시 수입품에 대해 경쟁력을 잃음으로써 잠재성장률까지 낮아지며, 기업의 경영수지가 악화되어 투자 여력을 상실하고 만다. 이 경우에는 환율이 폭발적으로 상승하는데, 이것이 또 물가상승을 더욱 부추긴다.

여섯째, 초인플레이션이 진행하는 경우에는 물가 상승이라는 동력에 의해서만 경제가 순환한다. 이것이 가장 심각한 문제이다. 물가가 빠르게 오르면 소득의 구매력을 그만큼 감소시키고, 구매력이 부족해지면 경기가 부진해짐에 따라 전형적인 수요자 시장이 형성된다. 결국은 기업의 이익이 감소하고, 경제순환의 동력은 약화된다. 이런 때는 물가 상승이 지속돼야 경제순환의 동력이 작동한다. 재화의 생산과 유통에는 일정한 시간이 소요되는데, 초인플레이션은 생산시기 혹은 구입시기의 가격보다 출하시기의 가격을 상대적으로 더 크게 오르게 함으로써 기업의 경상이윤을 보장하고, 이것이 기업의 생산을 가능하게 한다. 경제가 한번 초인플레이션에 빠져들면 그 악순환에서 좀처럼 벗어나지 못하는 가장 결정적인 이유가 바로 이것이다.

초인플레이션을 벗어나기 위해 물가를 억제할 경우에는, 경상이윤마저 사라져 생산과 유통이 원활하게 이루어지기 어렵게 된다. 그래서 초인플레이션은 장기간 지속되는 속성을 드러낸다. 이것을 퇴치하려면 좀처럼 견디기 힘든 급격한 경기후퇴를 감내해야 한다. 1920년 전후의 독일, 1970년대 초반의 칠레를 비롯한 중남미의 상당수 나라들, 1980년대 중반의 멕시코를 비롯한 외환위기 국가들, 1980년대 말의 아르헨티나, 1980년대 말부터 1990년대 중반까지 이어진 브라질 등의 초인플레이션은 그 증거이다. 이 나라들이 겪었듯이 혹독한 대가를 치르지 않고는 초인플레이션에서 벗어나기 어려우므로, 어떤 경우에도 초인플레이션은 우선적으로 예방하고 봐야 한다.

초인플레이션의 치유는 경기를 급속도로 하강시키지 않는 한 거의 불가능하다는 것도 심각한 문제이다. 경기의 급속한 하강은 실업률 급증과 기업 도산사태를 부르며, 이것은 정치적으로 쉽게 수용할 수 있는 일이 아니다. 그래서 초인플레이션은 장기화하면서 더 악화되곤 했던 것이 역사적 경험이다. 물론 높은 실업률과 기업도산 사태를 감수하고 극단적인 긴축정책을 펼침으로써 물가 폭발을 예방했던 성공적인 사례가 없었던 것은 아니다. 예를 들어 미국은 1980년대 초에 만성적인 물가 불안을 퇴치했는데, 기준금리를 21.5%까지 끌어올렸다. 이것이 시장 이자율을 30%에 육박하도록 했고, 그 바람에 경기가 급강하하여 실업률이 비교적 장기간 10%를 넘어서는 등 경제적 고통이 심각했다.

초인플레이션은 어찌하여 발생할까? 두말할 것도 없이 급격한 통화팽창이 발생시킨다. 그럼 급격한 통화팽창은 왜 일어날까? 이것은 신용창조에 의해 일어난다. 한국은행이 화폐발행액을 87조 원에서 1조 원을 더 늘리면 큰 영향이 없을 것처럼 보일 수도 있다. 하지만 화폐발행액 1조 원이 시중에 풀리면 그 중 상당 부분이 은행으로 돌아오고, 은행은 그 돈을 민간부문에 대출해 주는 등의 과정이 반복되며, 수표와 신용카드와 예금통장 등처럼 화폐의 역할을 하는 통화들을 경제에 남긴다. 결국은 신용승수가 작동하여 광의통화는 약 45조 원이 증가하는 압력을 받는다. 광의통화에 대한 화폐발행액의 신용승수가 약 45배에 이르기 때문이다.

이 과정에는 시간이 소요된다. 화폐발행을 늘리더라도 물가가 상승하는 일은 당장 일어나지 않으며, 상당한 시간이 지난 다음에야 물가는 본격적으로 상승한다. 통상적으로는 반년에서 1년 반이 지나야 물가가 본격적으로 상승한다. 그래서 초인플레이션은 무섭다. 증상이 곧바로 나타나지 않으므로 제때 대비할 수 없게 함으로써 사태를 악화시키곤 한다. 특히 경기가 부진할 때에 화폐발행을 늘리는 것은 흔히 무서운 결과를 낳는다. 경기가 부진할 때는 호조일 때에 비해 통화의 유통속도가 상대적으로 느려지고, 신용창조의 승수도 작아지며, 유사화폐의 통화기능 역시 떨어지므로, 이런 때는 화폐발행을 늘리더라도 당장은 물가 불안이 눈에 띄게 나타나지 않는다. 하지만 경기가 본격적으로 살아나거나 물가가 본격적으로 불안해진 뒤에는 통화의 유통속도가 빨라지고, 부동산 등 유사화폐의 통화기능이 향상되며, 신용승수도 커진다. 그래서 경기가 부진할 때 화폐를 지나치게 증발하면 경기가 상승한 뒤나 물가 불안이 나타난 뒤에는 쉽게 초인플레이션으로 발전한다.

그렇다고 화폐 발행의 증가가 무조건 나쁘다는 것은 아니다. 경제가 성장함에 따라 거래가 늘어나면 통화량도 함께 늘어나야 하기 때문이다. 통화량이 적절하게 늘어나지 못하면 거래가 부진해져 경제활동에 제약이 가해지고, 경제성장도 억제당한다. 따라서 적절한 수준의 화폐 발행은 계속 이뤄져야 한다. 하지만 경제가 성장하는 데 소요되는 것보다 더 빨리 통화량이 늘어나면 물가 불안이 일어나고 자칫 초인플레이션으로 발전할 수도 있다. 현실적으로 화폐 발행을 어쩔 수 없이 크게 늘려야 하는 경우가 있다. 재정적자가 갑자기 혹은 지속적으로 커질 때가 그런 경우이다. 국채 발행을 통해 재정적자를 메워야 하는데, 국채가 시장에서 팔리지 않으면 재정 소요자금을 중앙은행에서 빌리지 않을 수 없다. 그래서 화폐가 증발되고, 이것이 신용창조 과정을 거쳐 통화량을 팽창시킨다.

그렇다면 재정적자는 왜 발생할까? 전쟁 같은 특별한 사태가 재정수요를 팽창시키기도 하지만, 일반적으로는 침체된 경기를 부양하기 위해 재정지출을 확대하는 정책을 펼침으로써 발생하곤 한다. 초인플레이션이 활개를 쳤던 1960년대 후반부터 1970년대 중반과 1980년대 초부터 1990년대 초까지의 중남미 여러 나라에서 실제로 그런 일이 벌어졌다. 이 나라들에서 외환위기가 터지자 환율이 폭등했고, 환율 폭등은 외채에 환차손을 일으켜 자본의 해외 유출을 촉발함으로써 신용경색을 초래했으며, 이것이 기업과 금융기관의 경영수지를 악화시켰다. 경기침체가 극심해졌고, 기업은 물론이고 금융기관까지 붕괴위기에 처했다. 그러자 각국 정부는 재정적자 정책을 펼쳐서 경기를 적극적으로 부양했으며, 그 재원을 최종적으로는 중앙은행에 의존함으로써 통화를 팽창시켰다. 여기에 외환위기가 부른 환율의 폭등 역시 수입 가격의 상승을 초래하여 물가상승을 부추겼다. 당시 중남미에서 발생했던 초인플레이션은 이렇게 나타났다.

금융위기와 경기침체를 극복하기 위해 재정적자 정책을 펼치는 것은 이래서 무섭다. 특히 경기부양 정책의 재원을 중앙은행의 발권력에 의존하면 아주 위험해진다. 이 문제는 앞에서 중남미의 외환위기를 다루면서 이미 자세히 살펴봤다. 근래의 사례 중 하나는 짐바브웨의 초인플레이션을 들 수 있다. 1990년대 후반부터 평균적으로 20%대였던 물가상승률은 2002년에 100%를 넘어섰고, 2007년에는 6만%를 넘었으며, 2008년에는 무려 2억%를 넘어섰다. 물가상승 압력은 이처럼 시간의 흐름과 함께 점점 커지곤 한다. 결국 짐바브웨는 자국 화폐의 사용을 중단하고 달러 등 외환을 사용하는 지경에 이르렀다.

무엇보다, 1920년대의 독일은 특별한 경우로서 뒤돌아볼 가치가 충분하다. 앞에서 대공황의 사례에서 언급한 바처럼, 1921년에 시작된 전쟁배상금의 지불은 같은 해 독일 국민소득의 10%, 1921~22년 사이에는 독일 수출의 80%에 달하는 규모로서 재정 적자의 주요 원인이었다. 바이마르 정부는 재정수요를 세금 증대와 국채 발행으로 해결하려 했지만 곧 한계에 봉착했다. 전쟁으로 생활수준이 극도로 악화됐고 전쟁 동안 막대한 공채가 이미 발행됐었기 때문이다. 남은 방법은 통화증발뿐이었고 이것이 초인플레이션을 초래했다.[211] 전쟁배상금을 지불하기 위해 외채를 들여왔던 것도 물가 불안에 가세했다.

1918년에 107이던 독일의 물가지수는 배상금 지불이 시작된 1921년부터 빠른 속도로 상승하여 1923년에는 820만에 달했다. 불과 5년 동안에 물가가 8만 배 이상 상승한 셈이었다. 이렇게 발생한 초인플레이션은 독일과 밀접한 경제적 관련을 맺고 있던 오스트리아와 헝가리 등의 중부 유럽지역에 전염되었다.[212] 다시 그 영향을 받아 독일은 더 심각한 경제난에 시달렸다. 특히 초인플레이션이 초래한 국제경쟁력 약화가 심각했고, 이것은 수출을 거의 불가능하게 했으며, 환율이 오르지 않을 수 없게 했다. 1919년 1월에 달러당 8.9 마르크였던 환율이 1923년 11월에 4조2천억 마르크로 상승했다.[213] 5년도 안 되는 동안에 환율이 4천7백억 배

---

211 『금융공황과 위환위기』 1870-2000 95쪽, 차명수, 아카넷, 2000년
212 위의 책 97쪽
213 『세계 대공황』 78~79쪽, 진 스마일리, 지상사, 2008년

나 상승했으니 엄청난 환차손이 발생했고, 외채 도입은 점점 어려워졌으며, 물가폭등을 피할 수 없었다.

당연히 독일 국민의 경제적 고통은 상상을 초월할 정도로 심각했으며, 천문학적인 전쟁배상금을 강요한 나라들에 대한 적개심을 키웠다. 그 바람에 국제사회에 적대적인 세력권이 자연스레 형성됨으로써 국제 협력보다는 공멸적 경쟁을 초래하는 결과를 빚었다. 이것은 앞에서 언급한 것처럼 세계대공황을 일으키는 데에 중요한 역할을 했다. 대공황이 터진 뒤에 경제난이 더 심각해지자 독일 국민의 적개심은 더욱 커졌고 이것이 히틀러 정권의 탄생에 결정적인 역할을 했다. 결국 2차 세계대전이 터지고 말았다.

참으로 다행스런 일은 초인플레이션에 대한 처방은 비교적 간단하다는 것이다. 통화개혁을 단행하고 통화를 긴축적으로 공급하면 초인플레이션은 얼마든지 퇴치할 수 있다. 1923년 말에 독일이 단행한 화폐개혁은 대표적인 성공 사례 중 하나로서, 물가는 그 후부터 비로소 안정되기 시작했다. 아르헨티나도 물가 불안이 심각했던 1980년대 중반에 화폐개혁을 단행하여 인플레이션을 비록 짧은 기간이지만 잠재웠고, 1990년대 초반에는 화폐개혁과 고정환율제를 동시에 시행하여 물가 불안을 해소했다. 1990년대 중반에는 브라질이 아르헨티나의 성공을 본받아 통화개혁과 고정환율제를 실시하여 10여 년이나 지속되던 초인플레이션을 퇴치했다. 다만, 통화개혁 직후에는 극심한 경기하강이 나타나는데, 이것을 국민이 견디느냐 못 견디느냐가 성공과 실패를 가른다.

현 경제학의 가장 큰 문제점 중 하나는 그 통화금융이론이 현실에서 종종 벌어지는 초인플레이션 현상을 적절히 해명하지 못한다는 것이다. 실제로 세계적으로 널리 통용되고 있는 각종 통화지표는 현실을 정확하게 대변하지 못한다. 각각의 통화지표는 서로 다른 통화의 기능을 갖고 있는 각종 구성분자를 단순하게 집계한 것에 불과하기 때문이다. 예를 들어, 본원통화는 현금과 상업은행의 중앙은행 예치금을 합한 것이고, 협의통화M1는 본원통화에 보통예금을 합한 것이며, 광의통화M2는 협의통화에 저축성 예금을 합한 것이고, 광의유동성M3은 광의통화에 예금기관의 각종 금융상품을 합한 것이다. 하지만 위의 각종 구성분자는 통화의 기능성이 서로 큰 차이를 보인다. 이것은 마치 깡통 하나와 드럼통 하나를 합해서 두 개라고 말하는 것이나 다름없다.

더욱이, 현 통화금융이론은 당해 연도에 생산된 경제유량Economic Flow에 해당하는 재화들만 대상으로 하고 있다. 다시 말해, 부동산이나 주식과 같은 경제저량Economic Stock은 위에서 언급한 기본적인 통화지표에는 포함시키지 않고 있는 것이다. 현 경제학은 경제저량에 속하는 재화들은 가치를 창조하지 못한다고 믿고 있기 때문이다. 화폐 그림자관 즉, 화폐는 실물의 그림자에 불과하다는 고대 그리스로부터의 고정관념이 이런 잘못된 믿음을 초래하고 있는 셈이다. 하지만 부동산과 주식 등은 통화에 의해 거래되고 있는 것이 엄연한 현실이다. 그래서 현 통화금융이론은 일반적인 통화금융 현상을 읽어내는 데 결정적인 어려움을 겪게 하곤 한다. 장차 부동산과 주식과 같은 경제저량들을 어느 통화지표엔가 포함시키면, 국가경제의 심각한 변동을 줄일 수 있을 것이고, 금융위기도 어느 정도는 예방하거나 그 타격을 최소화할 수 있을 것이다. 무엇보다, 금융위기에 따른 경제난을 해결한다며 통화를 증발하고 재정지출을 팽창시키는 등의 과도한 경기부양 정책을 억제하는 효과를 나타낼 것이다. 경제저량을 통화지표에 포함시킬 경우에는, 부동산시장이나 주식시장의 투기광풍을 어느 정도까지는 억제할 수 있을 것이다. 투기광풍이 불기 시작할 때는 물가상승률이 급격히 상승하는 것으로 나타날 것이고, 그러면 정책당국은 그 물가지표의 급상승을 억제하기 위해 노력할 것이기 때문이다. 금융위기가 이렇게 완화되고 경기하강 역시 완화되면, 무리한 경기부양 정책도 어느 정도까지는 억제할 수 있을 것이며, 그러면 초인플레이션도 어느 정도는 예방할 수 있을 것이다.

에필로그

경제병리학을 위하여

세계경제사에는 어떤 경제질병이 나타났을까? 이 의문에 답하는 것이 경제병리학의 출발점이다. 경제사를 되짚어 보면 대강 다음과 같은 사태를 대표적인 경제질병에 포함시킬 수 있을 것이다. 1930년대에 나타났던 세계대공황을 비롯한 여러 경제공황, 제1차 세계대전 직후의 독일과 1980년대의 중남미 등에서 발생했던 초인플레이션, 1991년 이래 30년 이상 지속된 일본의 장기침체, 금융기관이 붕괴위기에 놓였던 각국의 금융위기, 외환보유고가 고갈되거나 환율이 급등하는 외환위기, 재정적자 누적이 부르는 재정위기 등이 그것들이다. 이중에서 경제공황 혹은 경기침체, 금융위기, 외환위기, 재정위기 등은 급성질환으로, 그리고 장기 경기부진과 초인플레이션은 만성질환으로 분류할 수 있다. 그럼 이런 경제질병들은 어떻게 나타났고 또 어떻게 진행했을까?

이것만 알아도 경제병리학의 기초는 닦였다고 할 수 있다. 그런데 경제질병의 종류와 그것이 드러내는 증상은 서로 달라도, 그 원인은 하나이고 그 전개과정에서는 금융위기를 반드시 경유한다는 특징을 보인다.

첫째, 외환위기는 외환보유고의 고갈 및 환율의 급등과 함께 금융위기를 동반하는 것이 보통이다. 둘째, 초인플레이션은 금융위기가 초래한 경제난을 벗어나기 위하여 정책당국이 경기부양에 집착하다가 재정위기와 함께 나타나곤 한다. 셋째, 재정위기는 금융위기가 부른 경기부진이 세수결손을 일으킴으로써 혹은 금융위기가 초래한 경기부진을 벗어나기 위하여 재정지출을 지나치게 팽창시킴으로써 벌어지곤 한다. 넷째, 장기 경기부진은 금융위기가 초래한 경제공황이라는 급성질병을 막으려다가 만성질병으로 발전시킨 결과이다. 다섯째, 거의 모든 경제공황은 금융위기가 심각해짐에 따라 발생한다. 이처럼 경제공황, 초인플레이션, 장기 경기부진, 외환위기, 재정위기 등은 거의 모두 금융위기를 경유해 일어난다.

그럼 금융위기는 무엇이 발생시킬까? 역사적 사례를 보면, 경기과열이 국제수지를 악화시켜 외환위기를 일으키거나 부동산시장이나 주식시장에서 거품경기를 일으켰다가 꺼지면서 금융위기가 발생했다. 이 금융위기는 경제상황에 따라 여러 종류의 경제질병을 낳았다. 그 과정에서 석유파동이나 정치적 격변 등 외생변수가 작용하기도 했지만, 금융위기가 발발하지 않으면 그 영향은 제한적이었다. 경기과열이 어떤 방향으로 영향을 끼치느냐에 따라 금융위기와 그에 따른 경제질병은 다양한 증상을 보였다. 이런 의미에서 경제질병은 모두 경기과열과 금융위기가 낳은 일란성 쌍둥이라 부를 수 있다.

경기과열이 거품경기를 일으키면 경제질병이 나타난다는 사실을 경제학계와 정책당국은 이미 오래전부터, 최소한 1990년대 이후에는 충분히 인식하고 있다. 그러나 이것은 경험에서 얻어진 인식일 뿐, 어떤 경제원리가 작동하여 경제질병을 일으키고 그것이 어떤 전개과정을 거쳐 발전하는가에 대해서는 아직까지 뚜렷한 학문적 성과가 없다. 어느 경우를 경기과열 또는 거품경기라고 분류해야 하는지도 그 판단기준이 확실치 않다. 일반적으로 경제학계는 경기를 호경기와 불경기로 분류해왔으며 그중 호경기가 지나치면 과열경기로 보지만, 이런 인식으로는 충분치 못하다. 호경기와 과열경기를 구분할 기준이 없을 뿐만 아니라, 경기가 과열인지의 여부는 경기의 호조나 부진의 정도는 물론이고 경기의 상승속도와 하강속도에 의해서도 그리고 경제체의 성장잠재력과 국제경쟁력에 의해서도 좌우되기 때문이다.

경제란 항상 일정한 능력을 보유하는 것은 아니다. 잠재성장률은 시간의 흐름에 따라 계속 변동한다. 우리나라의 경우, 외환위기 직전에는 잠재성장률이 5%에도 미치지 못했지만, 그 직후에는 8%를 넘었던 것으로 추정할 수 있다. 실제로 외환위기 직전에는 성장률이 5%를 넘으면 국제수지 악화가 나타났지만, 외환위기 직후에는 성장률이 8%를 넘어도 국제수지 악화나 물가 불안이 나타나지 않았다. 물가 불안이나 국제수지 악화가 나타나지 않는다면 아무리 높은 성장률을 기록하더라도 이것은 지속가능하므로, 외환위기 직후에는 8%를 넘어도 경기과열로 분류할 필요가 없었다. 반면에 외환위기 전에는 성장률이 5%를 넘으면 경기과열로 분류해야 했다.

또한 경기가 과열인지의 여부는, 환경이나 경제여건에 의해서도 판가름 난다. 환경이나 경제여건이 어려우면 잠재성장률을 충분히 발현하기 어렵다. 만약 세계경제가 전반적으로 저성장을 할 정도로 해외 경제여건이 어려워졌음에도 불구하고 정책목표로 설정한 성장률을 기어이 달성하려 할 경우에는 자칫 경기과속이 일어나 경기를 급강하시키거나, 경기과열을 일으킴으로써 심각한 경제질병을 일으킨다.

그럼 어떤 경우를 경기과열이라 부르고, 이것은 어떤 경과를 거쳐 경제질병을 일으킬까? 경기가 과열되면 흔히 물가상승 압력이 커지거나 국제수지가 악화되는 것이 보통이므로, 물가 불안이나 국제수지 악화가 나타난 경우를 경기과열이라 부를 수 있다. 그럼 어느 경우에 물가 불안이 나타나고 또 어떤 경우에는 국제수지 악화가 나타날까? 경기가 먼저 부진해질 경우에는 국제수지 악화가 먼저 나타나는 것이 보통이다. 만약 국제수지 적자가 계속 누적되고 환율이 오르면, 환차손을 피하려는 자본의 해외 유출이 신용경색을 초래하여 금융위기를 빠르게 진행시키며, 결국은 외환보유고 고갈이라는 최악의 경제질병이 터지곤 한다. 우리나라 외환위기는 이런 전형적인 사례이다.

반면에, 경기가 호조를 비교적 장기간 지속하는 경우나 물가 불안이 지속되는 경우에는 물가상승 압력이 먼저 커지며, 이것이 아래와 같은 과정을 거쳐 파괴적인 결과를 빚곤 한다. 즉, 가격상승은 재화별로 시차를 보이는 게 일반적이므로, 물가상승이 어느 정도 지속한 뒤에는 주식과 부동산 등의 가격 상승이 상대적으로 더 빠른 속도를 내기 시작하고, 여기에 수요의 시간이동이 가세하면 거품경기를 일으키며, 곧이어 수요의 공동화가 나타나 거품경기를 붕괴시킨다. 그러면 신용파괴원리가 작동함에 따라 금융위기가 터진다. 이 금융위기가 위에서 언급한 여러 종류의 경제질병을 발생시킨다.

결론적으로 경제질병은 모두 경기과열이라는 하나의 근원을 가지고 있다. 따라서 경기과열을 예방하는 것이 경제질병을 예방하는 첩경이다. 모든 질병이 다 그렇지만, 예방이 최선이라는 것은 두말할 필요조차 없다. 일단 병에 걸린 다음에는 건강의 손실은 물론이고 경제적 손실을 피할 수 없으며, 질병에 따라서는 심각한 후유증과 부작용을 남긴다. 그래서 정기적인 검진과 진찰이 흔히 권장된다. 경제도 미리미리 면밀한 검진과 진찰을 하여 경제질병이나 경제재앙을 사전에 예방해야 한다. 불행히도 경제를 검진하고 진찰하는 과학적인 방법은 아직까지 알려진 게 거의 없다. 병리적 현상이 나타난 다음에야 허둥지둥할 따름이다. 차제에 어떻게 검진할지도 다시 점검해 보자.

경제학의 병리학적 접근에 비교적 오랫동안 관심을 가졌던 내 판단으로는, 경제에 대한 일차적 검진은 인체와 비교할 수 없을 정도로 간단하다. 앞에서 밝힌 바처럼, 물가와 국제수지와 재정수지 등의 세 가지 지표만 잘 관찰해도 현재의 경제병리학 수준에서는 충분하다. 비정상적인 물가상승은 물론이고 국제수지와 재정수지의 과다한 적자도 경제질병의 근원인 경기과열에 의해서 나타나기 때문이다. 그렇다고 소비자물가 상승률이나 경상수지와 재정수지만 단순히 관찰해서는 경제를 정확하게 진단해내기가 쉽지 않다.

우선, 물가의 경우는 소비자물가와 생산자물가의 상승률을 분류한 뒤에 함께 살펴야 한다. 그리고 그 상관관계가 향후 물가동향은 물론이고 경기동향에 어떤 영향을 끼칠 것인가를 고려해야 한다. 이 둘의 격차가 기업 경영수지에 결정적인 영향을 끼치고, 기업 경영수지가 투자와 고용을 좌우하기 때문이다. 또한 주가지수와 부동산가격의 동향도 함께 관찰해야 한다. 주식시장과 부동산시장의 과열이 거품을 형성하고 곧이어 그것이 붕괴로 이어지면 금융위기로 발전하기도 하지만, 주식과 부동산의 가격이 경제 내에 유동되는 통화량에 직접적인 영향을 끼치기 때문이다.

다음으로, 국제수지의 경우도 경상수지와 자본수지를 구분하여 관찰해야 하며, 외환보유고와 외채와 환율 등의 동향도 항상 주의 깊게 관찰해야 한다. 만약 이상 징후가 발견되면 즉각 정책적인 관리에 들어가야 경제질병을 예방할 수 있다. 아울러, 재정수지와 이자율의 동향을 지속적으로 관찰하는 것도 잊어서는 안 된다. 재정적자의 누적은 시장금리를 상승시킴으로써 경제주체의 부채 부담을 키우고 자칫 금융위기로 발전할 수 있으며, 무엇보다 경제질병에 대처하는 정책역량을 심각하게 떨어뜨린다.

지금까지 살펴본 것처럼 물가, 주가지수, 부동산가격, 국제수지, 환율, 외환보유고, 재정수지, 이자율 등의 경제지표만 잘 관찰하더라도 경제질병을 쉽게 진찰해낼 수 있고, 이들 지표만 잘 관리하면 경제질병이 심각하게 악화되는 것을 어느 정도까지는 예방할 수 있다. 하지만 이것으로는 충분치 않다. 경제질병을 정확하게 파악하기 위해서는 고려해야 할 문제가 몇 가지 더 있다.

앞에서도 언급한 바처럼, 병원균이 침투했다고 항상 질병이 발생하는 것은 아니다. 인체의 면역체계가 병원균을 이겨내지 못했을 때 발병한다. 그리고 생리기능의 일부가 무너졌을 때도 질병이 나타난다. 이처럼 질병은 인체의 기능 및 그 상태와 밀접한 관계를 맺고 있다. 경제도 마찬가지이다. 외부충격을 경제의 충격흡수력이 이겨내지 못하거나, 경제의 순기능이 무너질 때 병리적 현상이 나타난다. 특히 외부충격이 경제의 순기능을 무너뜨렸을 때는 심각한 경제파국을 맞곤 한다. 그럼 경제의 순기능이 무너짐으로써 경제병리적 현상을 불러오는 사례로는 어떤 것들이 있을까? 내가 지금까지 발견한 것 중에서 가장 중요한 세 가지만 꼽자면, 그 하나는 시장축소이고, 다른 하나는 보호무역이며, 또 다른 하나는 신용파괴이다. 이 문제도 앞에서 이미 자세히 언급했지만, 정리하는 관점에서 다시 한 번 살펴보자.

우선, 시장의 크기가 분업을 결정하고 분업은 생산성을 향상시킨다는 것은 현대 경제학을 발아시킨 아담 스미스의 가르침이다. 이것은 경제의 가장 중요한 순기능 중 하나이다. 시장이 커지고 분업이 촉진되면 생산이 증가하는 바람직한 일이 일어나는 것이다. 만약 외부충격으로 시장의 크기가 줄어들면, 그래서 분업의 생산성 증대효과가 거꾸로 감축효과로 돌아서면 어찌될까? 당연히 경제는 축소재생산이라는 악순환에 빠져든다. 보호무역주의는 그래서 무섭다. 보호무역은 시장축소를 의미하기 때문이다. 강조하거니와, 보호무역이 강화되어 시장이 축소되면, 축소재생산의 악순환이 벌어진다.

더욱이, 무역은 자체적으로도 순기능을 가지고 있다. 리카도의 비교우위설이 입증했듯이, 국제무역은 교역 당사국들의 총생산량을 증대시키는 효과를 가지고 있다. 만약 교역의 생산량 증대효과라는 이 순기능이 보호무역에 의해 축소효과로 반전하여 경제적 역기능을 발휘하면, 축소재생산의 악순환은 더 강하게 나타난다. 세계적인 경제공황이 벌어지거나 경기침체가 심화되는 현상이 일어나기도 한다. 이것이 경제의 순기능이 무너진 두 번째 사례이다. 현 경제학은 이런 경제의 역기능을 외면했기 때문에 경제공황과 같은 경제파국이 간헐적으로 벌어지는 것을 예방하거나 그 피해를 최소화시키는 데 공헌하지 못했다. 오히려 대공황 때는 각국이 보호무역 정책을 나날이 강화해 그 타격을 키웠고, 그 기간도 세계대전이 발발할 때까지 10여 년으로 늘렸다. 이런 아픈 역사적 경험을 겪었으면 다시는 그런 일이 벌어지지 않도록 해야 하지만, 지금도 경제가 어려움에 처할 때마다 종종 보호무역주의가 기세를 올리곤 한다.

끝으로, 금융기관과 금융시장은 신용창조가 자연스럽게 일어나도록 해줌으로써 물가 불안을 일으키지 않으면서 운동에너지를 갖춘 통화를 충분히 공급해주는 역할을 한다. 만약 어떤 외부충격이 신용창조를 반대 방향으로 일어나도록 하면 어찌될까? 이런 의문을 제기하는 것도 경제병리학적 접근의 하나이다. 앞에서 이미 살펴본 바처럼, 우리 경제에서 발생했던 환란의 전개과정은 신용창조라는 순기능이 언제든지 신용파괴의 역기능으로 전환할 수 있음을 증명했다. 신용창조는 신용승수만큼 통화를 증대시키지만, 신용파괴는 신용승수만큼 통화를 수렴시키는 작용을 한다. 비록 신용파괴는 압력으로만 존재하는 경향이 있어서 그 충격의 크기를 정확하게 계측하기는 어려우나, 최악의 경우에는 금융공황이라는 재앙을 불러오기도 한다.

한마디로, 보호무역과 그에 따른 시장축소 그리고 신용파괴는 세계적인 경제공황을 불러오는 가장 결정적인 원인이다. 이것이 경제공황을 발생시키는 경제원리인 셈이다. 병리학적 접근은 경제공황이 발생하는 과학적 원리까지 이렇게 쉽게 밝혀준다. 사실 경제공황은 경제체제가 일시적으로 무너진 것을 의미한다. 인체의 기능이 정지한 것이나 마찬가지이다. 그래서 그 타격은 치명적이고, 치유하기가 여간 어렵지 않으며, 치유 기간도 비교적 오래 걸리는 특성을 지니고 있다. 그뿐만 아니라 부작용과 후유증도 만만치 않다. 이런 사실은 세계대공황을 통해 우리 인류가 이미 절절히 경험한 바이다. 그렇지만 그 원인과 전개과정 등의 경제원리는 아직까지도 정확하게 알려져 있지 않으므로 언제 또 발발할지 모르는 상황이다. 현재의 주류경제학은 경제병리학을 배제하고 있기 때문에 더욱 그렇다. 모르는 것처럼 불안하고 두려운 것이 없는데, 경제병리학의 병리학적 접근은 경제공황의 발생원리를 위와 같이 밝힘으로써 경제공황에 대한 불안과 공포를 쉽게 몰아낼 수 있게 해준다. 경제학의 병리학적 접근은 이처럼 중요한 의미를 갖는다.

경제에는 경제공황이라는 질병만 나타나는 게 아니다. 장기

저성장, 경기 급변, 물가 불안, 거품 경기, 환율 급변, 실업률 급증, 금융시장 불안, 국제수지 악화, 재정수지 악화 등 수많은 병리적 현상이 시도 때도 없이 나타나곤 한다. 이런 현상도 병리학적 접근이 필요하지만, 아직까지도 경제학에는 병리학적 접근은 거의 없고, 대증적 치료법과 같은 경제정책만 난무한다. 따라서 경제 질병에 대한 체계적인 연구가 시급하다. 만약 우리나라 경제학계가 세계 최초로 경제병리학을 받아들여 발전시킨다면, 세계 경제학계의 선두주자로 부상할 것이며, 경제학의 메카가 될 수도 있을 것이다. 임상경험에는 오랜 세월이 필요하므로 먼저 출발한 나라가 비교적 오랜 세월 동안 선두주자의 지위와 학문적 패권을 누릴 것으로 기대해도 좋을 것이다.

경제병리학:
경제를 보는 새로운 시각

초판 4쇄 인쇄 2024년 12월 20일
초판 4쇄 발행 2024년 12월 24일

지은이 최용식
발행인 전익균

이사 정정오, 김영진
기획 권태형, 조양제
편집 전민서, 송희옥
디자인 페이지제로
관리 이지현, 김기충
마케팅 (주)새빛컴즈
유통 도서유통 새빛북스

펴낸곳 도서출판 새빛
전화 (02) 2203-1996, (031) 427-4399 **팩스** (050) 4328-4393
출판문의 및 원고투고 이메일 svcoms@naver.com
등록번호 제215-92-61832호 **등록일자** 2010. 7. 12

가격 22,000원
ISBN 979-11-91517-67-5 03320

* 도서출판 새빛는 (주)새빛컴즈,새빛에듀넷,새빛북스,에이원북스,북클래스 브랜드를 운영하고 있습니다.
* 파본은 구입처에서 교환해 드리며, 관련 법령에 따라 환불해 드립니다.
  다만, 제품 훼손 시에는 환불이 불가능합니다